EViews

在数据分析中的应用

何晓琦◎编著

U0275157

清华大学出版社
北京

内 容 简 介

本书结合大量实战案例，全面、系统地介绍 EViews 软件的基本用法及其在数据分析中的应用。本书每章的最后都提供上机练习题，帮助读者提高动手能力。另外，本书提供配套教学视频，帮助读者高效、直观地学习，还提供教学 PPT 和大纲，方便相关高校的老师教学。

本书共 13 章，分为 4 篇。第 1 篇"EViews 数据分析基础"，涵盖 EViews 概述、EViews 基本数据分析（单序列）、EViews 基本数据分析（序列组）和 EViews 数据图形化分析；第 2 篇"EViews 经典线性回归模型"，涵盖经典回归模型和违背经典线性回归模型假设的修正；第 3 篇"EViews 时间序列模型"，涵盖时间序列模型与预测、带季节效应的时间序列模型、条件异方差模型、向量自回归模型和协整相关模型；第 4 篇"EViews 的其他模型"，涵盖离散和受限因变量模型，以及混合数据与面板数据分析。

本书内容丰富，结构合理，逻辑清晰，步骤详细，特别适合证券、银行、保险和投资等经济与金融行业中从事数据分析的相关人员阅读，也适合政府和工业制造等领域从事宏观经济分析与预测的数据分析人员阅读，还适合作为高等院校"EViews 应用""计量经济学"和"时间序列分析"等课程的教材。

版权所有，侵权必究。举报：**010-62782989，beiqinquan@tup.tsinghua.edu.cn**。

图书在版编目（CIP）数据

EViews 在数据分析中的应用 / 何晓琦编著. -- 北京 ：
清华大学出版社, 2024. 7. -- ISBN 978-7-302-66552-6

Ⅰ. F224.0-39

中国国家版本馆 CIP 数据核字第 2024F1A196 号

责任编辑：王中英
封面设计：欧振旭
责任校对：胡伟民
责任印制：刘海龙

出版发行：清华大学出版社
网　　址：https://www.tup.com.cn，https://www.wqxuetang.com
地　　址：北京清华大学学研大厦 A 座　　　邮　　编：100084
社 总 机：010-83470000　　　　　　　　邮　　购：010-62786544
投稿与读者服务：010-62776969，c-service@tup.tsinghua.edu.cn
质量反馈：010-62772015，zhiliang@tup.tsinghua.edu.cn
印 装 者：涿州汇美亿浓印刷有限公司
经　　销：全国新华书店
开　　本：185mm×260mm　　　印　　张：19.25　　　字　　数：485 千字
版　　次：2024 年 7 月第 1 版　　　　　　　　印　　次：2024 年 7 月第 1 次印刷
定　　价：79.80 元

产品编号：106747-01

EViews（全称为 Econometrics Views）是流行的计量经济建模和数据分析软件。它一开始是由经济学家开发的，主要应用于计量经济学研究，后来广泛应用于计量经济学、统计学、经济、金融和工业制造等领域的建模和预测，尤其在时间序列分析等方面功能强大，应用广泛，是宏观经济分析和预测的主要工具之一。

目前 EViews 的客户主要是政府部门和高等院校从事相关研究的人员等。全球有超过 1 600 所大学的经济系和商业系使用该软件；在每年的 U.S. News 世界大学排名中，有 78% 的高校在教学和研究中使用 EViews；在经济、金融和统计分析领域的大量教科书中引入了 EViews 软件的介绍；全球有超过 600 家中央银行和政府机构使用 EViews 进行数据分析；国际货币基金组织、联合国和世界银行等机构也将 EViews 作为宏观经济预测的工具；能源、汽车制造、电信、航空、投资银行、零售和医药等行业也广泛使用 EViews。

EViews 软件的界面友好，操作简单，同时支持菜单操作和命令代码操作，通过菜单便可以实现大部分功能，非常容易入门，适合计量分析和统计分析的初学者使用，可以满足计量分析的主要需求。对于中高级使用者而言，可以通过 EViews 的代码编程功能完成各种分析任务。EViews 拥有非常全面的回归分析和时间序列分析工具，特别适合经济和金融数据的分析与预测，因此成为高等院校"计量经济学"和"时间序列分析"等理论课与实训课常用的配套软件。

为了帮助经济和金融等领域的相关数据分析与建模人员系统地学习与掌握 EViews 软件的用法并将其应用于实际工作中，笔者耗费大半年的时间编写本书，希望能帮助 EViews 学习人员快速掌握该软件的使用。

本书特色

- ❏ **内容丰富**：分别对 EViews 软件在基本统计和数据分析、经典回归分析、时间序列分析及其他模型中的应用进行详细的介绍。
- ❏ **容易上手**：讲解的过程中除了介绍必要的公式和模型背景外，没有罗列大量的数学推导过程，非常容易上手。
- ❏ **案例丰富**：结合 90 多个典型实战案例讲解重要的知识点，每个案例都给出详细的实现步骤，带领读者动手实践，加深对相关知识的理解。
- ❏ **提供上机练习题**：每章的最后都提供上机练习题，帮助读者巩固和提高该章所学的知识。
- ❏ **提供教学视频**：书中的所有案例和上机练习题均提供配套教学视频，帮助读者高效、直观地学习。
- ❏ **提供教学 PPT 和大纲**：本书提供配套教学 PPT 和大纲，方便授课老师教学时使用。

本书内容

第 1 篇 EViews 数据分析基础

第 1 章 EViews 概述，主要介绍 EViews 软件的基本操作、工作文件和对象等，适合初学者学习。

第 2 章 EViews 基本数据分析（单序列），主要介绍单序列基本统计量的分析和检验，以及时间序列分析的基本概念和原理，前者是数据分析的基础，后者是时间序列分析的基础。

第 3 章 EViews 基本数据分析（序列组），主要介绍序列组基本统计量的分析和检验，以及多个时间序列分析的基本概念和原理，包括协整检验和格兰杰因果检验。

第 4 章 EViews 数据图形化分析，主要介绍基本绘图功能，以及常用的分类图绘制和动态图绘制。其中，动态图绘制是 EViews 12 新增加的功能。

第 2 篇 EViews 经典线性回归模型

第 5 章经典回归模型，主要介绍经典线性回归模型及其拟合，以及含虚拟变量的回归模型的相关知识。本章是 EViews 学习的重点，提供非常简洁和直观的多种分析方法，也是计量经济学要掌握的重点。

第 6 章违背经典线性回归模型假设的修正，主要介绍经典线性回归模型在拟合过程中经常遇到的多重共线性、异方差、自相关和扰动项等相关问题的判断及修正。

第 3 篇 EViews 时间序列模型

第 7 章时间序列模型与预测，主要介绍平稳性和纯随机性检验，以及如何在 EViews 中建立和分析 AR 与 MA 模型、ARMA 模型、ARIMA 模型。

第 8 章带季节效应的时间序列模型，首先介绍 Census X-13 季节调整模型和指数平滑预测模型的分析，然后介绍在 EViews 中建立 ARIMA 加法模型和乘法模型的方法。

第 9 章条件异方差模型，主要介绍异方差问题，以及如何在 EViews 中建立和分析 ARCH 模型与 GARCH 模型。

第 10 章向量自回归模型，主要介绍如何在 EViews 中建立和分析 VAR 模型。

第 11 章协整相关模型，首先介绍单整和协整的相关概念，然后介绍如何在 EViews 中进行协整检验，以及如何建立误差修正模型和自回归分布滞后模型。

第 4 篇 EViews 的其他模型

第 12 章离散和受限因变量模型，主要介绍如何在 EViews 中建立并分析二元因变量模型、审查回归模型、截断回归模型和排序因变量模型。

第 13 章混合数据与面板数据分析，主要介绍如何对混合数据与面板数据进行分析。在 EViews 中，混合数据和面板数据的分析方法是不同的。

读者对象

- ❏ EViews 软件入门与进阶学习人员；
- ❏ 高等院校开设 EViews 应用、计量经济学和时间序列分析等课程的师生；
- ❏ 证券、银行、保险和投资等经济与金融行业从事数据分析的人员；
- ❏ 政府部门从事宏观经济分析和预测的人员；
- ❏ 工业制造行业从事数据分析和预测的人员；
- ❏ 对数据分析和建模感兴趣的其他人员；
- ❏ EViews 软件培训学员。

配书资源获取方式

为了便于读者高效、直观地学习，本书提供以下配书资源：
- ❏ 配套教学视频；
- ❏ 案例与上级练习涉及的数据文件；
- ❏ 教学课件（PPT）；
- ❏ 教学大纲。

上述配书资源有两种获取方式：一是关注微信公众号"方大卓越"，回复数字"25"，自动获取下载链接；二是在清华大学出版社网站（www.tup.com.cn）上搜索到本书，然后在本书页面上找到"资源下载"栏目，单击"网络资源"按钮进行下载。

另外，笔者也会将本书教学视频发布在 B 站"何晓琦老师"（ID：630304558）的主页上，读者可以直接在线观看。

技术支持

虽然笔者对本书所述内容都尽量核对，并多次进行文字校对，但因时间所限，难免存在疏漏和不足之处，恳请广大读者批评与指正。读者在阅读本书时若有疑问，可以发送电子邮件反馈，邮箱地址为 282964589@qq.com 或 bookservice2008@163.com。

何晓琦
2024 年 5 月

|目录|

第1篇　EViews 数据分析基础

第 2 篇　EViews 经典线性回归模型

第 3 篇　EViews 时间序列模型

第 4 篇　EViews 的其他模型

第1篇
EViews 数据分析基础

　　EViews 是最常用的数据分析和预测软件之一，在经济学和统计学领域及金融投资、政府部门宏观经济决策、工业制造等方面都有广泛应用。EViews通过建立工作文件、对象、单个序列和序列组等，对数据进行图形化、描述性统计量和假设检验等基本分析。这部分内容是 EViews 软件的基本操作部分，也是进一步通过回归分析和时间序列分析等方法，建立模型、分析模型和预测的基础。

　　▶▶　第 1 章　EViews 概述

　　▶▶　第 2 章　EViews 基本数据分析（单序列）

　　▶▶　第 3 章　EViews 基本数据分析（序列组）

　　▶▶　第 4 章　EViews 数据图形化分析

第 1 章　EViews 概述

EViews 是 Econometrics Views 的缩写，最早由 Quantitative Micro Software（QMS）开发，目前，EViews 归属于 IHS Markit 公司。IHS Markit 公司的总部位于伦敦，在中国设有办事机构，该公司的中文名称为埃信华迈，是世界领先的数据信息服务及解决方案提供商。2022 年初，标普全球（S&P Global）完成与 IHS Markit 的合并，合并后的公司市值超过 1000 亿美元，成为全球最大的金融信息和统计数据服务商之一。

EViews 最初由经济学家开发，主要应用于计量经济学的研究。经过多年的发展，目前，EViews 在计量经济学、统计学、经济和金融领域已成为一款重要的建模和预测软件包，在时间序列分析等领域也有广泛的应用。

EViews 的客户主要是政府部门和高等院校从事相关研究的企业用户和师生：目前超过 1600 所大学的经济系和商业系使用该软件，在每年的 U.S. News 世界大学排名中，有 78% 的高校在教学和研究中使用 EViews。国际货币基金组织、联合国和世界银行等机构也将 EViews 作为宏观经济预测的重要工具。EViews 同时广泛应用于能源、汽车制造、电信、航空、投资银行、零售和医药等行业。

EViews 的界面友好，操作简便，容易入门，通过菜单操作基本就能实现大部分的任务，可以满足计量分析的主要需求。EViews 软件同时支持菜单型操作和命令代码操作，适合计量和统计分析的初学者使用；对于中高级使用者，可以通过代码编程完成各种分析任务。EViews 拥有非常全面的回归分析和时间序列分析工具，因此，EViews 也是"计量经济学"和"时间序列分析"课程常用的配套软件。

1.1　EViews 基础

1.1.1　EViews 的版本和安装

EViews 软件有标准版、企业版、高校版和个人版等多种版本，它是一个英文软件，没有汉化版。2022 年，EViews 推出了最新的 EViews 13，该版本目前只有标准版（Standard Edition）和企业版（Enterprise Edition）两种，同时提供了针对学术机构用户使用的许可证。目前仍在使用的 EViews 12 包括高校版（University Edition）和学生版（Student Version Lite）。其中，高校版的价格多年未调整，半年的使用费用约为 50 美元。

安装软件时，依据提示在安装过程中输入序列号即可，图 1-1 为 EViews 13 的安装界面。EViews 13 做了以下调整和升级：

　　❏ 工作文件窗口有较大的调整，更适合越来越多的小型终端屏幕，同时增加了代码调试功能。

❑ 在数据处理上增加了以天为单位的季节调整模型，并增加了多个机构的数据库接口。

❑ 在图形处理方面进行了部分功能升级。

❑ 在计量和统计模型方面增加了非线性 ARDL 模型估计，对 PMG 估计和 VEC 估计
等进行了升级。

❑ 在检验和模型诊断方面增加了 ARDL 模型、面板 ARDL 模型的诊断，对协整检验、
脉冲响应的计算和显示方式进行了升级。

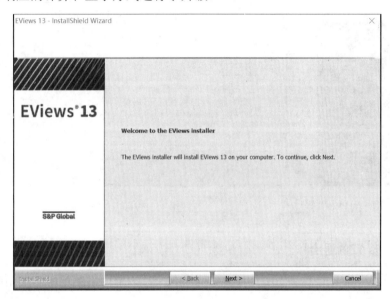

图 1-1　EViews 13 的安装界面

EViews 软件在高校中被广泛应用，它提供了免费的学生版供高校教师和学生使用，学
生版软件可以运行和操作，但不能保存处理好的文件。目前，学生版的最新版本为 EViews
12 SV，下载地址为 http://www.eviews.com/download/student12/，有 Windows（只提供 64
位的操作系统下载文件）和 macOS 两个下载版本。在安装 EViews 前，需要在网上注册简
单的个人信息，地址为 http://register1.eviews.com/Lite/。注册后，在几分钟内，邮箱会收到
注册序列号。

EViews 13 和 EViews 12 的使用界面基本相同，考虑到目前国内主要使用 EViews 12 及
以下的版本的软件，因此本书的案例和课后上机练习题大部分使用 EViews 12 在 Windows
系统上操作，另一部分使用 EViews 13 操作。

1.1.2　EViews 的启动与退出

EViews 软件全面支持 Windows 和 macOS 操作系统，在 Windows 操作系统下，启动和
退出方式与 Windows 操作系统下的其他软件是一样的。

1. EViews 12的启动

启动 EViews 12 有两种方法，一种是双击桌面的 EViews 图标，直接运行 EViews 12 软

件；另一种是单击 Windows 的"开始"菜单，在 EViews 12 目录下运行"EViews 12(×64)"命令，如图 1-2 所示。EViews 的启动界面如图 1-3 所示，EViews 12 的用户界面仍然是传统的界面。

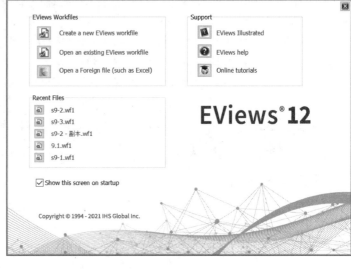

图 1-2　EViews 12 的启动菜单　　　　　　　　图 1-3　EViews 12 的启动界面

2. EViews 12的退出

在 EViews 12 的主菜单中依次选择 File | Exit 命令，或者单击菜单栏右上角的关闭按钮，可退出 EViews 12。

3. EViews 12的用户指南（使用手册）

进入 Windows 的"开始"菜单，在 EViews 12 目录下，可以直接运行 EViews 12 的用户指南（用户手册）：EViews User's Guide Ⅰ 和 EViews User's Guide Ⅱ。EViews 的每个版本都有对应的操作指南，在学习和使用 EViews 的过程中如果有疑问，以操作指南为准。

1.1.3　EViews 的主窗口

软件启动后，进入 EViews 12 主窗口，如图 1-4 所示，下面具体介绍。

1. 标题栏

标题栏（Title Bar）位于主窗口的最上方，当 EViews 12 在 Windows 中被激活时，标题栏会显现出与其他应用程序不同的深色色调，可以按住 Alt+Tab 组合键在不同的应用程序之间进行切换。

2. 主菜单

EViews 12 的主菜单（Main Menu）包括 10 个选项，分别是 File（文件）、Edit（编辑）、Object（对象）、View（浏览）、Proc（处理或加工）、Quick（快速分析）、Options（参数设

定选项）、Add-ins（加载工具包）、Window（窗口）和 Help（帮助）。

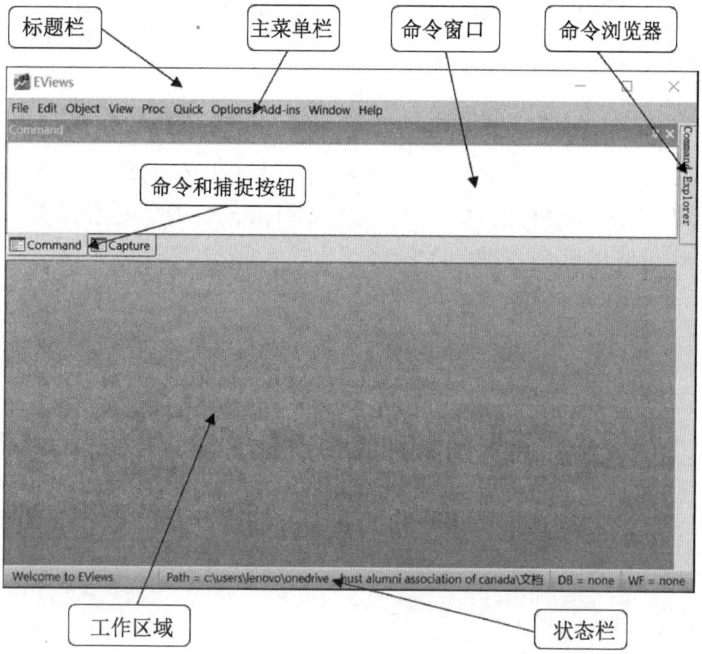

图 1-4　EViews 12 的主窗口

3．命令窗口

用户在 Command（命令）窗口中输入命令，完成操作过程。例如，在命令窗口中输入 e=nrnd，表示生成一个名称为 e 的白噪声序列。输入命令后，按 Enter 键执行命令。

4．命令和捕捉按钮

Command 窗口下方有 Command（命令）和 Capture（捕捉）两个按钮，二者可以相互切换。Capture 是捕捉按钮，非常实用。单击 Capture，捕捉功能将被激活，命令窗口切换为捕捉窗口（窗口上方出现 Capture 字样），也可以在主菜单中选择 Window | Display Command Capture Window 命令激活 Capture 功能。Capture 功能激活后，用户进行的每个操作都会以命令形式在捕捉窗口中显示，这可以帮助用户熟悉 EViews 各项命令的操作。Capture 捕捉到的命令，可以直接复制到 Command 状态下的命令窗口内。

5．状态栏

状态栏（Status Bar）位于主窗口最下端，主要包括三个部分：Path 是系统设定的 EViews 文件保存目录（Default Directory）；DB 是系统设定的数据库（Default Database）；WF 是当前活动的工作文件（Active Workfile）。

6．工作区域

工作区域（Work Area）位于主窗口的中部，类似一个文件夹。工作区域内显示的是在操作过程中生成的各类对象，每个对象类似于文件夹中的一份文件或一页纸。这些对象会以标题或 Windows 子窗口的形式显示。如果想要激活一个对象，单击子窗口的标题栏或者其他可见的部分，子窗口可以通过按 F6 键或 Ctrl+Tab 组合键进行切换。

7．命令浏览器

命令浏览器是在 EViews 11 和 EViews 12 中新增加的功能，位于命令窗口的右方，相当于命令（Command）的帮助按钮。当光标移动到主窗口右上角的 Command Explorer 按钮上时，将会出现 EViews 所有的命令，单击想要打开的命令，将会打开 EViews 在互联网上的帮助页面，获得使用该命令的相关解释。

1.2　工作文件

EViews 文件是带结构的数据工作文件（Workfile），数据在录入、导入、处理和分析之前，需要建立一个新的工作文件。建立新工作文件主要有两种方法：一种是直接在软件中建立一个新工作文件；另一种是通过读取外部数据（非 EViews 格式文件）来建立新工作文件。

1.2.1　新工作文件的建立

工作文件的基本结构类型（Workfile Structure Type）分为三种：时间序列数据（Dated-regular Frequency）、面板数据（Balanced Panel）和无结构数据（Unstructured/Undated，也称作截面数据）。在 EViews 12 的主菜单中依次选择 File | New | Workfile 命令，出现如图 1-5 所示的 Workfile Create（建立工作文件）对话框。默认结构是时间序列，在 EViews 操作的过程中，可以随时对数据类型进行调整。对话框中的各选项如下：

1．时间序列工作文件的建立

时间序列需要设置时间的起点（Start date）、终点（End date）和时间频率（Frequency）。在 Frequency 下拉列表框中，有 14 个时间频率选项（见图 1-6），分别是：Multi-year（多年）、Annual（每年）、Semi-annual（半年）、Quarterly（每季度）、Monthly（每月）、Bimonthly（每月两次）、Fortnightly（每两周）、Ten-day（Trimonthly）（每季度内以十天为周期）、Weekly（每周）、Daily-5 day week（每周 5 个工作日）、Daily-7 day week（每周 7 天）、Daily-custom week（每日自定义周期）、Intraday（一天的交易时间内）和 Integer date（整数日期）。时间序列分析是 EViews 重要的功能之一，软件默认的是年度数据的时间序列。

2．无结构/无时间顺序数据（截面数据）工作文件的建立

截面数据是没有顺序的数据，需要在对话框的文本框中输入观察值（Observations）的数量，如图 1-7 所示。

3．面板数据工作文件的建立

面板数据实际上是时间序列和截面数据的结合，它的选项设置包含时间序列的频率、时间起点、时间终点和截面数据的数量，如图 1-8 所示。

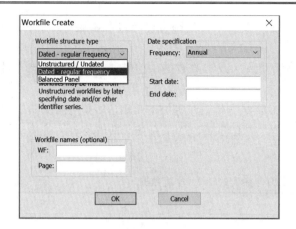

图 1-5　Workfile Creat 对话框

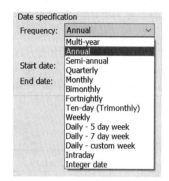

图 1-6　时间频率选项

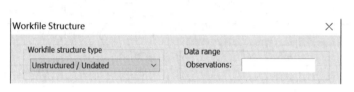

图 1-7　建立无结构/无时间顺序工作文件

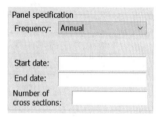

图 1-8　建立面板数据工作文件

1.2.2　读取外部数据

EViews 可以通过读取外部其他格式的数据文件，直接建立 EViews 工作文件，包括常见的 Excel、SAS、SPSS、Stata、TXT 等格式的文件。

1．直接复制、粘贴数据

EViews 支持直接从其他格式文件中复制和粘贴数据，从而生成工作文件中的一个序列。例如，可以直接复制 Excel 文件中的一列（或多列），然后粘贴到 EViews 工作窗口内，此时软件会出现一个对话框，由用户设置起始时间和文件名称等参数，然后在工作窗口中会生成一个（或多个）新序列。

2．直接读取外部数据建立新工作文件

有多种方式可以建立新工作文件：
❑ 依次在主菜单中选择 File | Open | Open Foreign Data as Workfile 命令。
❑ 依次在主菜单中选择 File | Import | Import from File 命令。
❑ 依次在主菜单中选择 Proc | Import | Import from File 命令。
❑ 直接用鼠标把外部数据文件拖入工作文件窗口。
❑ 右击选定的外部数据文件，用 EViews 程序打开该文件。
以上几种方式均会出现一个读取外部数据的对话框，用户通过该对话框可以对读取数

据的参数进行设定。此外，所有外部的各种数据库文件都可以通过在主菜单中选择 File | Open | Database 命令打开。

在工作文件中的每个序列内，可以手动录入或修改数据，但需要在可编辑状态下才可以操作。

【例 1-1】Excel 文件是最常用的外部数据文件，文件 S1-1.XLSX 是 2016 年 1 月至 2020 年 12 月中国的 CPI 数据（见表 1-1）。在 EViews 12 中直接读取该文件，注意观察变量名称的设置。

表 1-1　2016—2020 年中国的CPI（季度数据）

Year	CPI
2016-01	101.8
2016-02	102.3
2016-03	102.3
2016-04	102.3
2016-05	102
2016-06	101.9
2016-07	101.8
2016-08	101.3
2016-09	101.9
…	…

打开一个空白的 EViews 窗口，直接用鼠标将文件 S1-1.XLSX 拖入工作区域窗口内，弹出如图 1-9 所示的读取外部数据对话框，根据提示设置新工作文件的各项参数，最后单击"完成"按钮，生成一个新的工作文件，如图 1-10 所示。新的工作文件建立后，需要检查相关参数和数据的准确性。

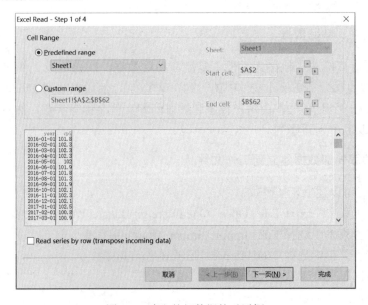

图 1-9　读取外部数据的对话框

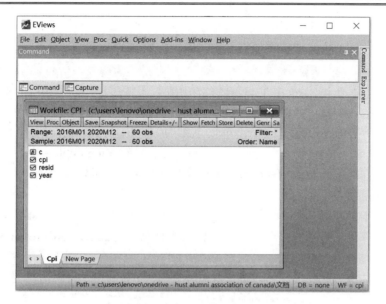

图 1-10 通过 Excel 建立的 CPI 工作文件

1.2.3 工作文件窗口

在 EViews 12 主窗口的工作区域建立 Workfile 后，将会出现如图 1-11 所示的工作文件窗口，这是进行数据分析和建模的窗口，所有的数据、序列、图形和方程等都保存在这个窗口中。EViews 13 之前的各个版本，工作文件窗口的界面均十分相似。

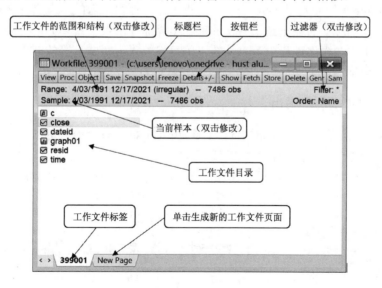

图 1-11 工作文件窗口

1. 工作文件窗口

工作文件窗口包括标题栏、按钮栏、工作文件的范围和结构、当前样本等，下面具体介绍。

- ❑ 标题栏：显示当前工作文件的名称和路径，如果工作文件尚未保存，则会显示"未命名"（UNTITLED）。
- ❑ 按钮栏：未对 EViews 单个对象进行操作时，工作窗口一共有 13 个操作按钮，分别是 View（浏览）、Proc（处理）、Object（对象）、Save（工作文件保存）、Snapshot（快照）、Freeze（冻结）、Details+/-（细节）、Show（展示）、Fetch（提取）、Store（操作对象保存）、Delete（删除）、Genr（新生成）和 Sample（取样）。
- ❑ 工作文件的范围和结构：双击 Range 及后面的数值，可以修改当前工作文件的结构和数据范围。
- ❑ 当前样本：双击 Sample 及后面的数值，可以修改当前操作的样本范围。
- ❑ 工作文件目录：包含打开的工作文件的所有对象的目录，单击 Details+/-，可以看到这些对象的详细信息。
- ❑ 工作文件标签：也是工作文件的名称，在打开多个工作文件时，方便用户识别和切换。
- ❑ 新工作文件页面：单击 New Page 按钮会出现一个建立新的工作文件的对话框，EViews 支持同时处理多个工作文件。
- ❑ 过滤器：当工作文件窗口有大量文件时，双击过滤器，可以对不同类型的文件进行过滤，以方便操作。

2．EViews英文字母的大小写说明

EViews 软件操作时英文字母不区分大小写。工作文件窗口默认为小写英文字母，依次选择 View | Name Display | Uppercase，可以将工作文件窗口内的所有文件名称显示为大写英文字母。在 EViews 的输出结果中，图形输出界面和函数（模型）的变量名称默认为大写英文字母。用户在操作过程中可以按自己的习惯输入大写或小写的英文字母。本书变量的输入一般采用小写的英文字母，输出结果为软件自动生成的界面，英文字母默认为大写。

3．工作文件的保存和退出

在 EViews 主菜单中依次选择 File | Save 或 File | Save as 命令，可以保存正在操作的文件，EViews 文件的后缀名是.WF1。

单击工作文件窗口右上角的关闭按钮，可以直接关闭当前的工作文件，但 EViews 软件并没有退出。

1.3　对　　象

对象（Object）是 EViews 的核心概念，也是实现数据分析和建模的基础。可以把它理解成工作文件中的一个单元，这些单元内分别储存了不同类型的信息。对象内的信息可以是序列，也可以是表格、图像和方程等，一个 EViews 工作文件包含若干个对象。

1.3.1　对象的建立

新建或者打开一个工作文件后，在 EViews 主窗口或工作文件窗口依次选择 Object | New Object 命令；或者在工作文件窗口右击，在弹出的快捷菜单中选择 New Object 命令，均可弹出 New Object 对话框，如图 1-12 所示。Type of object 下共有 24 种对象选项，这些对象在工作文件窗口的工作文件目录中对应不同的图标，如图 1-13 所示。

图 1-12　New Object 对话框　　　　图 1-13　Object 在工作文件窗口中的图标

从选项菜单中选择希望建立的对象，将弹出相应的新对话框，可以根据提示，在工作文件窗口中建立一个新的对象。在 EViews 对象中，最常用的是 Series（序列）、Equation（方程）、Graph（图形）和 Table（表格）等。

在 New Object 对话框中，可以在 Name for object 文本框中输入对象的名称，也可以在建立新对象后，关闭该对象时再输入名称。对象的名称不区分大小写字母，同时不能使用软件的保留字符。

1.3.2　对象窗口

建立 EViews 对象后，对象名称会出现在工作文件目录中，单击该对象，弹出对象窗口（见图 1-14），不同的对象有不同的对象窗口。在图 1-14 中保存的图形对象 Graph01，包含一个脉冲响应函数的分析结果。对象窗口上方是对象工具栏，通过这个工具栏可以进行 EViews 软件的相关操作。

在工作文件的对象目录中，有两个对象由软件自动生成：一个是 c，代表系数向量；另一个是 resid，代表残差序列。进行模型估计后，模型的系数和残差会分别保存在 c 和 resid 序列内。

【例 1-2】建立一个名为 S1-1.WF1 的截面数据工作文件，数据范围设置为 20 个值。在工作文件窗口建立一个名为 a 的新序列（Serie）；打开序列 a，进入编辑模式，依次录入 47，

64，23，71，38，64，55，41，59，48，71，35，57，40，58，44，80，55，37，74；修改工作文件的结构，数据范围设置为 30；将样本区间修改为最后 10 个值，保存并退出。

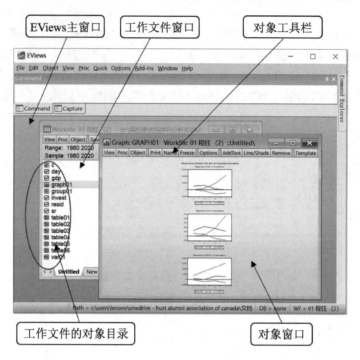

图 1-14　Object（对象）窗口

本例的操作步骤如下：

（1）打开 EViews 软件，在主菜单中依次选择 File | New | Workfile 命令，文件结构选择 Unstructured/Undated，在 Data range 的 Observations 文本框内输入 20，在工作文件窗口中输入 S1-1，单击 OK 按钮。

（2）在工作文件窗口中依次选择 Object | New Object 命令，在弹出的对话框中，在 Type of object 列表框中选择 Series，在 Name for object 文本框中输入 a，单击 OK 按钮（见图 1-15）。

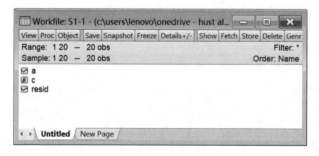

图 1-15　S1-1.WF1 的工作文件窗口

（3）双击打开序列 a，单击 Edit+/-按钮，切换为编辑状态（见图 1-16），依次将本例中的 20 个数值输入序列然后关闭序列。

（4）双击工作文件中的 Range，或在主菜单中选择 Proc-Structure | Resize Current Page 命令，在弹出的对话框的 Observations 文本框中输入 30，单击 OK 按钮；或者在 Command

命令窗口内输入 range 30 后按 Enter 键。

（5）双击工作文件中的 Sample，在 Sample range pairs 文本框内输入 11 20，中间用一个空格隔开，单击 OK 按钮；或者在 Command 命令窗口中输入 smpl 11 20 后按 Enter 键。可以发现，工作文件窗口的 Sample（样本）区间已经变为"11 20"，观察值调整为 10，如图 1-17 所示。

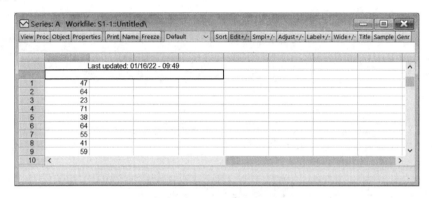

图 1-16　打开序列 a

（6）在主菜单中依次选择 File | Save，弹出 Workfile Save（保存工作文件）对话框（见图 1-18）。工作文件有两种数据存储类型：Single precision（7 digit accuracy）用于存储单精度（32 位）浮点数，每个数值用 32 位（4 字节）存储，适用于不需要高精度的数值存储，如图像和音频数据；Double precision（16 digit accuracy）用于存储双精度（64 位）浮点数，每个数值用 64 位（8 字节）存储，适用于高精度数值的存储，如金融领域的计算。EViews 软件默认的存储类型为双精度（64 位）浮点数。勾选 Use compression 复选框可以在保存工作文件时使用压缩技术，以减小数据的体积，提高数据传输的速度和安全。单击 OK 按钮，文件将会保存在 EViews 软件预设的路径中。

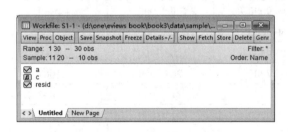

图 1-17　修改样本区间后的工作文件窗口

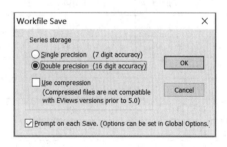

图 1-18　Workfile Save 对话框

1.3.3　生成新序列

对工作文件中已有的数据，通过数学运算，获得新序列。在主菜单中选择 Quick | Generate Series 命令，或者在工作文件窗口中单击工具栏上的 Genr 按钮，弹出 Generate Series by Equation 对话框。在其中输入方程，可以生成新的序列。

【例 1-3】在工作文件 S1-1.WF1 中，对序列 a 取自然对数，得到一个新的对数序列 lna。

打开如图 1-19 所示的 Generate 对话框,在 Enter equation 文本框中输入方程 lna=log(a),单击 OK 按钮;或者在 Command 命令窗口输入 genr lna=log(a),按 Enter 键。可以发现,在工作文件窗口中多了一个新序列 lna,它是序列 a 的对数序列。

图 1-19　Generate 对话框

1.4　上　机　练　习

1. Excel 工作簿文件 E1-1.XLSX 存储的是美国 1950—1981 年的季度经济数据(见表 1-2),其中,GDP 为国内生产总值,INVEST 为总投资,CONS 为总消费,UNEMP 为失业率。

表 1-2　美国 1950—1981 年的季度经济数据

TIME	GDP	INVEST	CONS	UNEMP
1950-01	1350.9000	43.4000	183.6000	6.4000
1950-04	1393.5000	48.6000	187.5000	5.5667
1950-07	1445.2000	53.5000	201.2000	4.6333
1950-10	1484.5000	63.9000	198.6000	4.2333
1951-01	1504.1000	60.4000	209.7000	3.5000
1951-04	1548.3000	65.4000	205.3000	3.1000
1951-07	1585.4000	61.7000	207.9000	3.1667
1951-10	1596.0000	57.3000	211.9000	3.3667
1952-01	1607.7000	58.9000	213.3000	3.0667
1952-04	1612.1000	51.1000	217.4000	2.9667
1952-07	1621.9000	52.8000	219.9000	3.2333
1952-10	1657.8000	55.8000	228.0000	2.8333
...	...	...	...	...

(1)新建一个合适的工作文件。

(2)将 Excel 文件 E1-1.XLSX 导入工作文件中。

(3)将新建的工作文件命名为 E1-1.WF1。

2. Excel 工作簿文件 E1-2.XLSX 存储的是 2020 年 1 月至 2021 年 12 月深证成份指数(深证成指,代码 399001)历史行情的相关数据(见表 1-3)。

表 1-3　2020 年 1 月至 2021 年 12 月深证成指历史行情

日　　期	开　盘　价	收　盘　价	涨　跌　额	涨　跌　幅	成交金额（万）
2020-01-02	10 509.12	10 638.83	208.06	1.99%	23 772 802
2020-01-03	10 666.66	10 656.41	17.58	0.17%	20 886 406
2020-01-06	10 599.41	10 698.27	41.86	0.39%	25 401 960
2020-01-07	10 725.18	10 829.05	130.78	1.22%	22 600 346
2020-01-08	10 776.71	10 706.87	−122.18	−1.13%	24 351 342
2020-01-09	10 807.04	10 898.17	191.3	1.79%	22 747 518
2020-01-10	10 927.98	10 879.84	−18.33	−0.17%	20 125 750
2020-01-13	10 894	11 040.2	160.36	1.47%	22 032 536
2020-01-14	11 074.89	10 988.77	−51.43	−0.47%	22 227 506
2020-01-15	10 978.28	10 972.32	−16.45	−0.15%	19 046 184
2020-01-16	10 986.65	10 967.44	−4.88	−0.04%	19 366 554
...	...	...	...	...	...

（1）新建一个合适的 EViews 工作文件。

（2）将 Excel 文件 E1-2.XLSX 的所有数据导入工作文件中，并将导入的序列分别命名为 a1（开盘价）、a2（收盘价）、a3（涨跌额）、a4（涨跌幅）和 a5（成交金额）。

（3）将新建的工作文件命名为 E1-2.WF1。

（4）对收盘价序列 a2 进行对数处理，生成一个新的对数序列 lna2。

（5）对序列 lna2 进行一阶差分，生成新的序列 dlna2，差分方程为 dlna2=d(lna2)。

第 2 章　EViews 基本数据分析（单序列）

EViews 软件提供图形化、描述性统计量和假设检验等多种分析方法，是进一步建立模型、分析模型和预测的基础。EViews 基本数据分析在工作文件窗口内操作，其中最重要的是对序列（Series）的分析，包括单个序列和序列组。

在工作文件窗口中打开一个序列，单击对象窗口的工具栏，基本数据分析的选项位于 View 按钮的下拉菜单（见图 2-1 中），共 13 个选项。其中，有 3 个选项的右边有黑色三角形标志，表示它们还有子菜单。从 EViews 12 开始，增加了 Wavelet Analysis（小波分析）选项。这些选项分为 4 个部分：第一部分用于数据展示，包括电子表格和图形的切换；第二部分用于基本统计量的数据分析和检验；第三部分用于时间序列的数据分析和检验；第四部分用于对序列标签的操作。

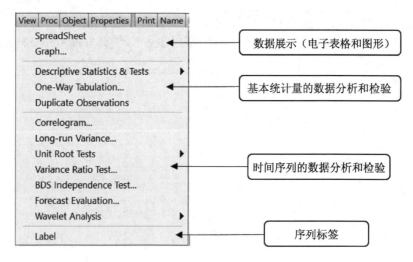

图 2-1　单序列的基本数据分析菜单

2.1　数据的展示

数据展示是指将序列内的数据直观地展示给用户，EViews 主要通过电子表格（SpreadSheet）和图形（Graph）来展示数据。

2.1.1　电子表格

电子表格类似 Excel 表格，是 EViews 中显示数据的基本形式。打开一个序列，在工具栏中依次选择 View | SpreadSheet，可以在原始数据、转换后的数据、图形与电子表格之间进行切换。

单击工具栏中的 Properties 按钮，可以对表格中栏的宽度、颜色和频率等基本属性进行设置。单击 Edit+/-按钮，可以对表格内的数据进行编辑。单击 Sort 按钮，可以对表格内的数据进行排序。

【例 2-1】工作文件 S2-1.WF1 存储的是 2011—2021 年中国 CPI 的月度数据，打开工作文件，单击序列 CPI，得到如图 2-2 所示的电子表格，可以继续在该表格中进行编辑。

图 2-2　SpreadSheet 表格

2.1.2　绘图

可视化是数据分析的重要内容，EViews 的绘图功能也变得越来越强大。打开一个序列，选择 View | Graph，弹出绘图功能对话框，在其中进行相关操作即可。绘图功能后面会专门学习。

【例 2-2】打开工作文件 S2-1.WF1，单击序列 CPI，将会得到如图 2-2 所示的电子表格，选择 View | Graph 命令，进入 Graph Options 绘图对话框，如图 2-3 所示，默认为折线图（Line & Symbol）。单击 OK 按钮，得到输出的图形。单击 Freeze 按钮，可以将生成的图形冻结，然后将其命名为 GRAPH01 的图形对象并保存，如图 2-4 所示。

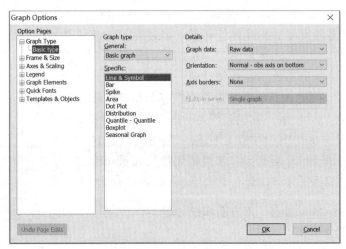

图 2-3　Graph Options 对话框

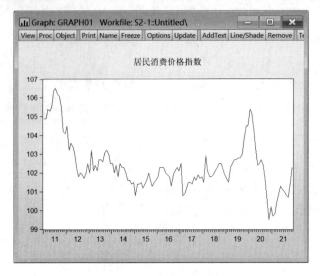

图 2-4　Graph 的输出图形

2.2　基本统计量分析和检验

EViews 软件拥有强大的统计分析功能。基本统计量分析和检验是数据分析的前提，包括描述性统计分析、频数分析、列联表分析、相关性分析、参数检验与非参数检验等。

2.2.1　描述性统计量和检验

数据的描述性统计量和检验（Descriptive Statistics & Tests）是进行统计分析的基础，数据的描述性统计量一般分为 3 类：

- 刻画数据集中趋势的描述性统计量（描述水平的统计量），主要包括均值（Mean）、中位数（Median）、最大值（Maximum）和最小值（Minimum）等。
- 刻画数据离散程度的描述性统计量（描述差异的统计量），主要包括标准差（Std. Dev.）和方差（Variance）。方差是标准差的平方，这两个统计量只需要一个就可以。
- 刻画数据分布形态的描述性统计量，主要包括偏度系数（Skewness）和峰度系数（Kurtosis），同时判断数据是否符合正态分布（Normal Distribution）。

掌握以上 3 类统计量后，就能够较为清晰地了解数据的分布特点。

在 EViews 工作文件窗口中打开任意一个序列，选择 View | Descriptive Statistics & Tests，出现描述性统计量和检验的子菜单，如图 2-5 所示，共有 6 个选项，下面具体介绍。

1．Histogram and Stats（直方图和统计量）

Histogram and Stats 选项的输出结果，除了包括前面提到的 3 类基本描述统计量，也可以对数据是否呈现正态分布

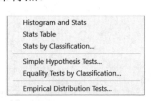

图 2-5　描述性统计量和检验的
子菜单

进行假设检验。直方图是将序列的值按相等的组距进行划分，显示数据的频率分布情况。和条形图不同，直方图用面积表示数量的值。

【例 2-3】打开工作文件 S2-1.WF1 中的序列 CPI，进行直方图和统计量分析。

打开 S2-1.WF1 工作文件，接着打开序列 CPI，依次选择 View | Descriptive Statistics & Tests-Histogram and Stats，得到如图 2-6 所示的输出结果。图左边为序列 CPI 的直方图，右边为序列的基本统计量和 Jarque-Bera 检验。

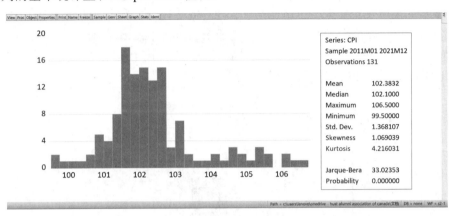

图 2-6　Histogram and Stats 输出结果

从图 2-6 右侧可以看出，序列 CPI 的样本从 2011 年 1 月至 2021 年 12 月，共有 131 个观察值，它的基本统计量解释如下：

❑ Mean：所有数据的算术平均数。在本例中，131 个观察值的平均值为 102.3832。

❑ Median：所有数据按升序排序后，处于中间位置的数据值（或最中间两个数据的平均值）。在本例中，131 个观察值的中位数是 102.1。

❑ Maximum：在 131 个观察值中，最大值为 106.5。

❑ Minimum：在 131 个观察值中，最小值为 99.5。

❑ Std. Dev.：标准差，表示序列观察值的平均离散程度，标准差越大，数据的离散程度越强。在本例中，序列 CPI 的标准差为 1.368107。

❑ Skewness：偏度系数描述数据分布形态对称性的统计量。当分布对称时，偏度系数为 0；如果偏度系数大于 0，则数据分布呈右偏（或正偏）分布，在直方图中有一条长尾拖在右边；如果偏度系数小于 0，则数据分布呈左偏（负偏）分布，在直方图中有一条长尾拖在左边。在本例中，序列 CPI 的偏度系数为 1.069039，大于 0，属于右偏分布。

❑ Kurtosis：峰度系数，是描述数据分布形态陡缓的统计量，标准正态分布的峰度系数等于 3。如果峰度系数大于 3，则数据的分布比标准正态分布更陡峭，称为尖峰分布；如果峰度系数小于 3，则数据的分布比标准正态分布更平缓，称为平峰分布。在本例中，序列 CPI 的峰度系数为 4.216031，大于 3，属于尖峰分布。

❑ Jarque-Bera（简称 JB）检验：对观察值是否符合正态分布的检验。原假设是序列服从正态分布，如果 JB 统计量的伴随概率 P-值大于设定的显著性水平，则不拒绝原假设，数据服从正态分布；如果伴随概率 P-值小于设定的显著性水平，则拒绝原假设，数据不服从正态分布。需要注意的是，JB 统计量一般用于大样本的检验。在本例中,序列 CPI 的 JB 统计量的伴随概率接近于 0,如果设定的显著性水平为 0.05, 则拒绝原假设, 数据不服从正态分布。

如果希望在图 2-6 中加入正态分布的理论密度曲线,则需要通过 Graph 绘图功能进行单独设置,方法是在直方图和统计量的输出结果中, 选择 View | Graph, 弹出绘图对话框。在 Specific 下面的列表框中选择 Distribution(分布), 右边出现 Distribution 的选择框, 选择 Theoretical Distribution(理论分布), 单击右边的 Option 选项, 弹出 Distribution Plot Customize 对话框,单击 Added Elements 下方的 Add 按钮,在 Add 对话框中选择 Theoretical Density(理论密度), 单击 OK 按钮。在右边 Specification Distribution 的选项框内, 默认的理论分布就是 Normal(正态分布), 单击 OK 按钮返回到绘图对话框, 再单击 OK 按钮。最终得到如图 2-7 所示的包含正态分布曲线的直方图。

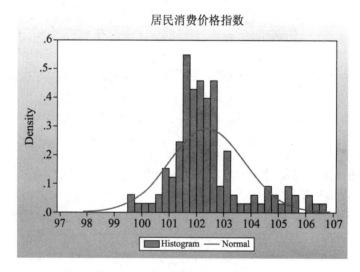

图 2-7　带正态分布曲线的直方图

2. Stats Table（统计量表）

Stats Table 是以电子表格的形式输出基本描述性统计量。除了图 2-6 所示的基本统计量外, 还增加了所有观察值求和的总数(Sum)和离差平方和(Sum Sq. Dev.)。

【例 2-4】对工作文件 S2-1.WF1 中的序列 CPI 进行统计量表分析。

打开 S2-1.WF1 工作文件,继续打开序列 CPI,依次选择 View | Descriptive Statistics & Tests-Stats Table, 得到如图 2-8 所示的输出结果, 统计量的解释和例 2-3 相同。

3. Stats by Classification（分组统计量）

Stats by Classification 是对序列观察值的描述性统计量进行分组,至少需要设置一个分组变量, 如果有多个分组变量, 则中间间隔一个空格。

打开一个序列, 依次选择 View | Descriptive Statistics & Tests-Stats by Classification, 弹出如图 2-9 所示的对话框。在对话框的 Statistics 统计量选项中选择 Mean、Median、Std. Dev. 和 Observations。在分组序列 Series/Group for classify 下方填入分组变量,如果有多个变量, 则中间用空格进行间隔。NA handling 下方的选项, 表示可以选择是否将缺失数据作为一个

单独的分组类型。

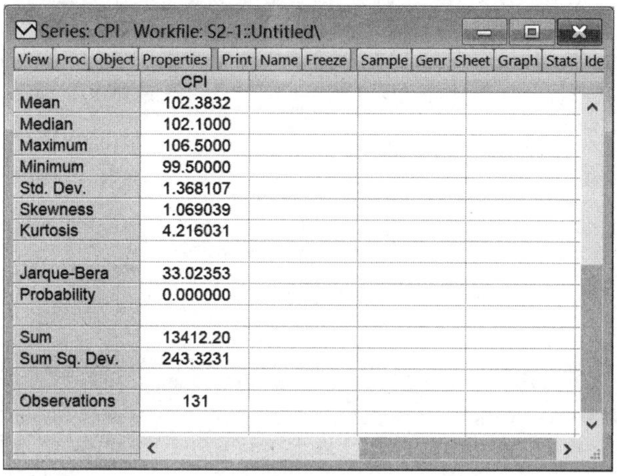

图 2-8　Stats Table 的输出结果

为了防止将分组单元设置得过小，Group into bins if 选项用于设定分组单元的个数和大小。其中，# of values 选项表示当分组序列内的观察值个数大于指定值时进行分组统计（默认值为 100），Avg. count 选项表示当每个分组序列的平均观察值小于指定值时进行分组统计（默认值为 2），Max # of bins 选项表示指定的最大分组数（这个选项只是进行大致控制）。

Output layout 选项用于选择输出的显示方式，可以选择 Table Display（表格方式显示）或 List Display（清单方式显示）。设置结束后，单击 OK 按钮。

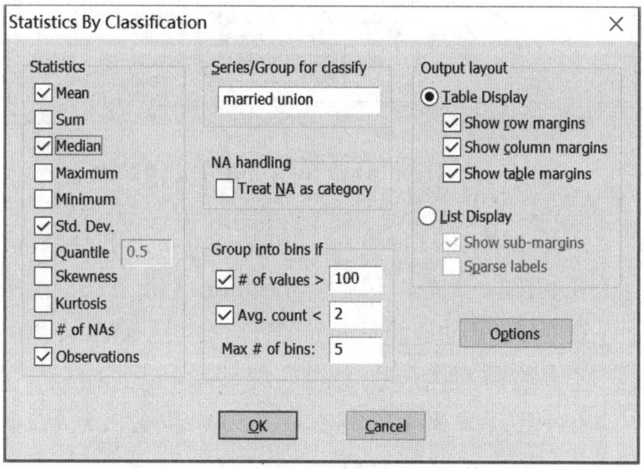

图 2-9　Statistics By Classification 对话框

【例 2-5】工作文件 S2-2.WF1 中存储的是搜集一些女性基本情况的数据（见图 2-10），一共有 1000 个样本。其中：lwage 为女性收入的对数序列；married 为婚姻状况，是分类变量，包括 married 和 single 两个类别；union 为参加工会情况，也是分类变量，包括 union 和 non-union 两个类别。要求对以上 3 个序列进行分组统计。

打开 S2-2.WF1 工作文件，接着打开序列 lwage，以序列 married 和 union 作为分组变量。在图 2-9 中的 Series/Group for classify 下方的文本框中输入分组变量 married union，中间用空格间隔。分组统计后得到图 2-11 所示的输出结果。

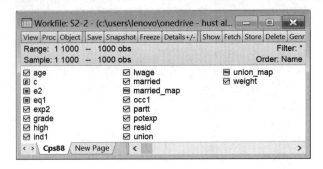

图 2-10　S2-2.WF1 工作文件窗口

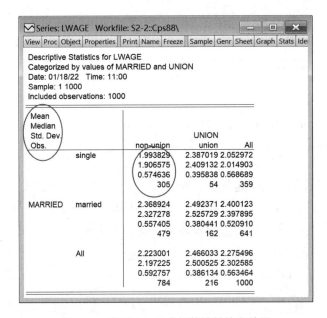

图 2-11　序列 lwage 分组统计量输出结果

在图 2-11 中，第一列为 MARRIED 变量，包括 single（单身）、married（已婚）和 All（合计）三类；第一行为 UNION 变量，包括 non-union（未参加工会）、union（参加工会）和 All（合计）三类。左边的椭圆内是统计量的名称，包括 Mean、Median 和 Std. Dev.，以及观察值 Obs. 的个数。右边的椭圆内分别为对应统计量和观察的值，表示在未参加工会的单身女性中，工资均值（对数后）为 1.993829，工资中位数（对数后）为 1.906575，工资标准差为 0.574636，共有 305 位这样的女性（观察值）。

在图 2-9 所示的对话框中，右下方的显示方式选择 List Display（清单显示），同时选中下面的两个复选框，这样可以得到更为清晰的逐行清单式显示，如图 2-12 所示。

4．Simple Hypothesis Tests（简单假设检验）

简单假设检验、分组齐性检验和经验分布检验属于统计分析方法的推断统计部分，在统计分析中占有重要地位，除了经济和金融等领域，也广泛应用于医学、生物、农业和林业等领域。它的基本原理是通过样本数据的特征来推断总体数据的特征。在其他软件如 SPSS 中被称作参数检验和非参数检验。

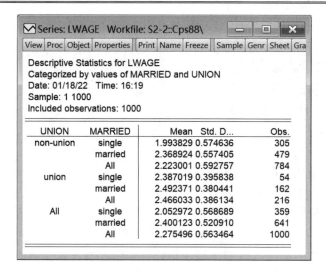

图 2-12　LWAGE 序列分组统计量的列表式输出结果

简单假设检验包含 3 个检验：均值检验、方差检验和中位数检验。它们的含义是，用户任意提出一个检验值，检验其是否和样本来自总体的均值、中位数或方差存在显著差异。

1）均值检验

用户任意设定一个检验值，利用已有的序列值（样本），推断是否和样本来自总体的均值有显著差异（双侧检验），实际上是一个单样本 t-检验过程。原假设为检验值和总体均值没有显著差异，备择假设为检验值和序列的均值有显著差异。

【例 2-6】工作文件 S2-3.WF1 存储的是某地区信用卡月平均消费金额的抽样数据（见图 2-13），一共有 500 个客户样本。其中，credit 为客户的月平均刷卡金额。据估计，当地信用卡月平均刷卡金额约为 3000 元。根据抽样数据，判断是否支持这个估计（假设）。

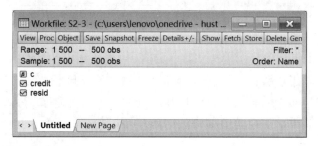

图 2-13　S2-3.WF1 工作文件窗口

这个案例并不是要求我们检验这 500 个样本的月刷卡金额均值和 3000 元有没有显著差异，因为这样的检验是没有意义的，我们可以直接得出这 500 个样本的月平均刷卡金额是 4781.879 元。

这个案例实际上是要求我们根据 500 个抽样数据的分布状况，检验当地所有信用卡持有人的月平均刷卡金额和 3000 元是否有显著差异，是一个典型的均值检验问题。

打开工作文件 S2-3.WF1，接着打开序列 credit，依次选择 View | Descriptive Statistics & Tests-Simple Hypothesis Tests，弹出 Series Distribution Tests（序列分布检验）对话框，如图 2-14 所示，这是一个数据分布的检验。在 Mean 文本框中输入需要检测的值 3000。单击

OK 按钮，得到图 2-15 所示的均值检验输出结果。

从图 2-15 中可以看到，序列 credit 有 500 个观察值，它们的均值为 4781.879 元，样本的标准差为 7418.718 元。原假设是检验值 3000 元和所有信用卡用户的月刷卡金额的均值没有显著差异，备择假设相反。检验的 t-统计量观察值为 5.370742，它的伴随概率 P-值接近 0，如果设定的显著性水平为 0.05，则显著拒绝原

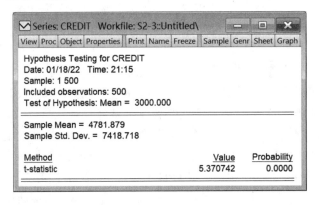

图 2-14   Series Distribution Tests 对话框

假设，接受备择假设，即该地区信用卡月消费金额的平均值和 3000 元有显著差异。

这是一个双侧检验，也就是该地区的信用卡月消费金额大于 3000 元，或者小于 3000 元，都符合题目要求。如果题目要求检测该地区信用卡月消费金额的平均值不低于 3000 元（或不高于 3000 元），则是单侧检验，这时候需要先把伴随概率 P-值除以 2，再和设定的显著性水平 0.05 进行比较。

图 2-15   均值检验输出结果

2）方差检验

用户任意设定一个检验值，检验是否和序列的方差有显著差异（双侧检验），这是一个对卡方统计量的检验。原假设为检验值和序列的方差没有显著差异，备择假设为检验值和序列的方差有显著差异。

【例 2-7】工作文件 S2-3.WF1 存储的是某地区信用卡月刷卡金额的抽样数据，判断该地区所有信用卡用户月刷卡金额的方差和 500 万是否有显著差异。

和上例的背景一样，要求我们根据序列 credit 的方差，判断样本来自总体的方差和 500 万是否有显著差异。

打开工作文件 S2-3.WF1 中的序列 credit，先做一个简单的描述性统计量表分析（见图 2-16），发现月信用卡消费最高金额为 77596.6 元，最低金额为-183.3 元。最高金额和最低金额差距很大，这种情况下，序列总体方

图 2-16   序列 credit 的基本统计量

差的值可能较大。

打开序列 credit，进入简单假设检验，在图 2-14 所示的 Variance 文本框中输入 500 万，得到图 2-17 所示的输出结果，序列 credit 的方差为 55037375，如果设定的显著性水平为 0.05，检验的伴随概率 P-值接近 0，远远小于设定的显著性水平，则显著拒绝原假设，即检验值 500 万和序列的方差有显著差异。

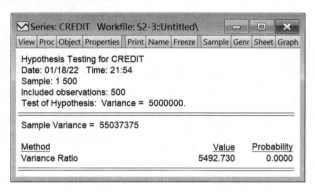

图 2-17　方差检验输出结果

3）中位数检验

用户任意设定一个检验值，检验是否和序列来自总体的中位数有显著差异（双侧检验）。原假设为检验值和总体的中位数没有显著差异，备择假设为检验值和总体的中位数有显著差异。

【例 2-8】工作文件 S2-3.WF1 存储的是某地区信用卡月平均消费金额的抽样数据，判断 2000 元是否为当地信用卡每月平均刷卡金额的中位数。

本例实际上是要求判断当地所有信用卡用户月消费金额的中位数，与 2000 元比较是否有显著差异。

均值是通过算术平均数得到的，容易受到极端值（最大值和最小值）的影响，因此，中位数也是描述数据集中趋势的重要统计量。

在本例中，抽样数据的最大值为 77 596.6 元，最小值为−183.3 元，方差的值非常大，均值可能并不是最好的描述数据集中趋势的统计量。这时候可以考虑中位数，中位数是通过排序得到的，它不受最大和最小两个极端数值的影响。部分数据的变动对中位数没有影响，当序列中的个别数据变动较大时，经常用中位数来描述这组数据的集中趋势。

打开工作文件 S2-3.WF1 中的序列 credit，依次选择 View | Descriptive Statistics & Tests-Simple Hypothesis Tests，在图 2-14 所示的 Median 文本框中输入 2000，得到图 2-18 所示的输出结果，序列 credit 的中位数为 2164.8。EViews 对中位数检验提供了几种常见的方法：

❑ Binomial sign test（二项符号检验）。该检验基于一个二项分布的假设，是一种用于比较两个相关的样本差异是否显著的非参数检验方法。它的原理是：如果样本是从一个二项分布总体中随机抽取的，那么样本数据也应当符合二项分布，即中位数上下的样本数据量应当是接近的。在图 2-18 中，两种二项符号检验结果的伴随概率均大于设定的显著性水平，不拒绝原假设，表明当地信用卡每月平均刷卡金额的中位数和 2000 元没有显著差异。

❑ Wilcoxon signed rank test（威尔科克森符号秩检验）。它的大致原理是：把所有观察值之间取差分后的绝对值，从高到低排序，接着对中位数上下的值进行求和，二者之间应当是相近的。原假设是输入的检验值和序列的中位数没有显著差异，备择假设是它们之间有显著差异。在本例中，假设显著性水平为 0.05，Wilcoxon signed rank 检验的伴随概率接近 0，小于设定的显著性水平，则拒绝原假设，即当地信用卡每月平均刷卡金额的中位数和 2000 元有显著差异。

❑ van der Waerden（normal scores）test（范德瓦尔登正态计分检验）。它的原理和Wilcoxon signed rank 检验大致相同，只是它基于平滑排序：首先把数据转换为秩的排序，然后转换成标准正态分布的分位数（正态计分），可以用于非正态分布。原假设是输入的检验值和序列的中位数没有显著差异，备择假设是它们之间有显著差异。在本例中，假设显著性水平为 0.05，van der Waerden（normal scores）检验的伴随概率接近 0，小于设定的显著性水平，则拒绝原假设，即当地信用卡平均刷卡金额的中位数和 2000 元有显著差异。

可以看出，3 种检验方法的结果并不完全一致，后两种检验方法的精度更高。

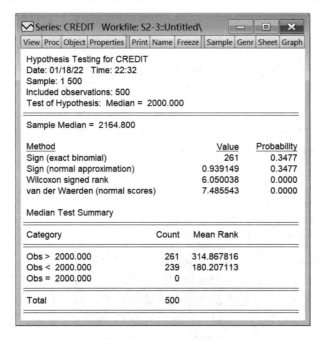

图 2-18　中位数检验输出结果

5. Equality Tests by Classification（分组齐性检验）

分组齐性检验是一个序列分组后，利用方差分析方法，对分组后的数据来自总体的均值、中位数和方差是否相同进行检验。

分组齐性检验需要设置至少一个分组变量，实际上是对分组后的数据进行差异性检验。例如，男性和女性的样本，检验各自总体收入的平均数或中位数是否有差异，教育则可以作为一个分类变量，检验它的方差是否和性别、种族有关。

打开一个序列，依次选择 View | Descriptive Statistics & Tests-Equality Tests by Classification，

弹出如图 2-19 所示的 Tests by Classification 对话框。在 Test equality of 下方选择均值、中位数或方差进行检验；在 Series/Group for classify 内输入分组变量，如果有两个以上分组变量，则中间用空格分隔；NA handling 选项表示可以选择将缺失值单独列为一个分组。

1）均值齐性检验

均值齐性检验（Mean Equality Test）是检验两个样本或多个样本的总体均值是否相等的检验

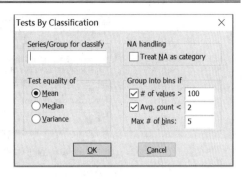

图 2-19　Tests By Classification 对话框

方法。该检验的原假设是每个样本的总体均值都相等（没有显著差异），并且总体方差不等。如果样本的均值之间有显著差异，则拒绝原假设，表明总体均值不相等。

【例 2-9】经济学家和社会学家都十分关注男性和女性在收入上的差别，性别的收入鸿沟称作 Gender Wage Gap。根据案例 S2-4.WF1 中的数据（见图 2-20），以性别（sex）作为收入的分组变量，判断男性和女性的平均收入是否有显著差异。

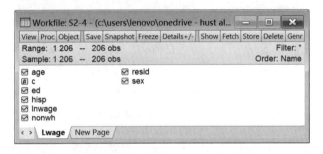

图 2-20　S2-4.WF1 工作文件窗口

在本案例中，显然不是要求我们检验样本中男性和女性的平均收入是否有显著差异，而是希望通过样本推断总体，检验所有的男性和女性的平均收入是否有显著差异。

打开工作文件 S2-4.WF1，接着打开序列 lnwage（收入的对数序列），依次选择 View | Descriptive Statistics & Tests-Equality Tests by Classification，以 sex（性别）作为分组变量，在图 2-19 所示的 Test equality of 下面选择 Mean（均值），单击 OK 按钮，得到如图 2-21 所示的输出结果，软件使用了 4 种检验方法，分别是 t-test、Satterthwaite-Welch t-test*、Anova F-test 和 Welch F-test*。

从检验结果看，如果设定的显著性水平是 0.05，图 2-21 显示的通过 4 种检验方法得到的统计量伴随概率均小于设定的显著性水平，则拒绝原假设，即认为男性和女性的平均收入有显著差异。

2）中位数齐性检验

中位数齐性检验（Median/Distribution Equality Tests）是对不同分组序列来自总体的中位数之间是否有显著差异的检验。中位数齐性检验实际上是数据分布的非参数检验，因此也称作分布齐性检验。原假设是分组序列来自总体的中位数具有相同的分布，备择假设是至少有一组序列来自总体的数据具有不同的分布。

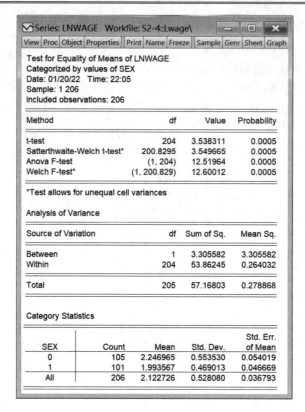

图 2-21　均值齐性检验的输出结果

【例 2-10】 根据案例 S2-4.WF1 中的数据，以性别（sex）作为收入的分组变量，判断男性和女性收入的中位数是否有显著差异。

在图 2-19 所示的 Test equality of 下面选择 Median（中位数），单击 OK 按钮，得到图 2-22 所示的输出结果。EViews 软件使用了 4 种检验方法，分别是 Wilcoxon rank sum test、Chi-square test、Kruskal-Wallis one-way ANOVA by ranks 和 van der Waerden (normal scores) test。

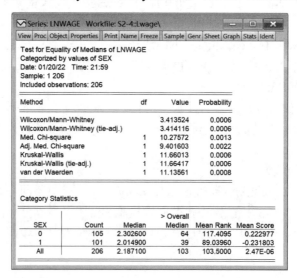

图 2-22　中位数齐性检验的输出结果

　　从检验结果看，如果设定的显著性水平是 0.05，4 种检验方法得到的统计量伴随概率均小于设定的显著性水平，则拒绝原假设，即认为男性和女性收入的中位数有显著差异。

　　3）方差齐性检验

　　方差齐性检验（Variance Equality Tests）是对不同分组来自总体的方差之间是否有显著差异的检验。原假设是所有分组数据来自总体的方差之间没有显著差异，备择假设是至少有一个分组数据来自总体的方差具有显著差异。

　　【例 2-11】根据案例 S2-4.WF1 中的数据，以性别（sex）作为收入的分组变量，判断男性和女性的方差是否有显著差异。

　　在图 2-19 所示的 Test equality of 下面选择 Variance（方差），单击 OK 按钮，得到如图 2-23 所示的输出结果。EViews 软件使用了 5 种检验方法，分别是 F-test、Siegel-Tukey test、Bartlett test、Levene test 和 Brown-Forsythe (modified Levene) test。

　　从检验结果看，如果设定的显著性水平是 0.05，使用 5 种检验方法得到的统计量伴随概率均大于设定的显著性水平，则不拒绝原假设，即认为男性和女性收入的方差没有显著差异。

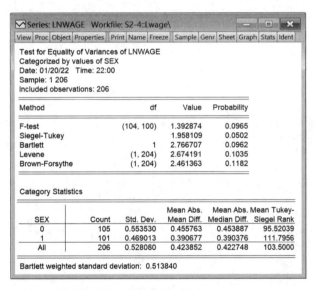

图 2-23　方差齐性检验的输出结果

6．Empirical Distribution Tests（经验分布检验）

　　经验分布检验是检验样本来自的总体符合哪种数据的理论分布形态。原假设为样本来自的总体服从待检验的理论分布，备择假设是样本来自的总体不服从待检验的理论分布。软件提供的方法包括 Kolmogorov-Smirnov、Lilliefors、Cramer-von Mises、Anderson-Darling 和 Watson 经验检验。

　　打开一个序列，依次选择 View | Descriptive Statistics & Tests | Empirical Distribution Tests，弹出如图 2-24 所示的 EDF Test 对话框。

　　Test Specification 选项卡的 Distribution 下拉列表框包含 10 种可以进行检验的理论分

布，包括 Normal（正态分布）、Chi-Square（卡方分布）、指数分布（Exponential）、Extreme(Max)（最大极值分布）、Extreme(Min)（最小极值分布）、Gamma（伽马分布）、Logistic（逻辑分布）、Pareto（帕累托分布）、Uniform（均匀分布）和 Weibull（韦伯分布）。Parameters 用于设定检验理论分布的均值和标准差的参数或参数表达式，可以由系统自动设定。Estimation Options 选项卡用于重复渐进估计法的设定，一般使用系统的默认设定。

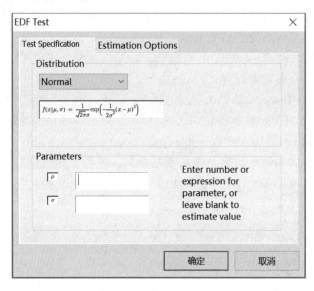

图 2-24　EDF Test 对话框

【例 2-12】正态分布是商业数据中最常见的数据分布，工作文件 S2-5.WF1 存储的是一家连锁快餐店的汉堡销售额和广告的数据（见图 2-25）。检验汉堡的销售额（sales）是否呈正态分布。

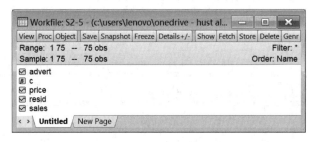

图 2-25　S2-5.WF1 工作文件窗口

本案例同样是从样本推断总体的分布情况，待检验的是该连锁店（或所有连锁店）的汉堡销售额是否符合正态分布。

打开工作文件 S2-5.WF1，接着对序列 sales 进行正态分布的经验分布检验，在图 2-24 所示的 Distribution 下拉列表框中选择默认的理论分布 Normal（正态分布），单击"确定"按钮，得到图 2-26 所示的输出结果。

在 Method 下方，软件显示了 4 种检验方法。从检验结果看，如果设定的显著性水平是 0.05，4 种检验方法得到的统计量伴随概率均大于设定的显著性水平，则不拒绝原假设，即认为该连锁店的汉堡销售额和正态分布没有显著差异。

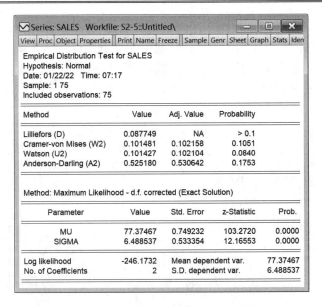

图 2-26　sales 经验分布检验输出结果

2.2.2　单因素统计表

　　单因素统计表（One-way Tabulation）是一个分类统计表，它将序列的值从低到高自动进行分类（点分类或区间分类），然后显示分类的值、百分比、累计值和累计百分比。单因素统计表也称作单因素列联表，单因素统计表分析也可以称作列联表分析。打开一个序列，选择 View | One-Way Tabulation，弹出如图 2-27 所示的 Tabulate Series 对话框。

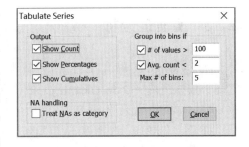

图 2-27　Tabulate Series 对话框

　　Output 选项组有三个输出结果显示选项，分别是 Show Count（显示观察值计数）、Show Percentages（显示百分比）和 Show Cumulatives（显示累计值和累计百分比）。NA handling 和 Group into bins if 选项参见分组统计量（Stats by Classification）部分的解释。

　　【例 2-13】工作文件 S2-6.WF1 存储的是 1972—2016 年度在 SAT 考试中数学部分的平均成绩（见图 2-28），包括男生平均成绩（male）、女生平均成绩（female）和总平均成绩（total）。要求将总平均成绩进行分类输出。

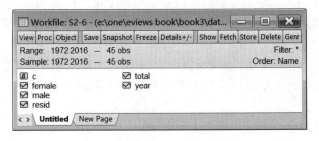

图 2-28　S2-6.WF1 工作文件窗口

打开工作文件 S2-6.WF1，在图 2-28 中对序列 total 进行单因素统计表分析，得到如图 2-29 所示的输出结果。在第 1 列中，软件将数学平均成绩自动分为 4 类，即 490～500 分、500～510 分、510～520 分和 520～530 分；第 2 列是每组的人数，分别为 10、16、18 和 1 人，总人数为 45；第 3 列是每组分类人数占总人数的百分比；第 4 列是每组人数的累计数；第 5 列是每组百分比的累计数。

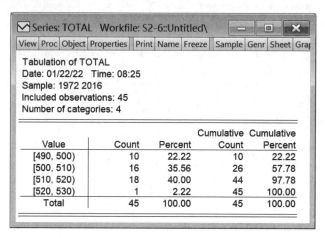

图 2-29　序列 total 的单因素统计表分析结果

2.2.3　重复值分析

从 EViews 11 开始，EViews 中就增加了重复值分析（Duplication Observations）功能。它属于数据清洗（Data Cleaning）的范畴，用户对获得的数据进行重新审核、校验，删除重复数据、纠正错误等。

打开一个序列，选择 View | Duplicate Observations，得到重复值分析摘要表，用户可以在摘要表中对重复数据进行分析和编辑等操作。

【例 2-14】工作文件 S2-6.WF1 是 1972—2016 年度在 SAT 考试中数学部分的平均成绩，对男生的平均成绩（male）进行重复值分析。

打开工作文件 S2-6.WF1，对序列 male 进行重复值分析，得到图 2-30 所示的重复值分析摘要表。

其中：第 1 列 Group Size 是组的容量；第 2 列 Groups 是同样容量的组的数量；第 3 列 Percent of Groups 是该组占总组数的百分比；第 4 列 Obs.是每个组的观察值数量；第 5 列 Percent of Obs.是该组观察值占总观察值数量的百分比。

本例对序列 male 进行重复值分析，共有 45 个观察值，分为 19 个组。没有出现重复值的有 6 个组，出现重复值的有 13 个组（4+5+4），其中：

❑ 包含 1 个值的有 6 个组，组内没有出现重复值，共有 6 个观察值。
❑ 包含 2 个值的有 4 个组，各有 2 个重复值，共有 8 个观察值。
❑ 包含 3 个值的有 5 个组，各有 3 个重复值，共有 15 个观察值。
❑ 包含 4 个值的有 4 个组，各有 4 个重复值，共有 16 个观察值。

Group Size	Groups	Percent of Groups	Obs.	Percent of Obs.
1	6	31.58	6	13.33
2	4	21.05	8	17.78
3	5	26.32	15	33.33
4	4	21.05	16	35.56
Total	19	100.00	45	100.00

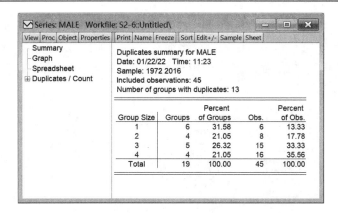

图 2-30　male 序列重复数据分析摘要表

选择图 2-30 摘要表左侧的 Graph，可以看到图 2-31 所示的重复值分析结果，从图中可以看出重复值的各组容量（Size）和观察值之间的关系，纵轴代表包含 1～4 个相同观察值的组，横轴代表每个不同容量组的观察值数（竖线的条数），如最长的线条有 16 根，代表有 4 个相同观察值的总数为 16。

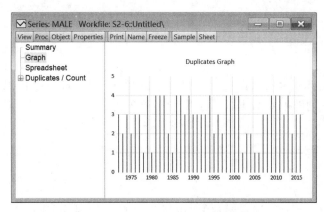

图 2-31　重复数据输出分析结果

选择图 2-30 摘要表左侧的 Spreadsheet，在图 2-32 所示的重复值分析输出表中，所有重复值均以红色和阴影背景显示。

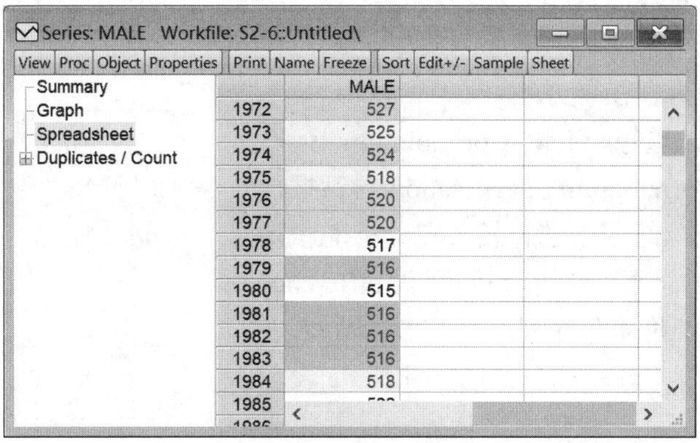

图 2-32　重复数据输出表

选择图 2-30 摘要表左侧的 Duplicates/Count，则会出现如图 2-33 所示的所有重复数据分组的树状图。单击每个组，可以看到分组的观察值详细信息。例如，单击（520）3，说明平均分为 520 的有 3 个年度，分别为 1976 年、1977 年和 1991 年。单击 Edit+/-按钮，可以对图 2-33 所示的数据进行编辑。

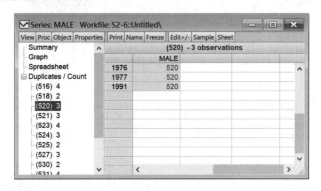

图 2-33　分组重复值的观察值

2.3　时间序列分析

时间序列是经济和金融实践中最常见的数据形式，时间序列分析也是 EViews 软件的重要功能。时间序列的基本数据分析主要包括相关图分析、单位根检验和 BDS 独立性检验等。

2.3.1　相关图

相关图（Correlogram）用于展示序列的自相关图和偏自相关图，包括原序列和残差序列，分析序列观察值和滞后项之间的关系。相关图分析是时间序列分析和建模的基本工具之一，一般用于以下几个方面：

- 分析序列是否为白噪声序列。
- 分析序列是否存在自相关。
- 分析序列适用于哪种时间序列模型。
- 分析序列是否存在异方差。

打开一个序列，选择 View | Correlogram，弹出如图 2-34 所示的 Correlogram Specification 对话框。Correlogram of 的选项组用于选择相关图分析的序列类型，Level 表示对原序列进行分析，1st difference 表示分析原序列的 1 阶差分序列，2nd difference 表示分析原序列的 2 阶差分序列。Lags to include 表示进行分析的滞后阶数，一般使用默认值。设置完成后单击 OK 按钮输出结果。

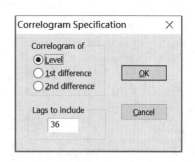

图 2-34　Correlogram Specification 对话框

【例 2-15】工作文件 S2-7.WF1 存储的是 1985—2020 年浙江省主要沿海港口货运吞吐量的数据（见图 2-35），分析序列 ttl（货运吞吐量）的相关图。

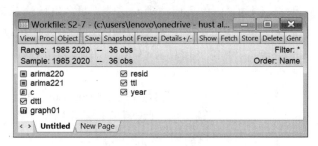

图 2-35　S2-7.WF1 工作文件窗口

打开工作文件 S2-7.WF1，接着打开如图 2-34 所示的相关图对话框，使用默认设置，得到序列 ttl 的相关图（见图 2-36）。其中：第 1 列 Autocorrelation 表示相关图；第 2 列 Partial Correlation 表示偏相关图；第 3 列是自然序列 1、2、3…表示滞后阶数；第 4 列 AC 为自相关系数，是第 1 列的数值；第 5 列 PAC 为偏相关系数，是第 2 列的数值；第 6 列 Q-Stat 是 Q-统计量的值；第 7 列 Prob 是第 6 列 Q-统计量对应的伴随概率 P-值。

对时间序列相关图的分析，在第 3 篇中还会专门学习。从图 2-36 中可以看出，Q-统计量的伴随概率 P-值均接近 0，说明 ttl 是一个非白噪声序列，可以进一步建立模型。

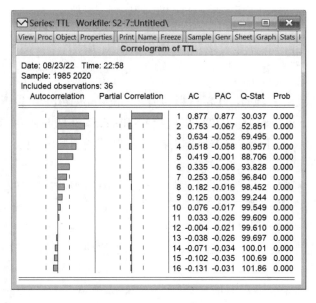

图 2-36　序列 ttl 的相关图

2.3.2　长期方差

长期方差（Long-run Variance）指时间序列数据在长期时间内的方差，它是对时间序列数据波动的一个度量，是金融时间序列分析中的一个重要概念。长期方差可以用来检验金融市场的波动性，如果金融市场的长期方差较大，则说明市场波动性较高，投资风险也较高。长期方差也是风险模型中的一个重要参数，用于衡量投资组合的风险。在风险模型中，通常使用历史数据计算长期方差，并以此预测未来的波动性和风险。基于长期方差可以建立一些金融交易策略。例如，可以采用波动率策略，即在市场波动率较低时增加仓位，在市场波动率较高时减少仓位，以此获得更好的收益。长期方差还可以用于评估金融市场政策的效果，如政策调整是否能够降低市场波动性，从而提高市场效率和稳定性。长期方差分析方法也广泛应用于气象、环境、能源等领域的数据分析。

在 EViews 中打开需要分析的序列，选择 View | Long-run Variance，弹出 Long-run Variance 对话框（见图 2-37），在对话框中进行设置或者使用默认值即可。

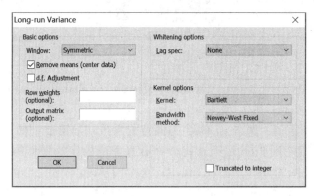

图 2-37   Long-run Variance 对话框

2.3.3　单位根检验

从 EViews 11 开始，EViews 在单位根检验（Unit Root Test）中设置了 3 个子菜单，分别是 Standard Unit Root Test（标准单位根检验）、Breakpoint Unit Root Test（断点单位根检验）和 Seasonal Unit Root Test（季节单位根检验）。如果没有特别说明，单位根检验一般指标准单位根检验。

单位根检验用于检验时间序列的平稳性（Stationary），是时间序列分析基本工具之一。例如，ARMA 模型估计就是基于序列的平稳性，当我们说一个序列平稳的时候，就意味着序列的均值和自协方差与时间参数是无关的。

单位根检验的原假设是序列（至少）存在一个单位根，序列非平稳；备择假设是序列不存在单位根，序列平稳。

在 EViews 中打开一个序列，依次选择 View | Unit Root Tests | Standard Unit Root Test，弹出如图 2-38 所示的 Unit Root Test 对话框。其中，Test type 用于选择单位根检验的方法，包括 ADF 检验、DF 检验、PP 检验等。ADF 检验是默认选项，也是应用最多的单位根检验方法；DF 检验一般只用于滞后 1 阶的情况；PP 检验一般应用于残差序列存在异方差的情况。

Test for unit root in 选项组用于选择检验的序列，Level 表示原序列，1st difference 表示 1 阶差分后的序列，2nd difference 表示 2 阶差分后的序列。

Include in test equation 选项组用于设置时间序列的形式，即对应序列的 3 种形式：包含截距项（Intercept）、包含趋势项和截距项（Trend and intercept），以及无截距项和无趋势项（None）。一般情况下，对时间序列的单位根检验，这 3 种情形都需要检验。

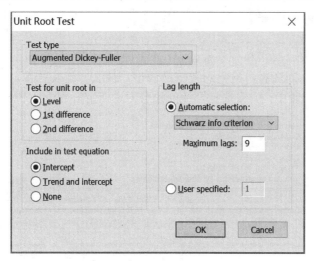

图 2-38　Unit Root Test 对话框

Lag length 选项组用于设置最优滞后期的方法，一般使用默认选项 Automatic selection（自动选择）。单击 OK 按钮输出结果。

【例 2-16】工作文件 S2-7.WF1 存储的是 1985—2020 年浙江省主要沿海港口货运吞吐量的数据（见图 2-35），对序列 ttl（货运吞吐量）进行标准单位根检验。

打开工作文件 S2-7.WF1，对序列 ttl 进行单位根检验。观察 ttl 的序列图，发现带有截距项和明显的时间趋势。对序列 ttl 的原序列和 1 阶差分后的序列进行标准单位根检验，发现均为非平稳序列。因此，Test for unit root in 选择检验 2 阶差分后的序列，Include in test equation 选择 Trend and intercept。检验后，得到图 2-39 和图 2-40 所示的 ADF 单位根检验的输出结果。

如图 2-39 所示，运用 ADF 单位根检验方法对序列 D(TTL，2)，即序列 ttl 的 2 阶差分序列进行单位根检验，原假设（Null Hypothesis）有一个单位根；外生变量（Exogenous）包含常量（Constant）和线性趋势（Linear Trend）；软件给出的最优滞后期为 1；t-统计量的值为-7.425728，它的伴随概率接近 0。

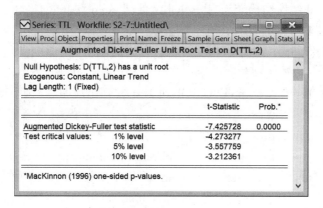

图 2-39　Unit Root Test 输出结果 1

从检验结果中看，如果设定的显著性水平是 0.05，ADF 单位根检验得到的统计量的伴随概率，远远小于设定的显著性水平，则拒绝原假设，可以认为序列 ttl 的 2 阶差分序列是一个平稳的时间序列。

图 2-40 显示的是在标准单位根检验中，ADF 检验计算 t-统计量的过程。在本例中，序列 D(TTL,2)的值作为因变量，检验的方法是最小二乘法，调整后有 29 个观察值。

在标准单位根检验中，如果选择其他的检验方法，输出结果是不同的，这里不再演示。

```
Augmented Dickey-Fuller Test Equation
Dependent Variable: D(TTL,2)
Method: Least Squares
Date: 01/25/22   Time: 15:27
Sample (adjusted): 1992 2020
Included observations: 29 after adjustments
```

Variable	Coefficient	Std. Error	t-Statistic	Prob.
D(TTL(-1))	-0.510092	0.201791	-2.527830	0.0196
D(TTL(-1),2)	0.266031	0.294612	0.902989	0.3768
D(TTL(-2),2)	-0.440347	0.345129	-1.275889	0.2159
D(TTL(-3),2)	0.908470	0.374058	2.428688	0.0242
D(TTL(-4),2)	0.148110	0.373771	0.396260	0.6959
D(TTL(-5),2)	1.044355	0.447829	2.332041	0.0297
C	-8063.725	5362.938	-1.503602	0.1476
@TREND("1985")	783.6246	361.2866	2.168983	0.0417

R-squared	0.592925	Mean dependent var	1596.769
Adjusted R-squared	0.457234	S.D. dependent var	10173.27
S.E. of regression	7494.918	Akaike info criterion	20.91079
Sum squared resid	1.18E+09	Schwarz criterion	21.28797
Log likelihood	-295.2064	Hannan-Quinn criter.	21.02892
F-statistic	4.369656	Durbin-Watson stat	2.051392
Prob(F-statistic)	0.003948		

图 2-40　Unit Root Test 输出结果 2

2.3.4　断点单位根检验

断点单位根检验（Breakpoint Unit Root Test）是在 EViews 11 之后增加的功能。时间序列数据随着时间的推进，经常会出现结构性变化，这种结构性变化同时会引发序列不平稳问题。断点单位根检验的原理，是利用统计学方法检测时间序列数据是否存在一个"断点"，即数据结构从一种非线性结构变为另一种非线性结构的时刻。如果数据存在这样的 "断点"，则说明数据存在非线性结构，而不存在单位根。具体使用两个步骤来实现：第一步是对时间序列进行 1 阶差分（或者非 1 阶差分），以检测自相关；第二步是在具有自相关的序列上进行断点检验，以检测单位根是否存在。在 EViews 中打开需要检验的序列，依次选择 View | Unit Root Tests | Breakpoint Unit Root Test...，弹出如图 2-41 所示的 Breakpoint Unit Root Test 对话框。

其中，Trend specification 选项组的 Basic 有 Intercept 和 Trend and intercept 两个选项，用来设置检验中是否包含趋势项。如果选择 Trend and intercept，则还需要设置 Breaking 选项，在 Intercept、Trend and intercept 和 Trend3 个选项中指出断点的形式。

Break type 选项用于设置断点的形式，包含 Innovation Outlier（新息异常值）和 Additive Outlier（附加异常值）两个异常值选项。Breakpoint selection 选项用于设置检验方法的断点。Lag length 选项用于设置滞后期的判断方法。

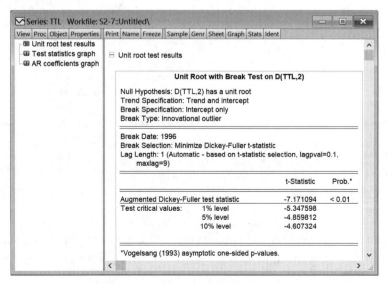

图 2-41　Breakpoint Unit Root Test 对话框

【**例 2-17**】工作文件 S2-7.WF1 存储的是 1985—2020 年浙江省主要沿海港口货运吞吐量的数据（见图 2-35），对序列 ttl（货运吞吐量）进行断点单位根检验。

打开工作文件 S2-7.WF1，接着打开序列 ttl 进行断点单位根检验，在对话框的 Test for unit root in 下方选择 2nd difference（2 阶差分），Trend specification 下方的 Basic 下拉列表框中选择 Trend and intercept，在 Breaking 下拉列表框中选择 Intercept，在 Lag length 的 Method 下拉列表框中选择 t-statistic（见图 2-41）。Trend specification 的选项不同，输出结果也不同。其他选项采用默认值，单击 OK 按钮，得到如图 2-42、图 2-43 和图 2-44 所示的输出结果。

图 2-42 上方是检验的基本信息，原假设有一个单位根，检验包含趋势项，断点的确定性成分是截距项，断点形式是 Innovational outlier（新息异常值）。图 2-42 的中间部分是 ADF 单位根 t-检验，检验的断点时间是 1996 年，检验结果显示，t-统计量的值为-7.171094，伴随概率小于 0.01，在显著性水平为 0.05（或为 0.01）的水平下拒绝原假设，说明不存在断点单位根。

图 2-42　断点单位根检验结果 1

选择图 2-42 左栏的 Test statistics graph 和 AR coefficients graph，得到对每个时间点检验的 ADF 统计量图（见图 2-43）及自回归（AR）系数图（见图 2-44）。

在本例中继续对序列 ttl 进行不包含时间趋势的检验，并采用了多种检验方法，虽然检验的断点不同，但是最终结果均显示序列不存在断点单位根。

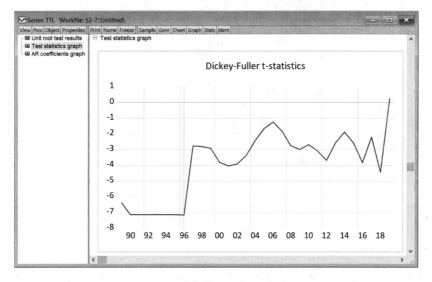

图 2-43　断点单位根检验结果 2

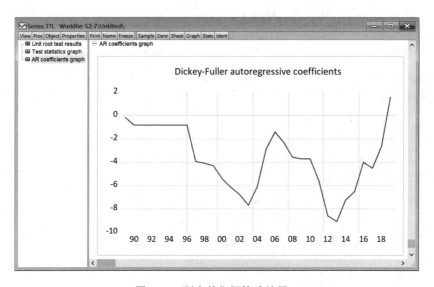

图 2-44　断点单位根检验结果 3

2.3.5　季节单位根检验

从 EViews 11 开始，就可以在 EViews 中进行季节单位根检验（Seasonal Unit Root Tests）了。季节性或周期性是很多时间序列的基本特征。在传统时间序列模型中，大部分带季节性的时间序列都被看作平稳时间序列。但是季节性单位根的存在，会给时间序列模型带来较大的误差。

　　在 EViews 中进行季节单位根检验的步骤是，打开待检验的序列，依次选择 View | Unit Root ests | Seasonal Unit Root Tests，弹出季节单位根检验对话框，如图 2-45 所示。在 Test type 下拉列表框中有 4 种检验方法，分别是 Traditional HEGY（Hylleberg，Engle，Granger and Yoo）、HEGY Likelihood Ratio test、Canova-Hansen test 和 Variance ratio test。

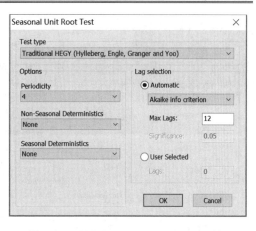

图 2-45　Seasonal Unit Root Test 对话框

　　在 Options 选项组中，Periodicity 用于选择季节频率，包括 2、4、5、6、7、12 这几个选项；Non-Seasonal Deterministics（非季节性确定因素）选项用于选择是否有确定性因素或时间趋势因素，可以选择 None、Constant 或 Constand and Trend；Seasonal Deterministics（季节性确定因素）选项可以选择 None、Seasonal Dummies（季节虚拟变量）、Spectral Intercepts（虚拟截距）或 Spectral Intercepts and Trends（虚拟截距和趋势）。Lag selection 用于选择滞后期的方法。

　　【例 2-18】工作文件 S2-7.WF1 存储的是 1985—2020 年浙江省主要沿海港口货运吞吐量的数据（见图 2-35），对序列 ttl（货运吞吐量）进行季节单位根检验。

　　在 S2-7.WF1 工作文件窗口，打开序列 ttl 进行季节单位根检验，在图 2-45 中采用软件的默认值，检验方法 Test type 采用传统的 HEGY 方法，单击 OK 按钮，得到如图 2-46、图 2-47 和图 2-48 所示的季节单位根检验结果。

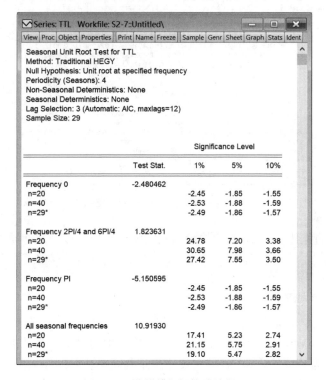

图 2-46　季节单位根检验结果 1

图 2-46 显示的是不同频率情况下的检验结果。Frequency 是频率，对于所有的检验统计量，都给出了临界值在 1%、5%和 10%的水平。因为所有的临界值都是在样本量基础上增加约 20 个值进行估计的，本例有 29 个样本，所以对 29 上下浮动 10 个值左右，即对 20、40 和 29 个样本量都进行估计。

Series: TTL　Workfile: S2-7::Untitled\

All seasonal frequencies	10.91930			
n=20		17.41	5.23	2.74
n=40		21.15	5.75	2.91
n=29*		19.10	5.47	2.82
All frequencies	8.991436			
n=20		13.77	4.56	2.73
n=40		16.59	4.88	2.83
n=29*		15.04	4.70	2.77

*Note: Obtained using linear interpolation.

图 2-47　季节单位根检验结果 2

图 2-47 显示的是所有季节性频率和所有频率情况下的检验结果。原假设是在指定的频率下存在单位根，备择假设相反。从图 2-44 和图 2-45 中可以看到，以传统的 HEGY 方法进行检验，序列 ttld 在 0.01、0.05 和 0.1 的显著性水平下，存在季节单位根。

Series: TTL　Workfile: S2-7::Untitled\

Dependent Variable: TTL-TTL(-4)
Method: Least Squares
Date: 08/25/22　Time: 15:59
Sample (adjusted): 1992 2020
Included observations: 29 after adjustments

Variable	Coefficient	Std. Error	t-Statistic	Prob.
OMEGA(0)	0.068737	0.027711	2.480462	0.0213
OMEGA(2PI/4)	0.847577	0.464606	1.824295	0.0817
OMEGA(6PI/4)	0.320571	0.403488	0.794501	0.4354
OMEGA(PI)	-4.366850	0.847834	-5.150595	0.0000
DEP(-1)	-2.579781	0.762456	-3.383514	0.0027
DEP(-2)	3.718393	1.134726	3.276908	0.0034
DEP(-3)	-2.370432	0.730994	-3.242753	0.0037

R-squared	0.992928	Mean dependent...	76373.42
Adjusted R-squared	0.990999	S.D. dependent var	78426.55
S.E. of regression	7440.643	Akaike info criterion	20.87381
Sum squared resid	1.22E+09	Schwarz criterion	21.20384
Log likelihood	-295.6702	Hannan-Quinn cr...	20.97717
Durbin-Watson stat	2.124521		

图 2-48　季节单位根检验结果 3

图 2-48 显示的是传统的 HEGY 检验的回归输出结果，以及整个季节单位根检验的统计量。

2.3.6　方差比率检验

方差比率检验（Variance Ratio Test）是一种用于检验时间序列数据是否存在随机游走（Random Walk）行为的统计方法。它的主要作用是判断一个时间序列是不是随机游走过程，即序列中的未来值与当前值之间是否存在一定的可预测关系。如果时间序列是随机游走过程，那么其未来值与当前值之间的关系将是随机的，即无法通过历史数据对未来数据进行预测。在金融领域中，随机游走假说是一种重要的假设，它认为股票价格或汇率等金融资产的价格走势是随机游走过程，随机游走模型下的金融资产收益率将是不可预测的。方差比率检验可以用来检验这个假设是否成立，从而判断股票价格或汇率等金融资产的价格是否具有可预测性。除了金融领域，方差比率检验还可以应用于其他领域，如经济学、气象学和医学等，用于检验时间序列数据是否具有可预测性。

经济学家安德鲁·W.罗（Andrew W.Lo）和艾·克雷格·麦金雷（A.Craig MacKinlay）在 1988 年提出了时间叠加方差比率检验。它的原理是通过比较在不同时间区间内数据的方差差异，来研究时间序列数据的可预测性。如果股价的自然对数遵循随机游走过程，则其方差与时间成正比。具体地说，如果股价的自然对数满足随机游走假设，即股价的变动是一个随机游走过程，且未来的价格变动无法被预测，那么此时的方差会随着时间的增加而增加。

在 EViews 中打开时间序列，依次选择 View | Variance Ratio Test，弹出如图 2-49 所示的 Variance Ratio Test 对话框。

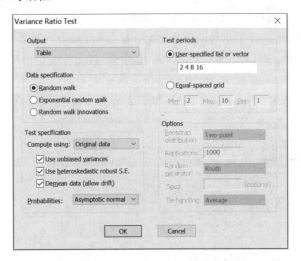

图 2-49　Variance Ratio Test 对话框

Output 选项用于检验的输出形式，有 Table（表格）和 Graph（图形）两个选项。Data specification 选项用于描述时间序列数据的属性，如果选择默认的 Random walk，则 EViews 假定时间序列的数据服从 Random walk，方差会以差分的形式进行估计；如果选择 Exponential random walk（指数随机游走），则数据以自然对数的形式进行估计；最后一个选项表示假定数据服从 Random walk innovations（随机游走创新）。

在 Test specification 选项组内，Compute using 用于设置估计的方法，默认选项是 Original data，即 Lo 和 MacKinlay 的方差比率方法。其他的估计方法包括 Ranks（排序检验）、Rank scores（van der Waerden 分数排序检验）和 Signs（符号检验）。下方复选框是对使用方差的定义，包括 Use unbiased variances（使用无偏方差）、Use heteroskedastic robust S.E.（使用异方差稳健标准误）和 Demean data（allow drift）（零均值化）。

Test periods 选项组用于设置方差比较的时间区间，可以设置一个时间区间，也可以设置多个时间区间。

【**例 2-19**】工作文件 S2-8.WF1 存储的是 1974 年 8 月至 1996 年 5 月期间，加拿大（can）、德国（deu）、法国（fra）、日本（jp）、英国（uk）的货币和美元的汇率，为每周收盘数据（见图 2-50）。检验它们的汇率是否服从指数随机游走（Exponential random walk）。

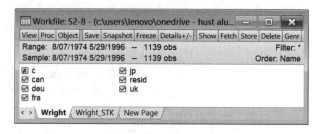

图 2-50　S2-8.WF1 的工作文件窗口

数据来源于乔纳森·赖特（Wright Jonathan H.）于 2000 年在《商业与经济统计杂志》（*Journal of Business and Economic Statistics*）上发表的一篇关于方差比率检验的论文中的案例。

这里以日元汇率为例进行检验，在 S2-8.WF1 工作文件中打开序列 jp，弹出 Variance Ratio Test 对话框。Data specification 选择 Exponential random walk，对序列 jp 的自然对数序列进行检验；Test specification 的估计方法选择 Original data，复选框选择 Demean data(allow drift)；Test periods 按照 WRIGHT 在论文中的设置 "2 5 10 30"。设置结束后如图 2-51 所示，单击 OK 按钮，得到如图 2-52 和图 2-53 所示的检验结果。

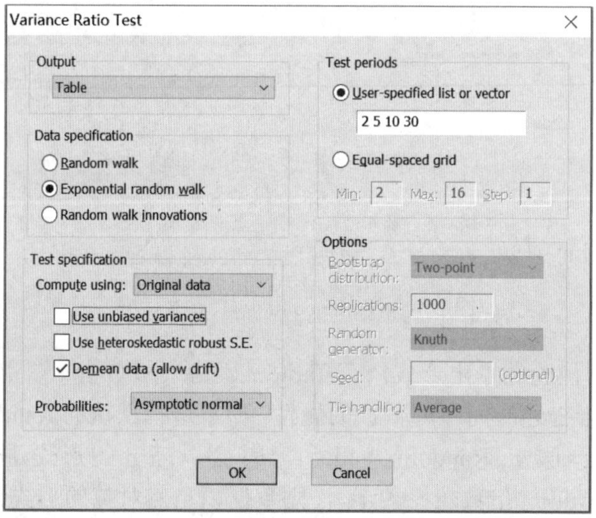

图 2-51　Variance Ratio Test 对话框

在图 2-52 中，原假设是序列 jp 的自然对数服从随机游走。检验结果中的 Joint Tests 是对所有时间区间的综合检验结果，Chow-Denning Max |z|统计量的值是 4.295371，伴随概率为 0.0001，强烈拒绝原假设，说明序列 jp 的对数序列不服从随机游走。Individual Tests 是每个时间区间的检验结果，除了区间 "2" 的方差比率的统计量的伴随概率略大于 0.05 以外，其余区间的检验均拒绝原假设。

图 2-53 是每个区间的方差比率检验的中间结果，从第 2 列开始，依次为方差的均值、

每个区间的方差、每个区间的观察值。

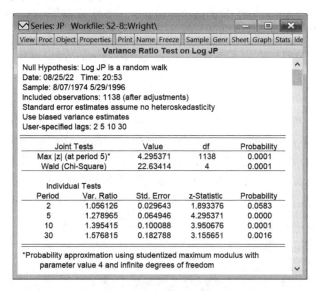

图 2-52　Variance Ratio Test 结果 1

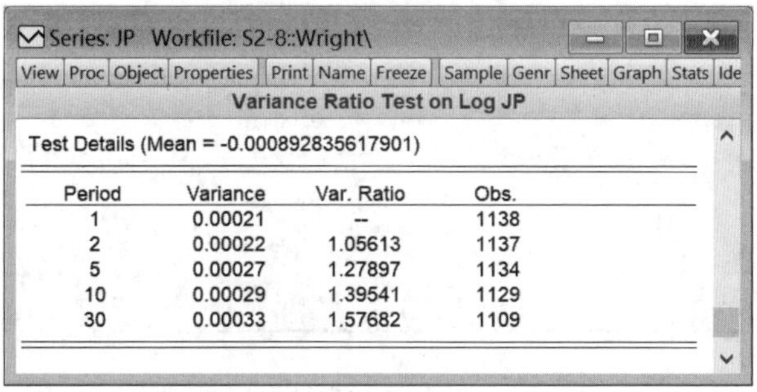

图 2-53　Variance Ratio Test 结果 2

2.3.7　BDS 独立性检验

BDS 独立性检验（BDS Independence Test）用来检验基于时间变化的序列是否独立分布，主要用于检验序列值独立分布的偏差，包括它们的线性相关、非线性相关或者混乱状态。BDS 独立性检验可以运用于对序列残差的检验，检验残差是独立分布还是均匀分布的（Independent and Identically Distributed，IID）。例如，可以测试一个拟合后的 ARMA 模型的残差是否存在非线性独立分布。在 EViews 中打开需要进行检验的序列，选择 View | BDS Independence Test，在弹出的对话框中进行相应设置即可，不再赘述。

2.3.8　预测效果评估

建立经济计量模型是为了对变量进行预测，不同模型提供的预测结果不尽相同，EViews 提供了对单变量预测效果评估（Forecast Evaluation）的多种方法，由使用者决定选择哪种预测方法。

EViews 提供了 4 种预测精度的评估方法，分别是根均方误差（Root Mean Squared Error，RMSE）、平均绝对误差（Mean Absolute Error，MAE）、平均绝对百分比误差（Mean Absolute Percentage Error，MAPE）和泰尔不等式系数（Theil Inequality Coefficient）。

打开一个序列，选择 View | Forecast Evaluation，弹出如图 2-54 所示的预测效果评估对话框。

在 Forecast data objects（预测数据目标）下方的文本框中直接输入多个序列、序列组、模型的名称或者方程式对象的名称，软件会自动对数据进行预测并给出一个预测结果。Evaluation sample（评估样本）下方的文本框用于设置评估的数据范围。Averaging methods（optional）用于设置求平均值的方法，可以多选，选项包括 Simple mean、Trimmed mean、Simple median、Least-squares、Mean square error 和 MSE ranks，如果输入的是方程式，那么还会出现 Smooth AIC weights 和 SIC weights 两个选项。

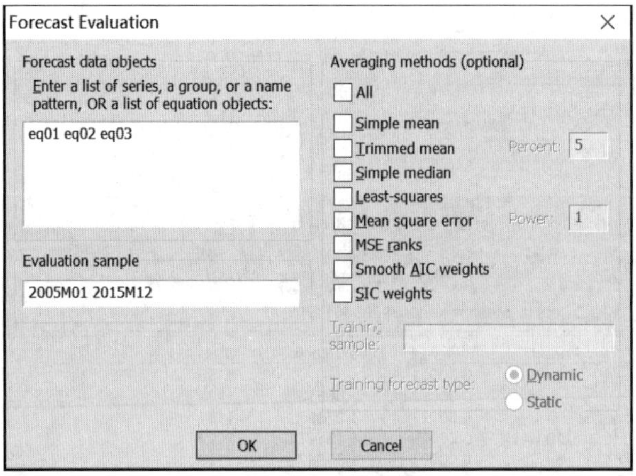

图 2-54　Forecast Evaluation 对话框

【例 2-20】工作文件 S2-9.WF1 存储的是有关英格兰和威尔士电力需求的数据（见图 2-55），其中包含 2005 年 1 月至 2015 年 12 月的月度数据样本（序列 elecdmd），还包含 5 个样本内的预测序列（elecf_fe1 至 elecf_fe5），5 个样本外预测序列（elecf_ff1- elecf_ff5）。其中，每个样本内预测序列均包含 2011 年 12 月之前的电力需求的真实数据，并对 2012 年 1 月至 2013 年 12 月的电力需求进行了预测。要求对 5 个预测模型的精度进行检验。

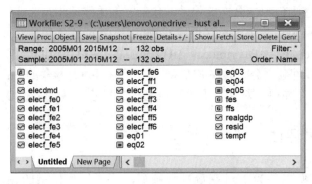

图 2-55　S2-9.WF1 工作文件窗口

打开工作文件 S2-9.WF1 中的序列 elecdmd，接着打开预测效果评估对话框，如图 2-56 所示。在 Forecast data objects 下方输入 elecf_fe1 elecf_fe2 elecf_fe3 elecf_fe4 elecf_fe5；Evaluation sample 设置为 2013 年 1 月至 12 月；Averaging methods(optional)的选项全部打勾；Training sample（训练样本）设置为 2012 年 1 月至 12 月。

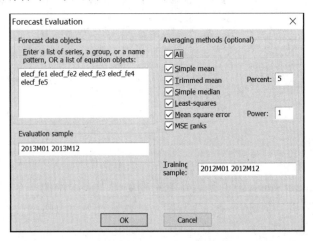

图 2-56　Forecast Evaluation 对话框

单击 OK 按钮，得到如图 2-57 和图 2-58 所示的检验输出结果。图 2-57 的上半部分是汇总信息，下半部分的 Combination tests 展示了 5 个预测序列的检验结果。原假设是在 0.05 的显著性水平下，一个预测包含相关信息的全部内容，即预测值与实际值之间没有显著差异，或者说预测模型的预测能力较差，无法对实际值进行准确的预测。在图 2-57 所示的 F-统计量的伴随概率中，只有第 1 个序列 elecf_fe1 的伴随概率是 0.0495，小于 0.05，拒绝原假设，其余 4 个序列的伴随概率均大于 0.05，不拒绝原假设。

```
Forecast Evaluation
Date: 03/09/22   Time: 21:02
Sample: 2013M01 2013M12
Included observations: 12
Evaluation sample: 2013M01 2013M12
Training sample: 2012M01 2012M12
Number of forecasts: 10

  Combination tests
Null hypothesis: Forecast i includes all information contained in others

Forecast          F-stat       F-prob

ELECF_FE1         4.138355     0.0495
ELECF_FE2         1.443315     0.3146
ELECF_FE3         1.533069     0.2913
ELECF_FE4         1.558450     0.2851
ELECF_FE5         0.420428     0.7898
```

图 2-57　Forecast Evaluation 结果 1

在输出结果中还显示了评估统计量的值，从图 2-58 中可以看出，因为数据量不足，Trimmed mean 统计量被排除在外，只保留了 RMSE、MAE、MAPE 和 Theil 统计量的值。可以看出，在 5 种求平均值的方法中，Mean square error 是最优的评估方法（阴影部分）。

Evaluation statistics						
Forecast	RMSE	MAE	MAPE	SMAPE	Theil U1	Theil U2
ELECF_FE1	329.3182	299.3388	6.582262	6.332612	0.034294	0.969059
ELECF_FE2	108.1292	94.06769	2.046802	2.034273	0.011568	0.307378
ELECF_FE3	219.1630	193.9669	4.293012	4.418975	0.024040	0.674861
ELECF_FE4	154.1023	126.3301	2.793056	2.853796	0.016757	0.479016
ELECF_FE5	145.5928	123.5517	2.692389	2.643105	0.015454	0.414718
Simple mean	103.3829	89.38450	1.940429	1.930543	0.011073	0.297969
Simple median	108.1292	94.06769	2.046802	2.034273	0.011568	0.307378
Least-squares	862.9722	858.1411	18.75875	17.11785	0.084943	2.486276
Mean square error	98.15188	80.04863	1.759876	1.764384	0.010547	0.294911
MSE ranks	99.04570	84.72580	1.855211	1.852648	0.010624	0.291829

*Trimmed mean could not be calculated due to insufficient data

图 2-58　Forecast Evaluation 结果 2

2.3.9　小波分析

小波分析（Wavelet Analysis）是近年来应用数学发展很快的一个领域，以前需要通过编程才能实现小波分析。从 EViews 12 开始，可以通过菜单直接进行小波分析，这是一款非常实用的分析工具。

经济和金融时间序列的统计特征，一般会随着时间的变化而变化，如非平稳性、波动性、季节性和结构不连续性等。小波分析是根据时间序列的自然特征进行分析，而不是通过传统的对序列进行简化方法进行分析。小波滤波器还可以分解和重构时间序列，以及进行跨时间尺度的相关结构分析。

打开一个序列，选择 View | Wavelet Analysis，出现 4 个选项，如图 2-59 所示，这就是 EViews 软件进行小波分析的四个方面。

❑ Transforms：小波变换。

❑ Variance Decomposition：方差分解。

❑ Outlier Detection：异常值检验。

❑ Thresholding（Denoising）：阈值（去噪）。

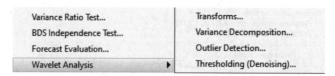

图 2-59　Wavelet Analysis 选项

2.4　标　签

标签（Label）用于展示序列对象的一些基本描述性特征，如 Name（名称）、Display Name（展示的名称）、Last Update（上一次升级的时间）、Description（描述）和 Remarks（评论）。以例 2-20 为例，打开序列 elecdmd，选择 View/Label，弹出如图 2-60 所示的标签对话框，其中，Name 是序列名称，Description 可以对序列进行描述性备注。

在标签内填写必要的信息是一个好习惯，平时在学习和工作中会处理大量的数据，标签内的信息可以有效地解决这个问题。

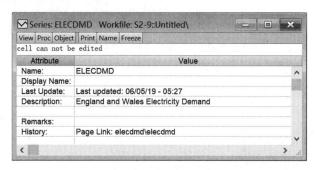

图 2-60　标签窗口

2.5　上机练习

1．工作文件 E2-1.WF1（见图 2-61）存储的是 2000 年 1 月至 2022 年 7 月中国货币供应量和社会消费品零售总额的月度数据，其中，序列 M2 是中国货币和准货币的供应量(亿元)，序列 RATE 是 M2 供应量的同比增长值（%），序列 CONS 是中国社会消费品零售总额（亿元）。

	M2	RATE	CONS
2000M01	118907.80	14.9	2962.9
2000M02	119353.60	12.8	2804.9
2000M03	120399.58	13.0	2626.6
2000M04	121914.77	13.7	2571.5
2000M05	121902.65	12.7	2636.9
2000M06	124486.78	13.7	2645.2
2000M07	124192.78	13.4	2596.9
2000M08	125673.26	13.3	2636.3
2000M09	128352.61	13.4	2854.3
2000M10	127432.53	12.3	3029.3
2000M11	128887.40	12.4	3107.8
2000M12	132487.52	12.3	3680
2001M01	135685.99	13.5	3332.8
2001M02	134390.49	12.0	3047.1
2001M03			

图 2-61　2000 年 1 月至 2022 年 7 月中国货币和标准货币的 M2 情况

（1）绘制序列 M2 的折线图。

（2）绘制序列 M2 的直方图和统计表并判断是否为正态分布序列。

（3）对 M2 的增长值 RATE 进行分类输出，其中有几个月份的增长值分别超过 20%和 25%？

（4）对 M2 的增长值 RATE 进行重复值分析，其中，增长值为 26%和 28.5%各有多少次？分别为哪几个月？

2．工作文件 E2-2.WF1（见图 2-62）存储的是 1990 年 12 月至 2022 年 9 月上证指数（000001）数据，其中，序列 CLOSE 是当日收盘价，序列 RATE 是当日收盘价较前一日的涨跌幅。

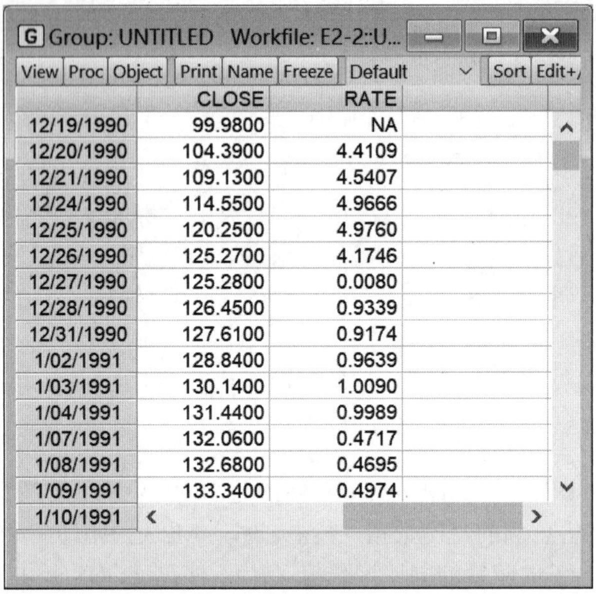

	CLOSE	RATE
12/19/1990	99.9800	NA
12/20/1990	104.3900	4.4109
12/21/1990	109.1300	4.5407
12/24/1990	114.5500	4.9666
12/25/1990	120.2500	4.9760
12/26/1990	125.2700	4.1746
12/27/1990	125.2800	0.0080
12/28/1990	126.4500	0.9339
12/31/1990	127.6100	0.9174
1/02/1991	128.8400	0.9639
1/03/1991	130.1400	1.0090
1/04/1991	131.4400	0.9989
1/07/1991	132.0600	0.4717
1/08/1991	132.6800	0.4695
1/09/1991	133.3400	0.4974
1/10/1991		

图 2-62　1990 年 12 月至 2022 年 9 月上证指数收盘情况

（1）将样本的区间设置为 2020 年 1 月 2 日至 2022 年 9 月 19 日（单击工作文件窗口的 Sample，在弹出的对话框中的 Sample range pairs 下方输入“1/2/2020 9/19/2022”，中间以空格间隔）。

（2）分别画出序列 CLOSE 和 RATE 的折线图。

（3）分别画出序列 CLOSE 和 RATE 的相关图并判断是否为纯随机序列。

（4）分别对序列 CLOSE 和 RATE 进行标准单位根检验，判断原序列是否存在单位根。如果存在单位根，则对其 1 阶差分进行标准单位根检验。

（5）对序列 CLOSE 进行断点单位根检验，判断是否存在断点单位根。

第 3 章　EViews 基本数据分析（序列组）

EViews 组对象（Group Object）同时对两个以上序列进行分析，通过电子表格、图形展示等对序列间的关系进行描述和检验。

选定需要进行操作的一组序列，选择 Open | as Group，建立序列组，直接显示序列组的电子表格。单击 View，弹出序列组对话框，从 EViews 11 开始，序列组对话框被分为了5 个部分（见图 3-1）。其中：第一部分用于数据展示，包括电子表格和图形的切换；第二部分和第三部用于基本统计量的数据分析和检验；第四部分用于时间序列组的数据分析和检验；第五部分是对序列组标签的操作。

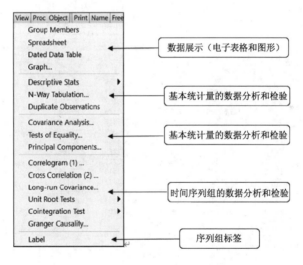

图 3-1　序列组的基本数据分析菜单

3.1　数据展示和基本操作

对于序列组的数据展示操作，除了和单序列数据展示相同的操作，还包括特有的序列间的数据比较和建立带日期的数据表格等。

3.1.1　建立组

建立序列组之后，可以查看组内各序列的基本情况，如通过电子表格（Spreadsheet）

查看组内数据。

【例 3-1】案例 S3-1.WF1 存储的是某国在 1952 年第 1 季度至 2003 年第 4 季度期间，国内生产总值（GDP）、货币供应量（M1）、GDP 平减指数（PR）和 3 个月短期国债利率（RS）的数据（见图 3-2）。针对这 4 个序列建立组对象，并输出序列组的基本描述性统计量。

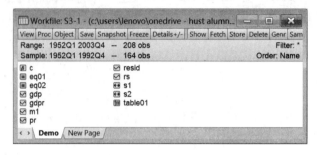

图 3-2　S3-1.WF1 工作文件窗口

按住 Ctrl 键，通过鼠标左键选定 GDP、M1、PR 和 RS 4 个序列，单击 Open | as Group 建立序列组，直接显示序列组的电子表格（见图 3-3）；也可以通过菜单栏或右击来选择 New Object 命令，接着在弹出的对话框中建立一个序列组。

单击电子表格工具栏中的 Edit+/-按钮，可以对电子表格中的数据进行编辑，单击 Name 按钮可以对序列组进行命名，单击 Sort 按钮可以对数据进行排序。

	GDP	M1	PR	RS
1952Q1	87.87500	126.537	0.197561	1.640000
1952Q2	88.12500	127.506	0.198167	1.677667
1952Q3	89.62500	129.385	0.200179	1.828667
1952Q4	92.87500	128.512	0.201246	1.923667
1953Q1	94.62500	130.587	0.201052	2.047333
1953Q2	95.55000	130.341	0.201444	2.202667
1953Q3	95.42500	131.389	0.202236	2.021667
1953Q4	94.17500	129.891	0.202723	1.486333
1954Q1	94.07500	130.173	0.203416	1.083667
1954Q2	94.20000	131.385	0.203841	0.814333
1954Q3	95.45000	134.627	0.204291	0.869667
1954Q4	97.36375	134.252	0.204374	1.036333
1955Q1	100.7250	136.413	0.205603	1.256333
1955Q2				

图 3-3　电子表格显示的序列组

在序列组窗口中单击 View | Group Members，可以查看序列组内 4 个序列的名称和序列的描述（注释），如图 3-4 所示。单击 View | Spreadsheet，序列组将回到电子表格状态。

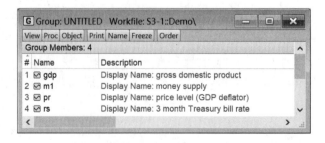

图 3-4　电子表格显示的序列组

3.1.2　序列组数据比较

EViews 提供了在序列组内对不同序列的数据的比较功能，建立序列组后，通过 Comparison 工具可以实现这个功能。

【例 3-2】文件 S3-2.WF1 存储的是 1979—2020 年中国的 CPI 数据（见图 3-5）。对 CPI 和 CPI01 两个序列的数据进行比较并分析它们的差异。

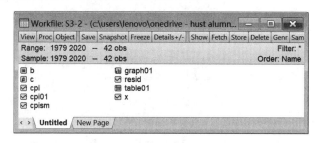

图 3-5　S3-2.WF1 工作文件窗口

对序列 CPI 和 CPI01 建立序列组，打开序列组电子表格，单击工具栏的 Compare +/- 按钮，得到图 3-6 所示的输出结果。在序列组电子表格内会以红色标示两个序列间不同的数据，并出现两个新列。在 Delta 列中显示的是两组数据的差异值，在 Delta%列中显示的是两组数据的差异百分比。

	CPI	CPI01	Delta	Delta%
1992	252.4000	252.4000		
1993	291.3000	291.3000		
1994	364.9000	375.9000	-11.00000	-2.9%
1995	420.4000	420.4000		
1996	445.2000	445.2000		
1997	450.8000	452.8000	-2.000000	-0.4%
1998	451.4000	451.4000		
1999	447.4000	447.4000		
2000	456.8000	456.8000		
2001				

图 3-6　序列组数据比较的输出结果

3.1.3　建立带日期的数据表格

带日期数据表（Dated Data Table）视图提供的分析工具，可以按时间将原始数据、变换（Transformation）后的数据、频率转换（Frequency Conversion）后的数据及汇总数据组合在一起。在 Data Format 选项卡中，Transformation 下拉列表框中包含 6 个选项，分别是 Level（no transformation）（原数据）、1 Period Difference（一个固定时期内的变化量）、1 Year Difference（一年内的变化量）、1 Period% Change（一个固定时期内的百分比变化量）、1 Period % Chg-Annual Rate（一个固定时期内的年化百分比变化量）及 1 Year % Change（一年内的变化百分比），Frequency Conversion 下拉列表框中也包含 6 个选项，分别是 Average then Transform（数据平均化处理后再进行转换）、Transform then Average（数据转换后再进行平均化处理）、Sum then Transform（数据汇总后再进行转换处理）、First period（取第一阶段数据）、Last period（取最后阶段数据）及 table default（表格的默认设置或参数）。

【例 3-3】根据 S3-1.WF1 中的数据，针对国内生产总值（GDP）和 GDP 平减指数（PR），创建带日期的数据表格，同时包含年度的均值。

对序列 GDP 和 PR 建立序列组，在电子表格中打开序列组，单击 View | Dated Data Table，得到如图 3-7 所示的输出结果。输出结果包含从 1952 年开始的每个季度 GDP 和 PR 的原始值及其均值。

View	Proc	Object	Print	Name	Freeze	Edit+/-	TableOptions	Title	Sample
	I		II		III		IV		Year
	I		II		III		IV		Year
			1952						1952
GDP	87.9		88.1		89.6		92.9		89.6
PR	0.20		0.20		0.20		0.20		0.20
			1953						1953
GDP	94.6		95.6		95.4		94.2		94.9
PR	0.20		0.20		0.20		0.20		0.20
			1954						1954
GDP	94.1		94.2		95.5		97.4		95.3
PR	0.20		0.20		0.20		0.20		0.20

图 3-7　Dated Data Table 的输出结果

单击工具栏中的 Table Options 按钮，弹出如图 3-8 所示的 Dated data table options 对话框。其中有 5 个选项卡，分别是 Table Options（表格选项）、Data Format（数据形式）、Fonts（字体）、Labels/Headers（标签/表头）和 Templates（模板）。

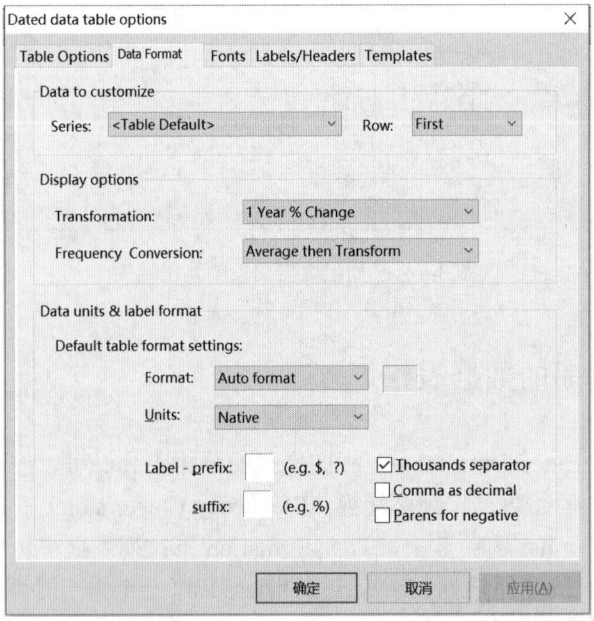

图 3-8　Dated data table options 对话框

这部分内容较多，除了可以对表格的字体、颜色等格式进行调整外，还可以进行大量的运算。例如，选择 Data Format 选项卡对内容进行调整，在 Display options 的

Transformation 下拉列表框中选择 1 Year % Change，可以得到每年的百分比变化率，如图 3-9 所示。

View Proc Object	Print Name Freeze	Edit+/-	TableOptions Title Sample			
		I	II	III	IV	Year
		I	II	III	IV	Year
			1952			1952
GDP (year % ch.)		--	--	--	--	--
PR (year % ch.)		--	--	--	--	--
			1953			1953
GDP (year % ch.)		7.7	8.4	6.5	1.4	5.9
PR (year % ch.)		1.8	1.7	1.0	0.7	1.3
			1954			1954
GDP (year % ch.)		-0.6	-1.4	0.0	3.4	0.3
PR (year % ch.)		1.2	1.2	1.0	0.8	1.0
			1955			1955
GDP (year % ch.)		7.1	9.2	9.9	9.5	8.9
PR (year % ch.)		1.1	1.2	1.7	2.8	1.7

图 3-9　GDP 和 PR 序列的年度变化情况

3.1.4　序列组绘图

序列组的绘图类似于单序列绘图，可以同时对几个序列一起绘图。通过对图形进行 Freezing 处理，可以得到图形对象。EViews 的绘图功能非常强大，要掌握其中的技巧，需要不断操作实践。

3.2　基本统计量分析和检验

序列组的基本统计量分析和检验与单序列的操作类似。此外，序列组的基本统计量分析还包括交叉列联表分析、协方差和相关性分析等。

3.2.1　基本描述性统计量和检验

建立序列组后，可以通过电子表格（Spreadsheet）查看组内数据。在序列组窗口中单击 View | Description Stats，可以得到序列组内每个序列的基本描述性统计量，包括 Mean（均值）、Median（中位数）、Maximum（最大值）、Minimum（最小值）、Std. Dev.（标准差）、Skewness（偏度）、Kurtosis（峰度）、Jarque-Bera（JB 统计量）、Probability（JB 统计量的伴随概率）、Sum（求和）、Sum Sq.Dev.（离差平方和）和 Observations（观察值个数）。

【例 3-4】对 S3-1.WF1 文件中的 3 个序列（见图 3-10）——国内生产总值（GDP）、GDP 平减指数（PR）和 3 个月短期国债利率（RS）建立序列组，并观察它们的基本描述性统计量。

对 3 个序列建立组，依次选择 View | Description Stats | Common Sample，得到如图 3-10 所示的序列组基本描述性统计量。

如果序列中出现缺失值，选择 View | Description Stats | Individual Samples，则软件会对未缺失的值进行分析。

G Group: UNTITLED　Workfile: S3-1::Demo\			
View Proc Object Print Name Freeze Sample Sheet Stats Spec			
	GDP	PR	RS
Mean	520.9073	0.460438	5.506222
Median	309.0250	0.333438	5.168667
Maximum	1595.800	1.008867	15.08733
Minimum	87.87500	0.197561	0.814333
Std. Dev.	455.8933	0.261644	3.015401
Skewness	0.923213	0.719200	0.895396
Kurtosis	2.495845	2.011854	3.725212
Jarque-Bera	25.03365	20.81042	25.50793
Probability	0.000004	0.000030	0.000003
Sum	85428.79	75.51185	903.0203
Sum Sq. Dev.	33877704	11.15859	1482.100
Observations	164	164	164

图 3-10　GDP、PR 和 RS 序列组的基本描述性统计量

3.2.2　多因素统计表分析

多因素统计表（N-Way Tabulation）也叫交叉列联表分析，是常用的统计分析方法。交叉列联表分析主要有两个功能：一是进行交叉分组的频数分析，获得数据的基本分布特征；二是分析行变量和列变量之间是否存在统计意义上的相关关系，也就是行和列是否独立，需要用到卡方检验（Chi-square tests）。

建立并打开序列组，依次选择 Select View | N-Way Tabulation，弹出如图 3-11 所示的 Crosstabulation（交叉表）对话框。其中，Output（输出）选项组包括输出的内容，如 Count（计数）、Overall %（总百分比）、Table %（表内百分比）、Row %（行百分比）、Column %（列百分比）、Expected（Overall）（期望的总体计数）、Expected（Table）（期望的表内计数）、Chi-square tests（卡方检验）。

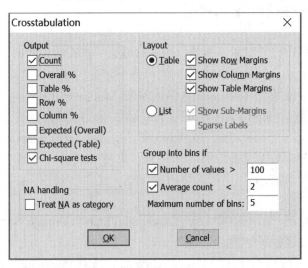

图 3-11　Crosstabulation 对话框

Layout 选项组包括 Table（表格）和 List（列表）两种输出形式。NA handling 选项用于设置对序列缺失值的处理方法，如果选择 Tread NA as category，则表示将缺失值单独列为一个分类。

Group into bins if 选项组用于对分类（分组）进行设置，因为在交叉列联表分析中，变量必须是分类变量，因此分析前首先要对数据进行分类。Number of values>选项表示当序列内的观察值个数大于指定值时进行分类；Average count<选项表示当分组序列内观察值的个数小于指定值时，原分类合并；Maximum number of bins 选项表示序列的最大分类数。设置完成后，单击 OK 按钮。

【例 3-5】工作文件 S2-2.WF1 存储的是有关女性收入情况（lwage）、是否已婚（married）、是否参加工会（union）的相关数据，对这三组数据进行分类统计。

打开 S2-2.WF1 工作文件，对序列 LWAGE（女性收入的对数序列）、序列 MARRIED（是否已婚）和 UNION（是否参加工会）建立序列组，然后通过图 3-11 对组进行交叉列联表分析。因为本例中有 3 个序列（即 3 个变量），所以得到了多个输出结果，如图 3-12 至图 3-15 所示。

其中，图 3-12 是操作信息和三个序列分组后的基本情况，序列 LWAGE、UNION 和 MARRIED 被分别分为 5 组、2 组和 2 组。

```
Tabulation of LWAGE and UNION and MARRIED
Date: 04/13/22   Time: 20:57
Sample: 1 1000
Included observations: 1000

Tabulation Summary

Variable                 Categories
LWAGE                        5
UNION                        2
MARRIED                      2
Product of Categories       20

Test Statistics              df      Value      Prob
Pearson X2                   13    174.5895    0.0000
Likelihood Ratio G2          13    167.4912    0.0000

WARNING: Expected value is less than 5 in  40.00% of cells (8 of 20).
```

图 3-12　序列组的基本情况

图 3-13 是有约束条件的输出结果，分析序列 MARRIED 中 single（单身）组，与是否参加 UNION（工会）和 LWAGE 的关系。LWAGE 被分为 5 组，即[0，1）、[1，2）、[2，3）[3，4）和[4，5），右边是频数分析。Measures of Association 是相关性检验，下方是三种方法得到的相关性系数，LWAGE 和 UNION 的相关系数均在 0.3 左右。我们主要研究行和列变量的独立性，Table Statistics 是 Perarson 卡方检验的结果，它的统计量观察值为 32.76419，伴随概率为 0.0000。这里原假设是行变量（LWAGE）和列变量（UNION）相互独立（即相互之间没有显著影响），如果设定的显著性水平为 0.05，则拒绝原假设，即行和列相互不独立，也就是说对单身女性来说，是否参加工会对工资水平有显著影响。

图 3-14 同样是一个有约束条件的输出结果，分析序列 MARRIED 中 married（已婚）组，与是否参加 UNION（工会）和 LWAGE 的关系。我们主要看 Pearson 卡方检验的结果，

它的统计量观察值为 24.82822，伴随概率为 0.0001。原假设是行变量（LWAGE）和列变量（UNION）相互独立，如果设定的显著性水平为 0.05，则拒绝原假设，即行和列相互不独立，也就是说对已婚女性来说，是否参加工会对工资水平同样有显著影响。

Table 1: Conditional table for MARRIED=single:

Count		UNION non-union	union	Total
	[0, 1)	0	0	0
	[1, 2)	167	8	175
LWAGE	[2, 3)	121	44	165
	[3, 4)	17	2	19
	[4, 5)	0	0	0
	Total	305	54	359

Measures of Association	Value		
Phi Coefficient	0.302101		
Cramer's V	0.302101		
Contingency Coefficient	0.289193		

Table Statistics	df	Value	Prob
Pearson X2	2	32.76419	0.0000
Likelihood Ratio G2	2	34.87208	0.0000

Note: Expected value is less than 5 in 16.67% of cells (1 of 6).

图 3-13　有约束条件的表 1（单身女性是否参加工会与工资的关系）

Table 2: Conditional table for MARRIED=married:

Count		UNION non-union	union	Total
	[0, 1)	1	0	1
	[1, 2)	116	15	131
LWAGE	[2, 3)	293	133	426
	[3, 4)	68	14	82
	[4, 5)	1	0	1
	Total	479	162	641

Measures of Association	Value		
Phi Coefficient	0.196808		
Cramer's V	0.196808		
Contingency Coefficient	0.193104		

Table Statistics	df	Value	Prob
Pearson X2	4	24.82822	0.0001
Likelihood Ratio G2	4	27.58250	0.0000

WARNING: Expected value is less than 5 in 40.00% of cells (4 of 10).

图 3-14　有约束条件的表 2（已婚女性是否参加工会与工资的关系）

　　图 3-15 是一个无约束条件的输出结果，即在序列 MARRIED 中不对 single（单身）和 married（已婚）进行分组，直接分析女性参加 UNION（工会）和 LWAGE 的关系。Pearson 卡方检验统计量的观察值为 62.69820，伴随概率为 0.0000。原假设是行变量（LWAGE）和列变量（UNION）相互独立，如果设定的显著性水平为 0.05，则拒绝原假设，即行和列相互不独立，也就是说对所有女性来说，是否参加工会均对她们的工资水平有显著影响。

Table 3: Unconditional table:

Count		non-union	union	Total
			UNION	
	[0, 1)	1	0	1
	[1, 2)	283	23	306
LWAGE	[2, 3)	414	177	591
	[3, 4)	85	16	101
	[4, 5)	1	0	1
	Total	784	216	1000

Measures of Association	Value
Phi Coefficient	0.250396
Cramer's V	0.250396
Contingency Coefficient	0.242897

Table Statistics	df	Value	Prob
Pearson X2	4	62.69820	0.0000
Likelihood Ratio G2	4	70.50524	0.0000

WARNING: Expected value is less than 5 in 40.00% of cells (4 of 10).

图 3-15　无约束条件的表 3（所有女性是否参加工会与工资的关系）

3.2.3　重复值分析

查找重复数据（Duplicate Observations）是数据清洗（Data Cleaning）的重要内容，对数据进行校验的目的删除重复数据、纠正错误信息，保持数据的一致性。打开序列或序列组，单击 View | Duplicate Observations，会出现一个重复数据查找的输出结果。具体过程和第 2 章单序列的重复值分析相似，这里不再赘述。

3.2.4　协方差和相关性分析

协方差分析（Covariance Analyze）用来衡量变量之间不同的关联度，包括协方差（Covariance）、相关性（Correlation）和序列组的相关检验统计量。打开序列组，单击 View | Covariance Analysis，弹出如图 3-16 所示的 Covariance Analysis 对话框。

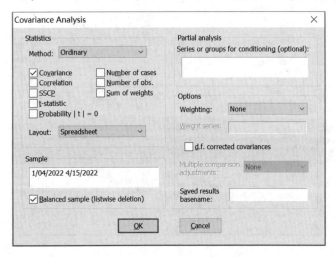

图 3-16　Covariance Analysis 对话框

在 Statistics 选项组中，Method 用于设置分析方式，可以选择 Ordinary、Ordinary（uncentered）、Spearman rank-order 和 Kendall's tau 4 种估计方法，Layout 用于设定输出方式，如 Spreadsheet（电子表格）、Single table（单表格）、Multiple tables（复合表格）和 List（列表）。

Sample（样本）用于设定分析的样本范围。可以在 Partial analysis（局部分析）下方的文本框中对序列或序列组进行条件设定。Options（其他选项）中的 Weighting 用于设置权重的方式，Weight series 用于设置权重序列；d.f.corrected covariances 是统计学术语，其中，d.f.是 degrees of freedom 的缩写，表示自由度，covariances 表示协方差矩阵。EViews 软件通过最大似然法根据不同的自由度来校正协方差矩阵，从而对结果进行调整；可以在 Saved results basename 文本框中设置分别输出包含结果的独立对象。

【例 3-6】工作文件 S3-3.WF1 中存储的是 1975 年 1 月至 1976 年 12 月 Allied Chemical、DuPont、Exxon、Texaco 和 Union Carbide 5 家上市公司每周收益率的数据（见图 3-17），对数据进行协方差和相关性分析。

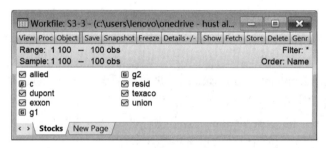

图 3-17　S3-3.WF1 工作文件窗口

在 S3-3.WF1 工作文件内，对这几家公司的数据建立序列组 g1。打开序列组 g1，接着打开 Covariance Analysis 对话框（见图 3-18），选择默认的 Ordinary 分析方式，在下方的复选框中勾选 Covariance（协方差）、Correlation（相关关系）等，可以得到如图 3-19 所示的协方差和相关关系分析的结果。

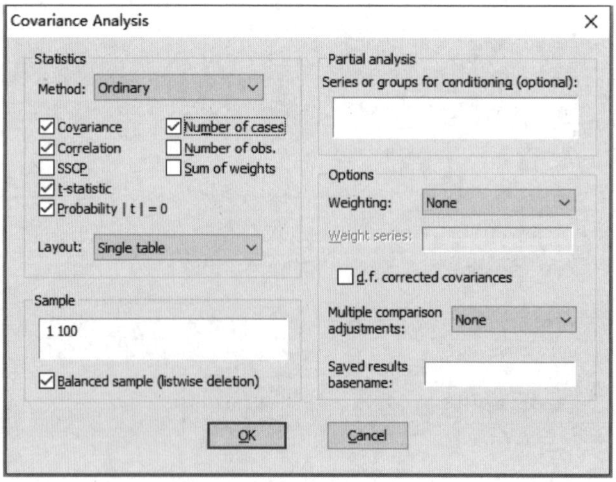

图 3-18　协方差分析输出结果

在 Covariance Analysis 对话框中选择 Correlation、t-statistic、Probability |t| =0 和 Number of cases 几个复选框，然后单击 OK 按钮，则会得到如图 3-19 所示的协方差和相关关系分析结果。可以看到，这 3 家公司均为正相关，其中，ALLIED 和 DUPONT 两家公司的相关度较高（均为化工企业），它们的相关系数为 0.5769，这两家公司与 EXXON 公司（石油企业）的相关度较低，相关系数分别为 0.3867 和 0.3895。

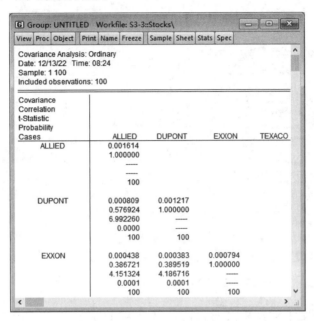

图 3-19　协方差和相关关系分析结果

3.2.5　齐性检验

序列组齐性检验（Test of Equality）是检验序列组内各个序列来自的总体的均值、中位或方差是否相等。这个过程和单序列的齐性检验一样，输出结果会将序列组所有序列的检验结果都列出来。打开序列组，单击 View | Test of Equality，在弹出的对话框内选择需要检验的类型。原假设仍然是每个序列数据来自的总体的均值、中位数或方差不存在显著差异，备择假设是存在显著差异。

3.2.6　主成分分析

主成分分析方法（Principle Components Analysis）是经典的降维分析方法，它通过对多个变量进行线性组合，得到若干个较少的新的综合变量（主成分），在尽量保留原来的信息的基础上，通过降维达到简化结构的目的。打开序列组，单击 View | Principal Components，弹出如图 3-20 所示的主成分分析对话框，其中包含 Components 和 Calculation 两个选项卡，下面主要介绍 Components 选项卡。

Display（显示）选项组包括允许选择是否显示 Table（表格）、Eigenvalues plots（特征值图）、Variable loadings plots（变量载荷图）、Components scores plots（成分值图），以及

两者合一的 Biplots（scores & loadings）几个选项；Component Selection（成分选项）包括 Method（主成分选择方式）和 Criterion（准则）等选项，这部分选项涉及主成分分析原理的知识，比较复杂；Output 选项组包括特征值（Eigenvalues）和特征向量（Eigenvectors）两个选项。

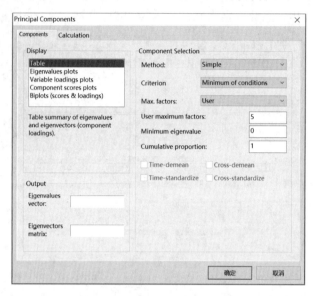

图 3-20　Principal Components 对话框

【例 3-7】工作文件 S3-3.WF1 存储的是 1975 年 1 月至 1976 年 12 月 Allied Chemical、DuPont、Exxon、Texaco 和 Union Carbide 5 家上市公司每周收益率的数据（见图 3-17），要求对这 5 家公司的数据进行主成分分析。

打开 S3-3.WF1 工作文件并打开序列组 g1，接着打开 Principal Components 对话框，这里选择 Table，其余的使用默认值，得到的输出结果如图 3-21 所示。

Principal Components Analysis
Date: 04/20/22　Time: 20:29
Sample: 1 100
Included observations: 100
Computed using: Ordinary correlations
Extracting 5 of 5 possible components

Eigenvalues: (Sum = 5, Average = 1)

Number	Value	Difference	Proportion	Cumulative Value	Cumulative Proportion
1	2.856487	2.047368	0.5713	2.856487	0.5713
2	0.809118	0.269075	0.1618	3.665605	0.7331
3	0.540044	0.088697	0.1080	4.205649	0.8411
4	0.451347	0.108343	0.0903	4.656996	0.9314
5	0.343004	----	0.0686	5.000000	1.0000

Eigenvectors (loadings):

Variable	PC 1	PC 2	PC 3	PC 4	PC 5
ALLIED	0.463541	-0.240850	-0.613357	0.381373	-0.453288
DUPONT	0.457076	-0.509100	0.177900	0.211307	0.674981
UNION	0.469980	-0.260577	0.337036	-0.664098	-0.395725
EXXON	0.421677	0.525265	0.539018	0.472804	-0.179448
TEXACO	0.421329	0.582242	-0.433603	-0.381227	0.387467

图 3-21　主成分载荷矩阵

图 3-21 的最上方是基本信息，接着是两个表格。在第一个表格中，第 1 列是主成分的编号；第 2 列是主成分的初始特征值；第 3 列是特征值的差分；第 4 列 Proportion 表示主成分的方差百分比，代表各自的贡献（解释度），如 Number 1（主成分 1）的贡献率是 57.13%，Number 2（主成分 2）的贡献率为 16.18%；第 5 列是主成分特征值的累计数；第 6 列是主成分的方差累计百分比。

图 3-21 的表格下方是主成分载荷矩阵，表示线性组合后的主成分系数，它们的值代表每家公司在每个主成分上的载荷，载荷因子的值越高，代表它对变量的解释作用就越显著。例如，PC1（Principle Component 1），即主成分 1，这 5 家公司的载荷基本相似，都超过 0.4，PC2（Principle Component 2），即主成分 2，Exxon 和 Texaco 两家公司在这个因子上有较高的载荷，均超过 0.5，而另外 3 家公司的载荷均为负值。

图 3-22 是相关关系矩阵。

Ordinary correlations:

	ALLIED	DUPONT	UNION	EXXON	TEXACO
ALLIED	1.000000				
DUPONT	0.576924	1.000000			
UNION	0.508656	0.598384	1.000000		
EXXON	0.386721	0.389519	0.436101	1.000000	
TEXACO	0.462178	0.321953	0.425627	0.523529	1.000000

图 3-22　相关关系矩阵

图 3-23 是主成分选择的结果，可以看出，软件建议的就是 5 个主成分。

⊟ Component Selection Results

Automatic component selection : Simple
Maximum factors (MF): 5 (User)
Minimum eigenvalue (ME): 0
Eigenvalue cumulative proportion (CP): 1
Criterion: Minimum of conditions
Components selected: 5

Components	Value
Minimum eigenvalue	5 *
Eigenvalue cumulative proportion	5 *
Maximum factors	5 *

(*) Optimal number of components.

图 3-23　主成分选择结果

在 Principal Components 对话框的 Display 选项组内选择 Eigenvaluse plots，可以得到一个非常直观的碎石图，如图 3-24 所示，其中，横坐标为成分编号，纵坐标为特征值。可以看出，第 1 个成分的特征值（方差贡献）很高，对解释原有变量的贡献最大；从第 2 个成分开始，特征值都较小，对解释原有变量的贡献也越来越小，相当于高山下的碎石，留在山顶的都是大石块，小的碎石会被冲刷到山脚，越到山脚的碎石越可以忽略不计。

如图 3-25 所示，在 Principal Components 对话框中，Calculation 选项卡下提供了多种方式计算序列组的方差矩阵。在 Covariance specification 选项组中，Type 用于选择计算相关关系矩阵或协方差矩阵，Method 用于选择计算方法，Sample 用于设置计算样本的范围。

Covarianc options 选项组可以在计算协方差矩阵时，对序列组进行有条件的设置。

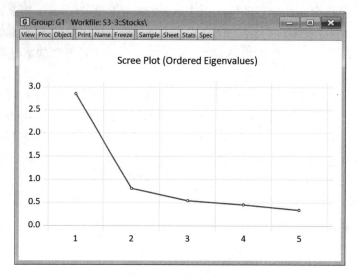

图 3-24　碎石图

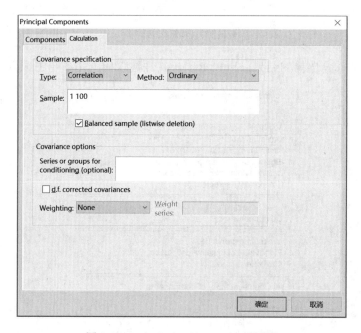

图 3-25　Principal Components 对话框

3.3　时间序列分析

时间序列分析是 EViews 软件的重要功能，对序列组同样提供了时间序列分析的工具，特别是协整检验和格兰杰因果检验是序列组所特有的功能。

3.3.1　相关图

序列组的相关图（Correlogram）分析和单序列的相关图分析类似，打开序列组，单击 View | Correlogram (1)，在弹出的 Correlogram Specification 对话框中选择分析对象（参见图 2-34），其中，Level 为原序列，1st difference 是原序列的 1 阶差分，2nd difference 是原序列的 2 阶差分，单击 OK 按钮得到输出结果，即序列组排列第一的序列的相关图。

【例 3-8】文件 S3-1.WF1 存储的是某国在 1952 年第 1 季度至 2003 年第 4 季度期间，国内生产总值（GDP）、货币供应量（M1）、GDP 平减指数（PR）和 3 个月短期国债利率（RS）的数据（见图 3-2），对这 4 个序列建立序列组，并输出序列组的相关图。

对序列 GDP、M1、PR 和 RS 建立序列组，并对该序列组进行相关图分析，得到图 3-26 所示的结果，可以看出，实际上得到的是序列组内排列第一位的序列 GDP 的相关图。

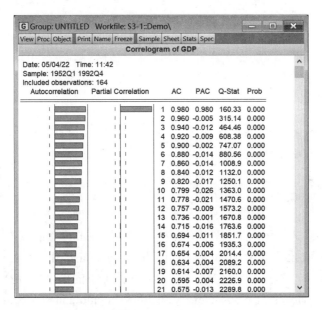

图 3-26　序列组的相关图分析结果

3.3.2　交叉相关关系

序列组的交叉相关关系（Cross Correlations）分析的是序列组前两个序列之间的相关关系。打开序列组，单击 View | Correlations(2)，在弹出的滞后期对话框中输入滞后期数，得到序列组前两个序列之间的交叉相关图。

【例 3-9】文件 S3-1.WF1 存储的是某国在 1952 年第 1 季度至 2003 年第 4 季度期间，国内生产总值（GDP）、货币供应量（M1）、GDP 平减指数（PR）和 3 个月短期国债利率（RS）的数据（见图 3-2），请对 GDP 和 PR 序列建立组对象，并分析其交叉相关关系。

对序列 GDP 和 PR 建立序列组，并对该序列组进行交叉相关关系分析，得到图 3-27 所示的输出结果。

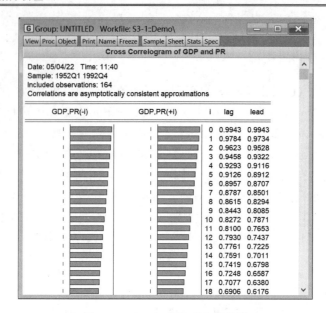

图 3-27　交叉相关关系分析结果

3.3.3　长期方差

长期方差（Long-run Variance）分析在现代计量经济分析中占有重要地位，可参照单序列的长期方差分析方法，这里不再赘述。

3.3.4　单位根检验

EViews 为序列组提供方便的单位根检验方法，其中，对自变量的单位根检验有 5 种方法，包括：Levin,Lin and Chu 检验；Breitung 检验；Im,Pesaran and Shin w-scat 检验，Fisher-type 检验（又分为 ADF 和 PP 检验）及 Hadri 检验。对因变量的单位根检验支持两种重要的研究方法，即 Panel Analysis of Nonstationary in Idiosyncratic and Common Components 检验（PANIC）和 Cross-sectionally Augmented IPS 检验（CIPS）。这些检验的原理均比较复杂。

打开序列组，单击 View | Unit Root Test，弹出如图 3-28 所示的对话框。其中，Test type 下拉选项包括检验方式选项；Test for unit root in 选项表示检验的是原序列，或者是 1 阶或 2 阶差分后的序列；Include in test equation 选项用于设置方程是否包括截距项（Intercept）和趋势项（Trend）；Lag length 用于设置滞后项的期数,包括多种设置方法；Spectral estimation 是谱估计的选项组。设置结束后，单击 OK 按钮。

【例 3-10】文件 S3-1.WF1 存储的是某国在 1952 年第 1 季度至 2003 年第 4 季度期间，国内生产总值(GDP)、货币供应量（M1）、GDP 平减指数（PR）和 3 个月短期国债利率（RS）的数据，请对 GDP 和 PR 建立序列组（见图 3-2），并分析其单位根。

对序列 GDP 和 PR 建立序列组，对该序列组进行单位根检验，得到图 3-29 所示的输出结果。可以看出，经过筛选后，输出了多种检验方法的结果，包括：Levin,Lin & Chu；Im,Pesaran and Shin W-stat 和 Fisher 卡方检验（ADF 和 PP 检验）。原假设是存在单位根，如果设定的显著性水平为 0.05，那么这 4 种检验方法结果的伴随概率 P-值（Prob.）均大于显著性水平，因此，序列组存在单位根。

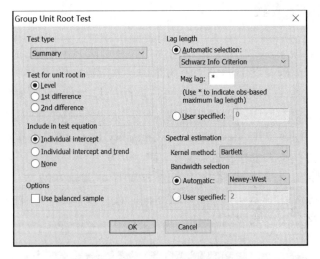

图 3-28　序列组单位根检验对话框

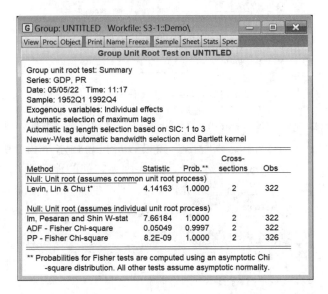

图 3-29　序列组单位根检验输出结果

3.3.5　协整检验

在传统的时间序列分析中，时间序列必须是平稳的。在实践中，非平稳的时间序列十分普遍。1987 年，著名的经济学家罗伯特·恩格尔（Robert F.Engle）和格兰杰（Granger）发现，尽管单个时间序列可能是非平稳的，但是当多个时间序列组合在一起时，可能会达到平稳状态。寻找这种平稳、均衡的状态，就是协整检验（Cointegration Test）。EViews 提供了非常简便的协整检验方法，打开序列组，单击 View | Cointegration Test，有两个选项，分别是 Johansen System Cointegration Test 和 Single-Equation Cointegration Test。关于协整检

验的内容，请参看第 11 章，这里暂不展开介绍。

3.3.6　格兰杰因果检验

在经济和金融等领域，多个变量之间的因果关系可能并不明显。1969 年，克莱夫 W.J. 格兰杰界定了序列之间因果关系的定义，1976 年，T.J.萨金特（T.J.Sargent）根据这个定义明确了格兰杰因果检验（Granger Causality Test）的方法。格兰杰因果检验的原假设是：序列 x 不是序列 y 的格兰杰原因；备择假设是：序列 x 是序列 y 的格兰杰原因。

建立并打开序列组，单击 View | Granger Causality Test，弹出设置滞后项的对话框，单击 OK 按钮，得到格兰杰因果检验的结果。

【例 3-11】文件 S3-4.WF1 存储的是 2022 年 1 月 4 日至 2022 年 4 月 15 日沪深股市 4 只医药股的收盘价（见图 3-30），这 4 家公司同时被授权制造一种抗病毒的特效药，分析它们之间是否存在格兰杰因果关系。

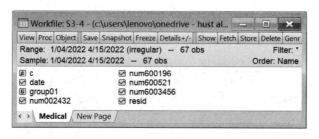

图 3-30　S3-4.WF1 工作文件窗口

对这 4 个序列建立序列组 group01，并对序列组进行格兰杰因果分析，得到如图 3-31 所示的输出结果。从图 3-31 中可以看出，如果假定显著性水平为 0.05，那么只有序列 NUM600196 是序列 NUM600521 的格兰杰原因，因为它们的伴随概率 P-值为 0.0122，小于 0.05，所以拒绝原假设；反之，序列 NUM600521 则不是序列 NUM600196 的格兰杰原因。在图 3-31 显示的其他序列的检验中，伴随概率 P-值均大于 0.05，相互均不构成格兰杰原因。

```
G Group: UNTITLED   Workfile: S3-4::Medical\
View Proc Object Print Name Freeze Sample Sheet Stats Spec

Pairwise Granger Causality Tests
Date: 05/05/22   Time: 21:46
Sample: 1/04/2022 4/15/2022
Lags: 2

Null Hypothesis:                                    Obs    F-Statistic   Prob.

NUM600196 does not Granger Cause NUM002432          65     1.10264      0.3386
NUM002432 does not Granger Cause NUM600196                 2.05997      0.1364

NUM6003456 does not Granger Cause NUM002432         65     0.54662      0.5818
NUM002432 does not Granger Cause NUM6003456                2.00305      0.1438

NUM600521 does not Granger Cause NUM002432          65     2.22522      0.1169
NUM002432 does not Granger Cause NUM600521                 2.35058      0.1040

NUM6003456 does not Granger Cause NUM600196         65     2.65756      0.0784
NUM600196 does not Granger Cause NUM6003456                1.59874      0.2106

NUM600521 does not Granger Cause NUM600196          65     0.22709      0.7975
NUM600196 does not Granger Cause NUM600521                 4.74752      0.0122

NUM600521 does not Granger Cause NUM6003456         65     0.11021      0.8958
NUM6003456 does not Granger Cause NUM600521                0.20306      0.8168
```

图 3-31　格兰杰因果检验输出结果

3.4　标　　签

标签（Label）的功能是展示序列组的一些基本描述性特征，如 Name（名称）、Display Name（展示的名称）、Last Update（上一次升级的时间）、Description（描述）和 Remarks（评论）。序列组的标签功能操作和单个序列一样，打开一个序列组，单击 View | Label，在标签对话框中进行操作即可。

3.5　上 机 练 习

1．工作文件 E3-1.WF1 存储的是有关汽车消费和收入的数据（见图 3-32），其中，序列 s 是个人新车消费的支出，序列 w 是个人收入。

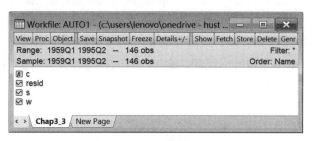

图 3-32　E3-1.WF1 工作文件窗口

（1）对序列 s 和 w 建立序列组，并画出它们的散点图。

（2）对序列组进行基本描述性统计量分析。

（3）对序列 s 和 w 进行协方差和相关性分析。

2．工作文件 E3-2.WF1 中存储的是有关性别、种族和收入关系的研究数据（见图 3-33），共有 206 个观察值。其中：序列 age 为年龄；序列 ed 为受教育年限；序列 hisp 为是否为拉丁美洲族裔的虚拟变量，1 代表拉丁美洲族裔；lnwage 为收入的对数序列；序列 nonwh 为是否为白色人种的虚拟变量，1 代表非白色人种；序列 sex 为性别的虚拟变量，1 代表女性。

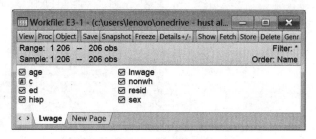

图 3-33　E3-2.WF1 工作文件窗口

（1）对序列 lnwage、nonwh 和 sex 建立序列组并进行多因素统计表分析。

（2）绘制序列 ed 和 lnwage 的散点图。

（3）对序列 nonwh、sex、hisp 和 lnwage 进行格兰杰因果检验。

第4章 EViews 数据图形化分析

数据的图形化（Graphing Data）和数据可视化（Data Visualization）是数据分析和展示的重要部分。经过图形化分析，输出结果更为简洁和容易理解，数据之间的相关关系也更为直观。EViews 提供了操作简便、功能齐全的数据图形化分析工具，可以快速地图形化数据。

4.1　基本绘图功能

EViews 默认的快速绘图功能可以直接输出线点图（Line & Symbol），线点图也是最常用的图形。可以通过对图形属性的设置，输出个性化图形。此外，EViews 的图形冻结功能可以随时将输出的图形保存在工作文件中。

4.1.1　快速绘图

打开一个序列，选择 View | Graph，得到如图 4-1 所示的图形设置对话框，其中包含众多的选项，需要通过不断练习来熟悉相关操作。打开对话框，直接单击 OK 按钮，可以快速输出图形，默认是输出序列的线点图。

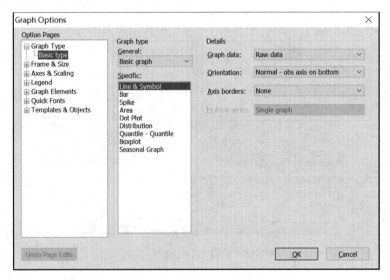

图 4-1　图形设置对话框

4.1.2　图形的个性化设置

在图 4-1 中，最左边的 Option Pages 选项组有 7 个选项，其中，Graph Type（图形类型）用于设置图形的类型，其余 6 个选项是对图形个性化的设置，包括 Frame & Size、Axes & Scaling、Legend、Graph Elements、Quick Fonts 和 Templates & Objects。下面简单介绍如下：

1．Graph Type选项

Graph Type 选项用于设置图形的 9 种基本输出形式，包括：Line & Symbol（线点图），其是 Line（折线图）和 Symbol（散点图）的结合；Bar（条形图）；Spike（堆栈图）；Area（面积图）；Dot Plot（圆点图）；Distribution（分布图）；Quantile-Quantile（分位数-分位数图）；Boxplot（箱线图）和 Seasonal Graph（季节图、周期图）。

2．Frame & Size选项

Frame & Size 选项用于设置图形的边框大小、纵横比，以及边框的颜色和大小等。它包括两个选项，其中，Color & Border 选项用于设置边框的颜色、粗细和背景等，Size & Indents 选项用于设置边框的大小等。所有生成的图形都可以在这里进行设置。

3．Axes & Scaling选项

Axes & Scaling 选项用于设定坐标轴相关的属性。它有 4 个选项，其中，Data scaling（时间刻度）选项用于设置时间刻度缩放的比例，Data axis labels（时间轴标签）选项用于对时间轴的所有属性进行设置，但是不影响时间刻度本身，Obs/Date axis（观察值/时间刻度）选项用于设置观察值的刻度，Grid Lines（网格线）选项用于设置图形的网格线背景。

4．Legend选项

Legend 选项用于设置图例的属性，它只有 Attributes 一个选项，用于设置图例的文本、位置和显示状态。

5．Graph Elements选项

Graph Elements 选项用于设置图形的基本属性。它包括 4 个选项，其中，Lines & Symbols 选项用于设置线条和点的基本属性，如样式、色彩、粗细和大小等，Fill Areas（填充区域）选项用于设置图形填充的色彩和阴影等，Bar-Area-Pie（条形-填充-饼图）选项用于对条形图和饼状图进行属性设置，Boxplots（箱线图）选项用于对箱线图的属性进行设置。

6．Quick Fonts选项

Quick Fonts 选项用于对字体、字号进行快速设置。

7．Templates & Objects选项

Templates & Objects 选项用于设置图形的模板和对象的格式，该选项设置会影响以后图形操作的属性。Templates & Objects 包括 3 个选项，其中，Apply template（适用模板）

选项用于设置图形的模板是否适用于以前的 EViews 版本或其他软件库，Manage templates（管理模板）选项用于管理模板的适用库，Object options（对象选项）选项用于对以后处理的图形对象格式进行基本设置。

【例 4-1】文件 S4-1.WF1 存储的是 1978 年至 2015 年福建省农业产出的相关数据（见图 4-2）。其中：序列 a1 是农业总产出（亿元）；序列 a2 是农业机械总动力（万千瓦）；序列 a3 是有效灌溉面积（千公顷）；序列 a4 是农作物播种面积（千公顷）。根据工作文件数据，要求：画出 a1 的条形图；画出序列 a2 的面积图；画出序列 a1 和 a4 的散点图；画出这 4 个序列的对数序列的折线图。

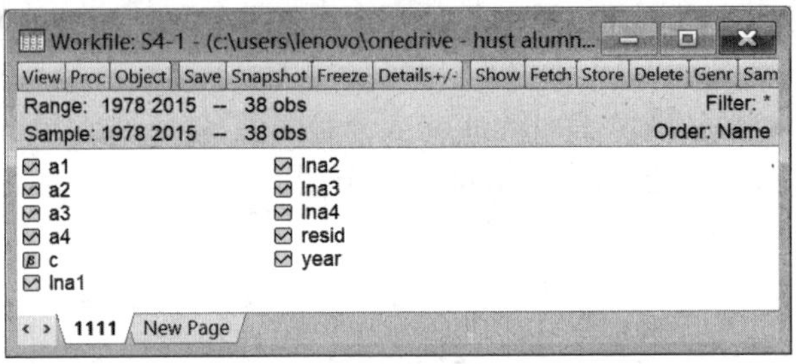

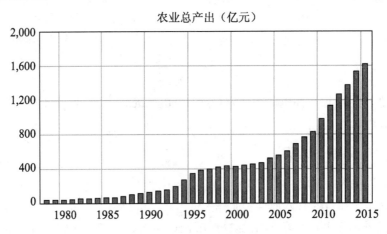

图 4-2　S4-1.WF1 工作文件窗口

打开序列 a1，依次选择 View | Graph，打开 Graph Options 图形设置对话框。在 Option Pages 下选择 Graph Type | Basic type；在 Graph type 选项组下方的 General 下拉列表框中选择 Basic graph，在 Specific 列表框中选择 Bar。其余使用默认选项，单击 OK 按钮，得到如图 4-3 所示的条形图。

图 4-3　序列 a1 的条形图

打开序列 a2，同时打开图形设置对话框，在 Graph type 选项组的 Specific 列表框中选择 Area。其余使用默认选项，单击 OK 按钮，得到如图 4-4 所示的面积图。

散点图可以展示两个变量之间的关系，对序列 a1 和 a2 建立序列组。打开图形设置对话框，在 Graph type 选项组的 Specific 列表框中选择 Scatter，其余使用默认选项。单击 OK 按钮，得到图 4-5 所示的散点图。散点图表示两个变量之间的关系，只有建立序列组合才会在图 4-1 中显示散点图。

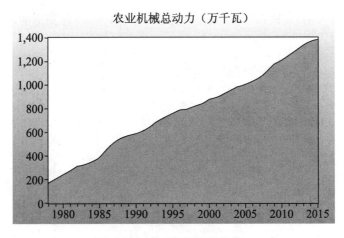

图 4-4　序列 a2 的面积图

对序列 a1、a2、a3 和 a4 对数化处理，分别得到对应的对数序列 lna1、lna2、lna3 和 lna4，对以上 4 个对数序列建立序列组。打开图形设置对话框，在 Graph type 选项组的 Specific 列表框中选择 Line & Symbol。其余使用默认选项，单击 OK 按钮，得到如图 4-6 所示的折线图。

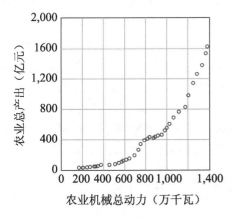

图 4-5　序列 a1 和 a2 的散点图

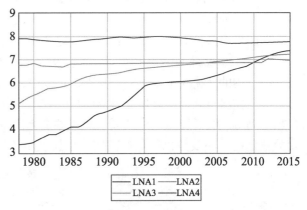

图 4-6　对数序列的折线图

4.1.3　图形对象

通过图形的冻结（Freeze）功能，可以保存输出的图形对象（Graph Objects）。输出图形后，单击对象菜单栏中的 Freeze 按钮，弹出如图 4-7 所示的 Auto Update Options（自动更新选项）对话框。其中：Off 选项表示图形冻结后不再更新；Manual 选项表示冻结的图形会随着后续的操作进行更新，选定该项后，可以在下面的 Update condition 选项组中设置更新的内容；Automatic 选项表示自动更新。

图形冻结设置完成后，单击 OK 按钮，弹出一个未命名（UNTITLED）的图形对象。单击菜单栏中的 Name 按钮，对图形对象进行命名。单击 AddText 按钮，可以在图形对象内添加或修改文本。单击 Line/Shade 按钮，可以在图形对象内设置线条和阴影。单击

Print 按钮，可以直接打印图形对象。单击 Option 按钮，可以对图形的颜色和线条粗细等属性重新进行设置。

图 4-7 Auto Update Options 对话框

单击 Proc 按钮，选择 Copy to clipboard，可以将图形复制到 Word 和 Excel 等其他文档中。这一步的操作，也可以选择主菜单的 Edit | Copy 命名来实现。

在图形对象内右击，通过弹出的快捷菜单，也可以完成上面的部分操作。

【例 4-2】文件 S4-2.WF1 存储的是 1980 年第 1 季度至 2006 年第 1 季度期间，家庭偿还债务比例的数据（见图 4-8）。其中，dsr 是 Household Debt Service Ratio 的简称，即家庭每月偿还住房贷款等所有债务占家庭总收入的百分比，这是一个非常重要的指标。要求：画出序列 dsr 的折线图；建立图形对象并命名为 graph01；将 1998 年—2000 年的区域设置为浅蓝色；在浅蓝色区域的左侧，添加文本"1998—2000 年家庭偿债率"。

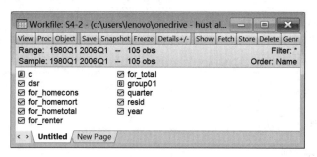

图 4-8 S4-2.WF2 工作文件窗口

打开序列 dsr 和图形设置对话框，使用默认设置，单击 OK 按钮，得到线点图，单击 Freeze 按钮冻结图形。单击 Name 按钮，在弹出的对话框中将图形对象命名为 graph01。

在 graph01 窗口中，选择 Line/Shade，打开 Lines & Shading 对话框（见图 4-9），在 Type 选项下选择 Shaded Area，在 Color 下拉列表框中选择浅蓝色，接着在 Position 下方的文本框内输入 1998Q1 2000Q4，中间隔一个空格，单击 OK 按钮。

单击 AddText 按钮，打开 Text Labels 对话框（见图 4-10），在 Text for label 下方的文本框中输入"1998—2000 年家庭偿债率"，单击 OK 按钮。然后调整文本框的位置，结果如图 4-11 所示。

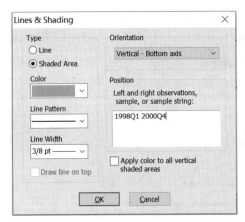

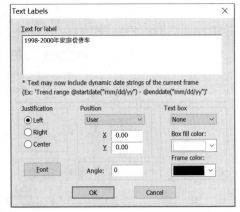

图 4-9　Lines & Shading 对话框　　　　　　图 4-10　Text Labels 对话框

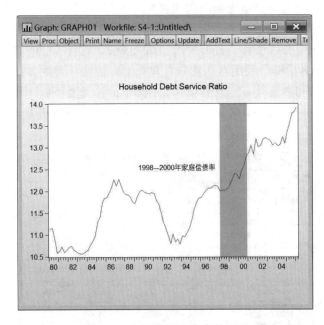

图 4-11　加入阴影和文本的图形

4.2　分　类　图

分类图（Categorical Graphs）用于分析包含子类的数据，是常用的分类分析工具。分类分析使用广泛，如不同地区人口的平均收入情况，男性和女性毕业后收入与教育年限的关系，不同学历在不同行业内的平均收入等。EViews 的分类图分析功能强大，本节只列出简单的分类图的操作步骤。

在 EViews 中选择 View | Graph，打开图形处理对话框，在 Graph type 下方的 General 下拉列表框中选择 Categorial graph 选项，对数据进行图形分类处理。

【**例 4-3**】文件 S4-3.WF1 中存储的是 2005—2006 年美国 4 个州的湾区人口数据（见图 4-12）。其中，pop 是各地区的人口，county_code 是地区代码，country_name 是地区名称，state_code 是州代码，state_name 是州名称。要求：对工作文件中的人口进行分类图形分析。

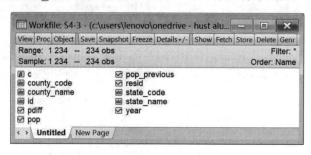

图 4-12　S4-3.WF1 工作文件窗口

本例中的数据是面板数据，共有 234 个样本，2005 年和 2006 年各有 117 个样本，4 个州包含若干个地区，人口数量根据不同年份按地区列出。

在进行分析之前，先进行单因素统计表（One-Way Tabulation）的描述性分析，以便对数据的基本信息有一个大致了解。打开序列 state_name，选择 View | One-Way Tabulation，弹出 Tabulate Series 对话框，使用默认选项，单击 OK 按钮，得到如图 4-13 所示的单因素统计表。从图 4-13 中可以看出，一共有 234 个样本，分为 4 类（4 个州），分别为 Alabama、Louisiana、Mississippi 和 Texas，Count 和 Percent 分别是这 4 个州所辖地区的数量和占所有样本的比重。

Tabulation of STATE_NAME
Date: 08/30/22　Time: 10:14
Sample: 1 234
Included observations: 234
Number of categories: 4

Value	Count	Percent	Cumulative Count	Cumulative Percent
Alabama	22	9.40	22	9.40
Louisiana	74	31.62	96	41.03
Mississippi	94	40.17	190	81.20
Texas	44	18.80	234	100.00
Total	234	100.00	234	100.00

图 4-13　序列 STATE_NAME 的单因素统计表

对序列 pop 进行简单的描述性分类表分析，打开序列 pop，选择 View | Graph，弹出 Graph Options 对话框（见图 4-14）。在 Graph type 选项组下方的 General 下拉列表框中选择 Categorial graph；Specific 选项选择 Bar。在 Details 选项组下方的 Graph data 下拉列表框中有 Raw data、Means 和 Medians 等 17 个选项，这里选择 Means，即按均值显示条形图；Factors-series defining categories 用于设置根据哪个变量进行分类，在 Within graph 文本框中输入 year，表示按年份进行分类。单击 OK 按钮，得到如图 4-15 所示的输出结果。

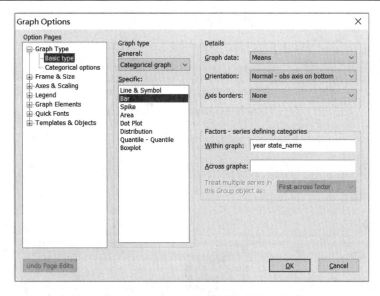

图 4-14　在 Graph Options 对话框中设置分类图

　　除了对序列 pop 根据年份进行分类之外，同时还希望根据 4 个不同的州进行分类。在图 4-14 所示的对话框中，在 Within graph 文本框中输入 year 和 state_name，中间用空格间隔，其余操作不变。单击 OK 按钮，得到如图 4-16 所示的按年份和州进行分类的结果。

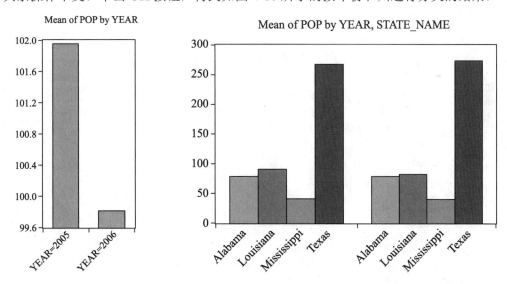

图 4-15　按年份对序列 pop 进行分类　　　　图 4-16　按年份和州对序列 pop 进行分类

　　如果要对比 2005 年和 2006 年每个州的湾区总人口变化情况，在图 4-14 所示的对话框中，在 Graph data 下拉列表框中选择 Sums，在 Within graph 文本框中改变 state-name 和 year 的顺序，其他设置不变。单击 OK 按钮，得到如图 4-17 所示的按州和年份进行人口分类的结果。

　　以上操作均为单图的分类图分析，也可以进行多图的分类图分析。在多图分析中，需要设置分割图形的因子（Factor）。在图 4-14 所示的对话框中，Graph data 选择 Sums，Within graph 输入 year，Across graphs 输入 state_name。单击 OK 按钮，得到 2×2 的多图输出结果。

如果想将 4 个图排成一行，在输出的结果图中右击，在弹出的快捷菜单中选择 Position and align graphs 命令，弹出 Multiple Graph Alignment（多图位置设置）对话框，在 Layout 下方的 Columns 文本框中输入 2，单击 OK 按钮，得到如图 4-18 所示的按 4 个州分类的 2005 年和 2006 年总人口图。

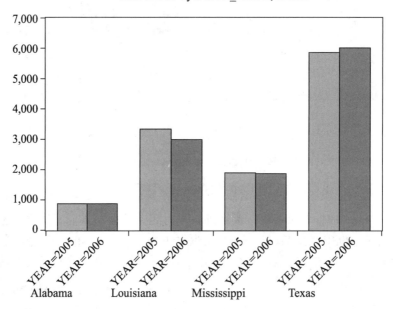

图 4-17　按州和年份分类的单图结果

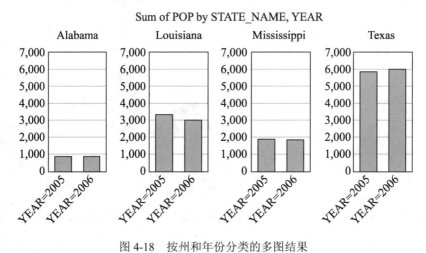

图 4-18　按州和年份分类的多图结果

4.3　动　态　图

　　动态图（Animate Graph）是可视化数据的重要部分，能够更直接地展示数据，直观反映数据在一个区间内的变化情况。动态图是从 EViews 12 开始就增加的功能，在 EViews

中打开序列并画出图形，在图形窗口的工具栏中单击 Animate 按钮，可以对动态图进行设置。

【例 4-4】文件 S4-2.WF1 中存储的是 1980 年第 1 季度至 2006 年第 1 季度期间，家庭偿还债务比例数据（见图 4-8）。要求对序列 dsr 进行动态图分析。

打开序列 dsr，选择 View | Graph，输出序列的线点图，单击工具栏中的 Animate 按钮，弹出 Animation Settings 对话框，接着单击 Show Details 按钮，弹出如图 4-19 所示的 Animation Settings 的完整对话框。

Animation Settings 对话框分为 Playback、General animation settings、Visible data settings 和 Axis settings 等 4 个主要部分。

第一部分是 Playback 设置区域，其中，左边是 5 个播放按钮，包括后退、播放和前进等，右边是 Presets（预设置）下拉列表框，可以设置播放的方式，包括 Expanding interval (fixed axis)、Moving Window (data and axis)、Expanding Interval (moving axis)和 Custom 4 个选项。其中，Expanding interval (fixed axis)是正常的播放方式。Animation range 进度条用于设置播放的开始时间和播放区间。

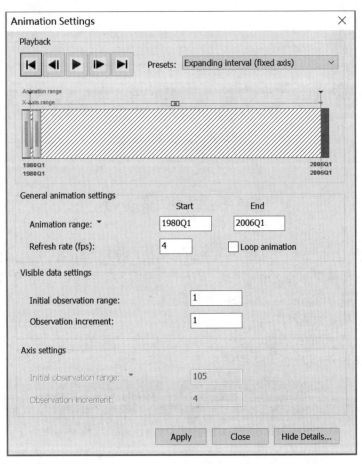

图 4-19　Animation Settings 对话框

第二部分是 General animation settings 设置区域，其中，Animation range 用于设置动态播放的起止时间，Refresh rate(fps)用于设置一秒显示几幅动态图（帧）。

第三部分是 Visible data settings 设置区域，其中，Initial observation range 用于设置动画开始的第一帧，Observation increment 用于设置下一帧出来的间隔时间。

第四部分是 Axis settings 设置区域，用于设置第一帧动画所在的坐标轴心。和第一部分的 Animation range 设置一致。

设置结束后，单击 Apply 按钮，再单击 Hide Details 按钮，收起对话框的扩展部分。在 Playback 区域单击播放键，即可播放动态图（见图 4-20）。

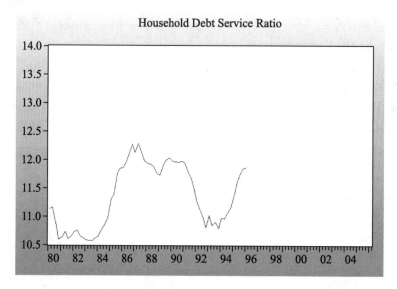

图 4-20　动态图演示效果

4.4　上机练习

1. 工作文件 E4-1.WF1 存储的是有关汽车消费和收入的数据（见图 4-21），其中，序列 s 是个人在新车消费上的支出，序列 yp 是个人的收入，序列 cpi 是消费者价格指数，序列 r 是 3 个月短期国债的利率。画出以下图形：

（1）画出序列 s 的条形图。

（2）画出序列 yp 的面积图。

（3）画出序列 cpi 和 r 的动态图。

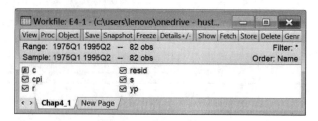

图 4-21　E4-1.WF1 工作文件窗口

2．工作文件 E4-2.WF1 存储的是某年各地区保险业务情况的数据（见图 4-22），其中，序列 t2 为全部业务保费收入，序列 t3 是财产保险保费收入，序列 t4 是地区标识。根据要求进行分类分析：

（1）按地区分类，画出全部业务保费收入的条形图（均值和合计）。

（2）按地区分类，画出财产保险保费收入的面积图（均值和合计）。

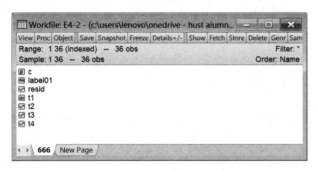

图 4-22　E4-2.WF1 工作文件窗口

第 2 篇
EViews 经典线性回归模型

经典线性回归模型的拟合是使用最广泛的数据分析技术，其中最常见的是单方程回归模型。在 EViews 中，基本的回归分析步骤包括：单方程线性回归模型的确定和拟合；简单的诊断分析及修正；数据分析和预测。例如，加权最小二乘法、非线性最小二乘法、ARIMA/ARIMAX 模型、两阶段最小二乘法（TSLS）、广义矩估计法（GMM）、GARCH 模型及定性和有限因变量模型，这些分析技术和模型都是以经典线性回归模型的基本思想为基础实现的，它们大部分将在第 3 篇和第 4 篇中介绍。

▶▶ 第 5 章　经典的回归模型

▶▶ 第 6 章　违背经典线性回归模型假设的修正

第 5 章　经典的回归模型

回归分析通过方程或函数来研究变量之间的关系，回归分析可以说是计量分析中最重要的工具。例如，消费函数中收入和消费的关系，投资函数中储蓄与投资的关系，某只股票价格与上证指数的关系。在回归分析中，因变量又称为响应变量或被解释变量，自变量也称为预测变量或解释变量。在经典的回归模型估计过程中，一般都是针对单个方程的分析。在 EViews 中，通过 Equation 对象建立回归模型并进行分析。

5.1　经典线性回归模型

经典线性回归模型研究的是两个以上变量的相关关系，一元线性回归模型包含两个变量，多元线性回归模型包含两个以上变量。我们以一元线性回归模型为例，研究两个变量之间的因果关系，分别定义两个变量为因变量（通常记作 Y）和自变量（或解释变量，通常记作 X）。我们通过自变量 X 来解释因变量 Y，则 X 和 Y 之间存在以下简单的线性关系：

$$E(Y_t) = \alpha + \beta X_t \tag{5-1}$$

式（5-1）为一元线性回归方程的表达式，称为总体回归方程，$E(Y_t)$ 是 Y_t 的均值，这个均值由 α、β 和 X_t 决定，下标 t 说明这是一个时间序列。在实践中，经济和金融数据会受到各种因素的干扰，当模型考虑到扰动项的时候，真实 Y_t 可以用下面的表达式来表示：

$$Y_t = E(Y_t) + \mu_t \tag{5-2}$$

或者

$$Y_t = \alpha + \beta X_t + \mu_t \tag{5-3}$$

在式（5-3）中，μ_t 是扰动项或随机误差项，真实的 Y_t 是由它的数学期望（均值）$E(Y_t)$ 加上扰动项 μ_t 构成的。扰动项是回归模型的重要部分。

5.1.1　经典线性回归模型的假设

通过样本数据来计算总体回归模型时，需要对总体分布做一些假定。经典线性回归模型有多个假定条件，具体如下：

❑ 模型的线性假定：被解释变量是解释变量的线性函数。

❑ 解释变量不能完全相同：至少有一个观察值与其他观察值是不同的。

❑ 解释变量是非随机的：说明解释变量与随机误差项是相互独立的。

❑ 观察值大于 2：观察值个数大于解释变量个数，以保证解释变量之间不会存在严格的线性关系。

❑ 误差的期望值为 0：即无偏性假定。

❑ 误差项同方差：所有随机误差项的方差相等。

❑ 序列独立：无序列相关性假定，即随机误差项之间无序列相关性。

❑ 残差正态分布：随机误差项服从均值为 0 的正态分布。

以上假定，后面四项是关于随机误差项的假定。建立模型后，对残差项进行检验是拟合线性方程必不可少的步骤。

5.1.2　最小二乘估计

总体回归方程并不能代表我们收集到的每个观察值（样本）。对于每个观察值（样本），我们用下面的公式来表达：

$$\hat{Y}_t = \hat{\alpha} + \hat{\beta} X_t \tag{5-4}$$

式（5-4）称为样本回归方程，在这个方程中，$\hat{\alpha}$ 和 $\hat{\beta}$ 是总体参数 α 和 β 的样本估计值，$\hat{Y}_t$ 则是 Y 的预测值。

我们得到一组样本，画出它们的散点图后，用一条样本回归直线来拟合散点图。显然，这条拟合直线越接近实际的 Y，也就是这条直线的残差越小，代表拟合的回归直线越接近真实世界。

残差反映的是样本观察值与回归直线之间的偏离程度，我们选择一个样本回归方程，使其残差的平方和达到最小估计参数，这种方法就是普通最小二乘法（Ordinary Least Square，OLS），也称作最小二乘估计（Least Squares Estimation）。

5.1.3　建立回归模型的步骤

在 EViews 中建立经典线性回归模型主要有以下几步：

（1）确定解释变量和被解释变量。

（2）画出序列图，对序列的趋势和截距等进行大致的判断。

（3）建立回归模型。

（4）对回归结果的显著性检验，具体包括：

❑ 拟合优度检验；

❑ 回归方程的显著性检验；

❑ 回归系数的显著性检验；

❑ 多重共线性检验；

❑ 回归模型残差检验，一般包括正态性检验（直方图等）、自相关性检验（Q-检验和 LM 检验）、异方差检验（怀特检验）；

❑ 模型结果的经济学意义解释；

❑ 模型建立后，可能还要进行预测。

5.2　经典线性回归模型的拟合

本节通过两个经济学的经典模型，对 EViews 线性回归的相关操作进行演示和解释。

这两个模型为凯恩斯消费函数和柯布-道格拉斯生产函数，分别是一元和多元线性模型。在凯恩斯消费函数中，我们还要分析加入滞后项参数的模型。

5.2.1　一元线性回归模型的估计

在 EViews 中，通过建立 Equation Object（方程对象、函数对象）来建立模型。打开工作文件窗口并右击，在弹出的快捷菜单中选择 View | Equation，或者在 EViews 主窗口菜单栏中选择 Quick | Estimate Equation，弹出 Equation Estimation 对话框，如图 5-1 所示，在对话框中对估计方程进行设置即可。

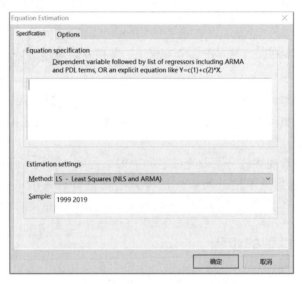

图 5-1　Equation Estimation 对话框

【例 5-1】工作文件 S5-1.WF1 存储的是 1999—2019 年加拿大居民家庭平均可支配收入与家庭的平均消费支出数据（见图 5-2），其中，income 是家庭的平均可支配收入，consumption 是家庭的平均最终消费支出。要求根据数据建立一个简单的凯恩斯消费函数模型。

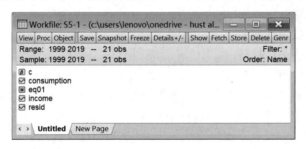

图 5-2　S5-1.WF1 工作文件窗口

在宏观经济学中，凯恩斯消费函数（Consumption Function）认为，消费与可支配收入之间呈线性正相关的关系。它的表达式如下：

$$C_t = \alpha + \sigma * Y_t^d \tag{5-5}$$

其中，C_t 是消费函数，Y_t^d 是税后收入（可支配收入），α 是自主消费（可支配收入为 0 时的固定支出，如水、电、食物、房租等固定支出），σ 是边际消费倾向，t 为时间。根据案例中的相关数据，按以下步骤对模型进行拟合。

1. 确定变量

首先确定本案例中的变量，自变量（解释变量）为加拿大居民家庭平均可支配收入（income），因变量为加拿大居民家庭的平均消费支出（consumption）。按照凯恩斯消费函数的形式，加拿大居民家庭平均可支配收入和家庭消费支出之间的关系，可以用以下模型来表示：

$$\text{consumption}_t = \alpha + \beta * \text{income}_t + \varepsilon_t \tag{5-6}$$

2. 画出序列图

建立序列组，通过序列组的图形，观察序列之间是否有长期相关性。画出 1999～2019 年加拿大居民家庭平均可支配收入（income）与家庭平均消费支出（consumption）的散点图和折线图（见图 5-3），可以看出，收入和消费之间有较为明显的趋势相关性。

3. 建立回归模型

（1）在 EViews 主窗口的菜单栏中，依次选择 Quick | Estimate Equation，弹出 Equation Estimation 对话框（见图 5-4），其中包含 Specification 和 Options 两个选项卡。选择 Specification 选项卡，在 Equation specification 下方的文本框中依次输入 consumption（因变量）、c（截距项）和 income（自变量），变量之间以一个字符进行间隔；其中，c 也可以放在最后。c 为截距项，并非必选，在一个回归方程中也可以没有截距项。此外，对话框中不需要输入随机项，随机项由 EViews 自动给出。对话框中的英文字母不区分大小写。

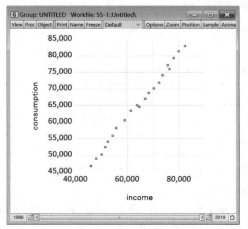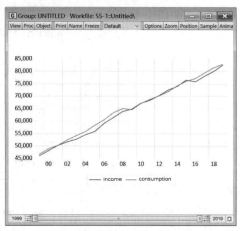

图 5-3　序列 income 和 consumption 的散点图和折线图

在 Equation specification 下方的文本框内也可以直接输入方程式建立回归模型，本案例中输入 consumption=c(1)+c(2)*income，其中，乘号"*"不能省略（见图 5-5）。

（2）Estimation settings 下有两个选项，其中，Method 下拉列表框包含的模型估计方法见表 5-1 所示。默认选项 LS-Least Squares (NLS and ARMA) 是最小二乘法，用于线性回归模型和 ARMA 模型估计等。从 EViews 12 开始，EViews 中增加了 Elastic Net Regularization

和 Functional Coefficients 模型的估计方法，同时将原来的 Stepwise Least Squares 方法升级为 Variable Selection and Stepwise Least Squares 估计方法。

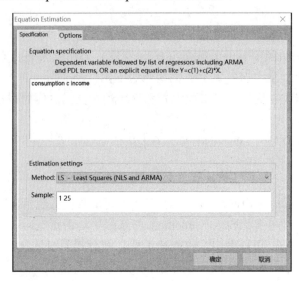

图 5-4　Equation Estimation 对话框

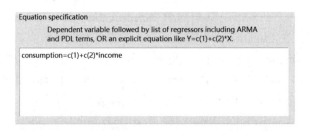

图 5-5　在 Equation specification 中直接输入方程式

表 5-1　Method下拉列表框包含的模型估计方法

估 计 方 法	解　　释
LS-Least Squares (NLS and ARMA)	最小二乘法（非线性最小二乘法、自回归移动平均模型）
TSLS-Two-Stage Least Squares (TSNLS and ARMA)	二阶段最小二乘法（二阶段非线性最小二乘法、自回归移动平均模型）
GMM-Generalized Method of Moments	广义矩估计法
LIML-Limited information Maximum Likelihood and K-Class	有限信息极大似然估计和K族工具变量法
COINTREG-Cointegrating Regression	协整回归模型
ARCH-Autoregressive Conditional Heteroskedasticity	自回归条件异方差模型
BINARY-Binary Choice (Logit, Probit, Extreme Value)	二元选择模型（Logit、Probit和极值模型）
ORDERED-Ordered Choice	排序选择模型
CENSORED-Censored or Truncated Data (including Tobit)	审查回归和截断回归模型（包括Tobit模型）
COUNT-Integer Count Data	计数模型

续表

估 计 方 法	解　　释
QREG-Quantile Regression (including LAD)	分位数回归模型
GLM-Generalized Linear Models	广义线性模型
VARSEL-Variable selection and Stepwise Least Squares	变量选择与逐步最小二乘法
ROBUSTLS-Robust Least Squares	稳健最小二乘法
HECKIT-Heckman Selection (Generalized Tobit)	Heckman选择模型
BREAKLS-Least Squares with Breakpoints	带断点最小二乘法
THRESHOLD-Threshold Regression	门限回归模型
SWITCHREG-Switching Regression	转换回归模型
ARDL-Auto-regressive Distributed Lag Models	自回归滞后分布模型
MIDAS-Mixed Data Sampling Regression	混合频率数据样本回归模型
ENET-Elastic Net Regularization	弹性网络正则化模型
FUNCOEF-Functional Coefficients	函数型系数模型

（3）Estimation settings 下的 Sample 选项用于设定样本范围，可以在整体样本区间内设定需要估计的特定时间区间。例如，整体样本区间（Range）是 2000—2020 年，在 Sample 文本框内输入 2000 2010，中间用一个空格隔开，表示只对 2000—2010 年的样本进行模型估计。

（4）根据在 Method 中选择的估计方法，在 Options 选项卡中会对应不同的内容。例如，选择 LS-Least Squares(NLS and ARMA)估计方法，对应的 Options 选项卡如图 5-6 所示。可以通过设置权重、选择不同的协方差形式，对模型进行修正。

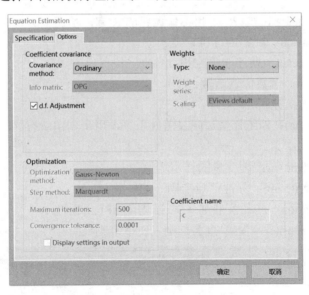

图 5-6　最小二乘法下的 Options 选项卡

（5）设定模型后，单击"确定"按钮，得到最小二乘估计的回归结果，如图 5-7 所示。

在图 5-7 中，上方是模型估计的基本信息。其中：Dependent Variable 是因变量（被解释变量）；Method 是模型估计的方法；Date 和 Time 是模型估计的日期和时间；Sample 是样本范围，adjusted 表示调整过的样本范围；Included observations 是包含的样本量。

图 5-7 的中间部分是模型估计的结果。其中：第一列 Variable 是变量名称，c 是常数项（截距，确定性项），INCOME 是自变量（解释变量）；第二列 Coefficient 是系数，也叫参数，是第一列变量对应的系数；第三列 Std. Error 是第一列变量对应的标准误；第四列 t-Statistic 是第一列变量对应的 t-统计量的观察值；最后一列 Prob.是第四列 t-统计量对应的伴随概率 p-value（P-值），结合伴随概率与设定的显著水平 α 进行比较，判定系数是否显著。

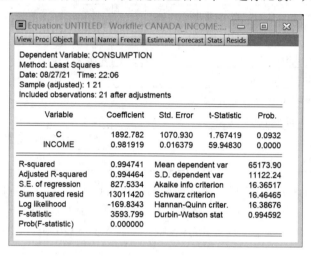

图 5-7　最小二乘估计的回归结果

在图 5-7 中，下方是模型整体估计的统计量汇总，其中：
- ❑ R-squared：即 R^2，也称作 R 方，是判定系数；
- ❑ Adjusted R-squared：即 $\overline{R}^2$，也称作调整的 R 方，是调整的判定系数；
- ❑ S.E. of regression：回归的标准误差；
- ❑ Sum squared resid：残差的平方和；
- ❑ Log likelihood：对数似然函数；
- ❑ F-statistic：F-统计量；
- ❑ Prob (F-statistic)：F-统计量边际显著性水平，用于判定所有的系数是否和 0 有显著差异；
- ❑ Mean dependent var：因变量的样本均值；
- ❑ Akaike info criterion：赤池信息准则（AIC 准则）；
- ❑ Schwarz criterion：施瓦茨准则（SC 准则或 SBC 准则）；
- ❑ Hannan-Quinn criter：汉娜-奎茵准则（H-Q 准则）；
- ❑ Durbin-Watson stat：德宾-沃森统计量（D-W 统计量）。

4．回归结果的显著性检验

一般情况下，根据有限样本建立的回归方程不能直接进行实际问题的分析和预测。方程需要经过各种统计检验，主要包括回归方程的拟合优度检验、回归方程的显著性检验、回归系数的显著性检验和残差检验等。

1）回归方程的拟合优度检验

回归方程的拟合优度检验用于检验观察值数据聚集在回归线周围的密集程度，从而评价回归方程对观察值数据的代表程度。一元线性方程的拟合优度检验采用 R^2（R-squared）统计量，称为判定系数或决定系数。多元线性回归方程的拟合优度检验则采用 $\overline{R^2}$（Adjusted R-squared）统计量，称为调整的判定系数或决定系数。R^2 或 $\overline{R^2}$ 越接近 1，即回归直线与所有观察值越接近，说明回归直线的拟合程度越好；反之，R^2 或 $\overline{R^2}$ 越接近 0，说明回归直线的拟合程度越差。

从图 5-7 所示的回归结果中得知，$R^2 = 0.994741$，说明在加拿大居民家庭的平均消费支出（consumption）变动因素中，有 99.47% 的部分由加拿大居民家庭平均收入（income）的变动来解释，模型的拟合效果较好。

2）回归方程的显著性检验

回归方程的显著性检验用于检验被解释变量与所有解释变量之间的线性关系是否显著，也就是证明采用的线性模型是否合适。假设检验采用 F 检验，原假设是所有自变量的系数均为 0，备择假设是至少有一个自变量的系数为非零。

图 5-7 的回归结果中已经给出 F=3593.799，假定显著水平为 0.05，F-统计量对应的概率 Prob（F-statistic）为 0.00000，接近于 0，远远小于我们设定的显著性水平 0.05，即强烈拒绝原假设，接受备择假设，说明回归方程十分显著。

3）回归系数的显著性检验

回归系数显著性检验的目的是，研究回归方程中每个解释变量与被解释变量之间，是否存在显著的线性关系，即研究每个解释变量能否有效地解释被解释变量的线性变化，同时，也研究每个解释变量对被解释变量的解释程度，决定它们是否保留在线性方程中。

假设检验采用 t-检验，原假设是回归系数与 0 没有显著差异。本例的检验对象是自变量 income 的系数，在回归结果中已经给出 income 系数的 t-统计量为 59.948，它的伴随概率 P-值接近 0，远远小于我们设定的显著性水平 0.05，说明 income 的系数十分显著（回归系数和 0 有显著差异），说明被解释变量 consumption 和解释变量 income 的线性关系显著。

在一元线性回归中，回归方程显著性检验和回归系数显著性检验的功能是相同的，两者可以相互代替，回归方程显著性检验中的 F-统计量等于回归系数显著性检验中的 t-统计量的平方。如果是多元回归方程，则需要对每个解释变量的系数进行显著性检验，回归系数不显著的解释变量不应该保留在回归方程中。

5．多重共线性检验

多重共线性，是指当存在多个解释变量时，解释变量之间可能存在线性相关关系，进而影响模型的可靠性。本例只有一个解释变量，因此不考虑这个问题。在下一个案例中，即分析柯布-道格拉斯生产函数时再考虑这个问题。

6．回归残差检验

前面提到，经典线性回归模型对于误差项有几个假定：无偏性假定，即误差的期望值为 0；误差项同方差假定，即所有随机误差项的方差相等；随机误差项之间无序列相关性；残差正态分布，即随机误差项服从均值为 0 的正态分布。

这些假定实际上是基于序列模型的残差项必须为白噪声序列推导出来的。下面我们对残差的正态性、异方差和自相关进行检验。

对于回归残差的检验，需要在拟合回归方程后按以下步骤检验。

首先，画出残差序列的圆点图。在工作文件窗口中直接打开 resid 残差序列，画出它的圆点图（Dot plot）；或者在回归方程的输出结果窗口中依次选择 View | Actual, Fitted, Residual | Standardized Residual Graph（见图 5-8），得到标准化残差图（见图 5-9），可以看到，所有的数据都在 3 倍标准差之内，因此认为观察值没有异常值。

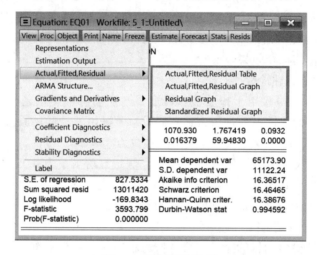

图 5-8　残差图的选项

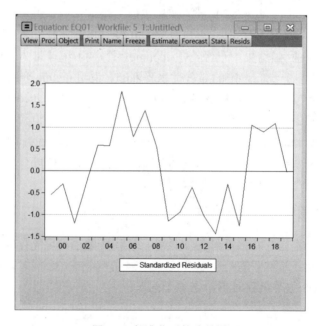

图 5-9　标准化后的残差图

其次，生成 Actual, Fitted, Residual 图或表。在图 5-8 中依次选择 View | Actual, Fitted, Residual | Actual, Fitted, Residual table，得到残差序列的拟合图（见图 5-10）。位于 Residual Plot 下方的是残差折线图，其多次穿过中间的分隔线，说明序列可能存在自相关问题。

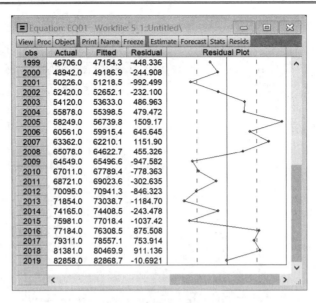

图 5-10　残差序列拟合图

最后，进行残差诊断。在图 5-8 中依次选择 View | Residual Diagnostics，展开残差诊断检验选项（见图 5-11）。

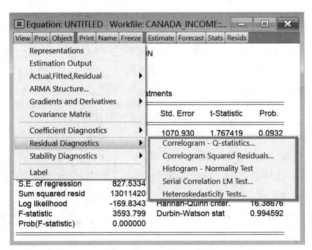

图 5-11　残差诊断检验选项

EViews 对回归结果的残差诊断包括 5 个检验，如表 5-2 所示。

表 5-2　残差诊断检验选项及其说明

残差检验统计量	说　　明	原　假　设
Correlogram – Q-Statistics	相关图：残差自相关Q-检验	残差序列不存在自相关
Correlogram Squared Residuals	相关图：残差平方的Q-检验	残差序列不存在自相关
Histogram – Normality Test	直方图：正态性检验	残差序列服从正态分布
Serial Correlation LM Test	残差自相关的LM检验	残差序列不存在自相关
Heteroskedasticity Tests	异方差检验	残差序列不存在异方差

1）正态性检验

如果模型的残差序列不是正态分布，则不适用于 Z-检验，其他和正态分布相关的检验均无效（如 t-检验、F-检验和卡方检验等），进而影响模型的准确性，被解释变量和解释变量（至少一个）可能会出现错误形式，同时还可能会遗漏其他重要的变量。

在图 5-11 所示的窗口中依次选择 View | Residual Diagnostics | Histogram-Normality Test，得到正态性检验结果，如图 5-12 所示。

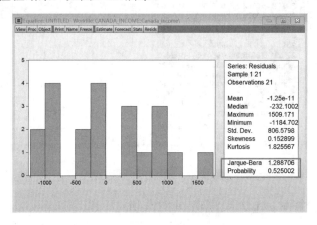

图 5-12　正态性检验结果

对输出结果的 Jarque-Bera 统计量（JB 统计量）进行假设检验，判断残差的正态性。原假设为残差序列服从正态分布，备择假设为残差序列不服从正态分布。图 5-12 中的 JB 统计量的伴随概率为 0.525002，大于设定的显著性水平 0.05，因此不能拒绝原假设，认为回归结果的残差序列服从正态分布。

2）异方差检验

EViews 提供了多种残差异方差检验方法，在图 5-11 所示的窗口中依次选择 View |

Residual Diagnostics | Heteroskedasticity Tests，弹出异方差检验对话框，其中，Test type 是异方差检验方法选项，如图 5-13 所示。

大部分情况下选择 White（怀特检验），得到如图 5-14 所示的怀特异方差检验输出结果。怀特检验借助一个辅助方程来实现，方程的因变量有两个，其中，F-statistic 是辅助方程的整体显著性水平，Obs*R-squared 是怀特检验的统计量。

在异方差检验的假设检验中，原假设是残差序列为同方差序列，备择假设是残差序列为异方差序列。图 5-14 给出了 Obs*R-squared 统计量值为 1.822595，它的伴随概率为 0.4020，大于设定的显著性水平 0.05。因此不能拒绝原假设，认为残差为同方差（不存在异方差）。

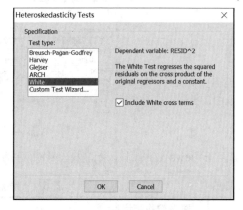

图 5-13　异方差检验对话框

3）自相关检验

自相关检验包括 Q-检验和 LM 检验。如果残差不存在序列相关性，则它在各滞后期的自相关系数（AC）和偏相关系数（PAC）的值接近于 0，对应的 Q-统计量不显著，伴随概率 P-值较大。

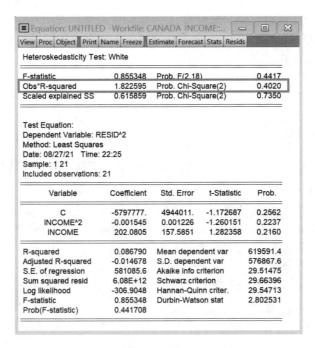

图 5-14　怀特异方差检验输出结果

在回归结果输出窗口中（见图 5-11）依次选择 View | Residual Diagnostics | Correlogram-Q-Statistics，得到序列自相关 Q-检验的结果（见图 5-15）。可以看出，Q-统计量的伴随概率 P-值都较小，小于设定的显著性水平 0.05，可以认为模型回归的残差序列存在自相关性。

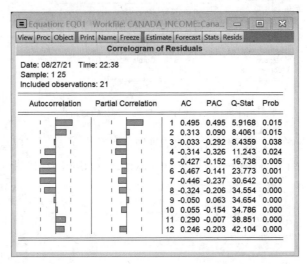

图 5-15　序列自相关 Q-检验的结果

对于自相关的检验，常用的还有 Durbin-Watson test（D-W 检验），但它只适用于 1 阶自相关性的检验。

对于存在滞后期的自变量，需要进一步做序列相关性的 LM 检验，主要检验高阶自相关性。在图 5-11 所示的窗口中依次选择 View | Residual Diagnostics | Serial Correlation LM

Test，得到序列相关性 LM 检验的结果（见图 5-16）。序列相关性 LM 检验采用假设检验，原假设是序列不存在相关性，备择假设是序列存在相关性。在图 5-16 中，Obs*R-squared 统计量的值为 5.287278，它的伴随概率为 0.0711，大于设定的显著性水平 0.05，因此不能拒绝原假设，可以认为序列不存在相关性。

在本例中，Q-检验和 LM 检验的结果不同，可以推测模型的残差主要存在低阶自相关性。因此，可以对该模型进一步优化，提高模型的拟合优度。

7. 回归模型的经济学意义

对经济和金融模型，需要进一步进行经济学意义上的解释，模型除了要符合统计学检验，也不能背离经济学的基本理论。

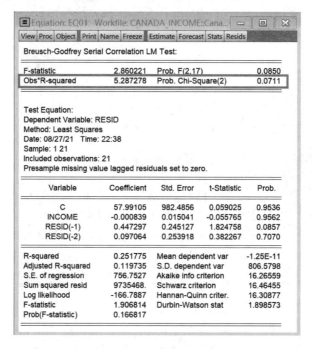

图 5-16　序列相关性的 LM 检验结果

根据图 5-16 所示的回归结果中的参数，我们可以建立加拿大居民家庭消费函数的回归模型；也可以在回归结果对话框中选择 View | Representation，直接生成函数（见图 5-17）。

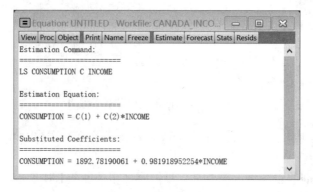

图 5-17　选择 View | Representation 直接生成结果

根据图 5-16 或图 5-17 所示的结果，可以得到加拿大居民家庭的消费函数如下：
$$CONSUMPTION = 1892.7819 + 0.9819*INCOME \tag{5-7}$$
用标准凯恩斯消费函数表示为：
$$C_t = 1892.78 + 0.98 * Y_t^d \tag{5-8}$$
该函数表明：加拿大居民家庭的平均固定消费开支（自主消费）为 1892.78 元，这个支出和收入没有关系；边际消费倾向为 0.98，也就是说，加拿大居民家庭平均每增加 1 加元的收入，大约有 0.98 加元会用于消费支出。

在这个基本模型中，可以进一步分析加拿大居民家庭的储蓄率、食品支出、住房支出、政府公共支出对居民消费影响的相关关系等。

5.2.2　多元线性回归模型的拟合

包含两个或两个以上自变量的回归模型，称为多元回归模型。加入滞后项的消费函数，就是一个多元线性回归模型。在经济数据中，当期数据经常受到前一期或前几期数据的影响。滞后项可以是自变量，也可以是因变量。

【例 5-2】根据工作文件 S5-1.WF1 中的数据，建立一个包含滞后一期 CONSUMPTION 的凯恩斯消费函数模型。

在凯恩斯消费函数基础上，经济学家进一步提出了更多的消费函数表达式。其中，在实践中用得较多的是加入滞后项的消费函数。
$$C_t = \alpha + \beta Y_t^d + \gamma C_{t-1} \tag{5-9}$$
在式（5-9）中，C_t 表示当期消费，Y_t^d 表示税后收入（可支配收入），α 表示自主消费，C_{t-1} 表示前一期的消费（滞后项）。当模型中出现滞后项时，可以在原变量（自变量或因变量）后面加上圆括号，在括号内用负号加上滞后阶数来表示滞后项。

在图 5-5 所示的 Equation specification 下方的文本框中输入 consumption c income consumption(-1)，中间以空格间隔（见图 5-18）。其中，consumption(-1)为滞后一期的总消费。

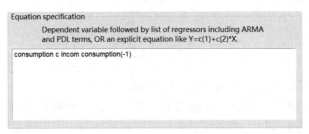

图 5-18　在 Equation specification 文本框中输入滞后项变量

模型设定结束后，单击"确定"按钮，得到加拿大居民家庭的消费函数回归结果（见图 5-19），消费函数的形式如下：
$$C_t = 2225.72 + 0.34 * Y_t^d + 0.64 * C_{t-1} \tag{5-10}$$
在从加入滞后项的消费函数模型中，可以发现加拿大居民家庭的消费，和上一期（上一年或上一个月）消费有较强的正相关，这可能和加拿大居民家庭普遍使用信用卡提前消费有关。模型的检验可参考上一个和下一个案例。

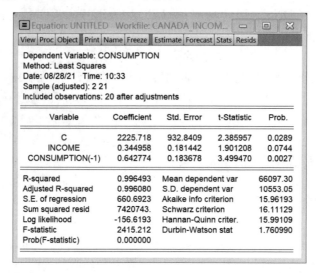

图 5-19　加入滞后项的回归结果

5.2.3　非线性回归模型的拟合

在实践中会遇到大量非线性的回归模型，大部分非线性模型都可以转化为线性回归问题。

本节以柯布-道格拉斯生产函数（Cobb-Douglas Production Function）为例，通过对数化处理，将指数方程转换为线性方程。

柯布-道格拉斯是在传统的生产函数基础上引入技术变量，由数学家柯布（Charles Cobb）和经济学家道格拉斯（Paul Douglas）一起进行了检验，被广泛应用于工业制造业的分析中，该函数揭示了在 20 世纪初，资本和劳动力在总生产函数中占有绝对的地位，在此模型中，技术变量只是一个常量。柯布-道格拉斯生产函数如下：

$$Y_t = A K_t^{\alpha} L_t^{\beta} \tag{5-11}$$

其中，Y_t 表示总产出，A 是一个外生的技术参数（全要素生产率），K_t^{α} 表示资本投入，L_t^{β} 表示劳动力投入，α 和 β 表示产出对资本和劳动力投入的反应（弹性）。在研究整个国家的经济增长时，可以使用国家的 GDP 数据作为总产出。

罗伯特·默顿·索洛（Robert Merton Solow）在 C-D 函数的基础上建立了新古典经济增长模型。20 世纪 50 年代，索洛发现科技进步和创新对于一个国家经济增长的贡献率超过了资本积累和劳动力的增长速度，这个发现是经济增长理论的重要发现，也是发展经济学的基石之一，该发现同时影响了很多发达国家的长期经济增长政策，因此，索洛在 1987 年获得了诺贝尔经济学奖。本节主要介绍柯布-道格拉斯生产函数。

加入随机干扰项 μ，式（5-11）可以表达为：

$$Y_t = A K_t^{\alpha} L_t^{\beta} e^{\mu} \tag{5-12}$$

【例 5-3】工作文件 S5-2.WF1 存储的是某地区 1991～2013 年的总产出、资本总投入和劳动力数据（见图 5-20），其中，总产出是 y，总投资是 k，劳动力是 l。要求建立柯布-道格拉斯生产函数模型。

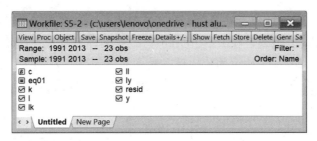

图 5-20　S5-2.WF1 工作文件窗口

对于非线性的柯布-道格拉斯生产函数，可以对函数的等号两侧同时取对数进行线性化，得到如下等式：

$$\ln(Y_t) = \ln(a) + \alpha * \ln(k_t) + \beta * \ln(l_t) + \mu * e \tag{5-13}$$

经过对数转换后，函数的变量为线性形式，可以直接使用最小二乘法进行估计。在 EViews 中按以下步骤进行操作。

1．确定变量

在本例中，因变量（解释变量）为总产出 y_t，自变量（被解释变量）为资本总投入 k_t 和劳动力总投入 l_t。

2．画出序列的散点图

（1）在 EViews 主窗口中单击 Generate 按钮，生成序列 y、k、l 的对数序列，分别为序列 ly、lk 和 ll。

（2）对序列 ly 和 lk、序列 ly 和 ll 建立序列组并画出它们的散点图（见图 5-21 和图 5-22），可以看出，序列 ly 和 lk、ly 和 ll 之间均有较强的正相关关系，可以建立回归模型。

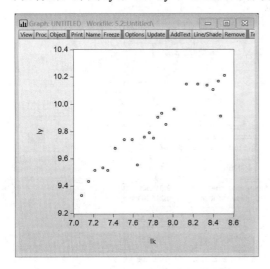

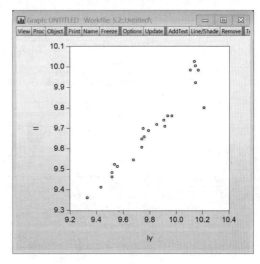

图 5-21　序列 ly 和 lk 的散点图　　　　图 5-22　序列 ly 和 ll 的散点图

（3）对以上 3 个序列建立序列组并画出它们的折线图，同样可以看出 3 个序列具有较强的正相关关系（见图 5-23）。

📑说明：在 EViews 操作过程中，变量名称不区分大小写，但在输出结果中，变量名称默认是大写的。例如，在图 5-20 所示的工作文件窗口中，变量名称默认是小写的（如 ly），而图 5-23 所示的输出结果是由软件自动生成的，变量名是大写形式（如 LY），人工不能修改。后面的章节也涉及这个问题，这里统一解释，后面不再说明。

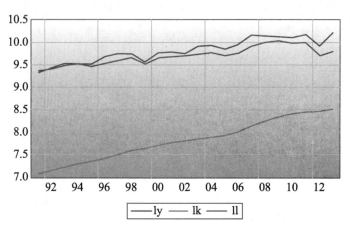

图 5-23　序列 ly、lk 和 ll 的折线图

3．建立回归模型

在 EViews 主窗口的菜单中依次选择 Quick | Estimate Equation，弹出图 5-1 所示的 Equation Estimation 对话框。在 Equation specification 下方的文本框中输入 ly c lk ll，中间以空格间隔。Method 使用默认选项 LS-Least Square(NLS and ARMA)，单击"确定"按钮，得到如图 5-24 所示的多元回归模型的拟合结果。

Dependent Variable: LY
Method: Least Squares
Date: 08/27/22   Time: 15:51
Sample: 1991 2013
Included observations: 23

Variable	Coefficient	Std. Error	t-Statistic	Prob.
C	0.273245	1.018363	0.268318	0.7912
LK	0.235916	0.064455	3.660160	0.0016
LL	0.794305	0.149006	5.330693	0.0000

R-squared	0.951212	Mean dependent var		9.818836
Adjusted R-squared	0.946333	S.D. dependent var		0.260661
S.E. of regression	0.060385	Akaike info criterion		-2.655034
Sum squared resid	0.072928	Schwarz criterion		-2.506926
Log likelihood	33.53289	Hannan-Quinn criter.		-2.617785
F-statistic	194.9665	Durbin-Watson stat		1.520639
Prob(F-statistic)	0.000000			

图 5-24　多元回归模型拟合结果

4．回归结果的显著性检验

1）回归方程的拟合优度检验

判定多元回归方程的拟合优度采用 Adjusted R-squared（调整的 R^2），记作 $\overline{R}^2$。检测被解释变量与全体解释变量之间的线性相关程度，同时也检测样本数据与预测数据间的相关程度。

由图 5-24 所示的回归结果得知，$\overline{R}^2 = 0.946333$，说明该生产函数总产出的变动有 94.63% 可以由资本和劳动力总投入的变动来解释，拟合优度较好。

2）回归方程的显著性检验

在多元线性回归方程中，各个自变量的系数称为偏回归系数。多元线性回归方程显著性检验的原假设是：各个偏回归系数同时与 0 无显著差异，即因变量和自变量之间不存在回归关系。当偏回归系数同时为 0 时，无论各个解释变量取值如何变化，都不会引起被解释变量的线性变化，因变量此时是一条平行于 x 轴的直线。

检验采用 F-统计量，这里，F-统计量的观察值为 194.9665，它的伴随概率 Prob（F-statistic）为 0.00000，接近于 0，远远小于我们设定的显著性水平 0.05，因此显著拒绝原假设，接受备择假设，认为偏回归系数不同时为 0，被解释变量与解释变量全体的线性关系显著，可以用线性模型描述它们之间的关系。

3）回归系数的显著性检验

多元回归方程中，回归系数的显著性检验需要分别检验每个自变量的回归系数。原假设是偏回归系数与 0 无显著差异。

在本案例中，变量 lk 的 t-统计量观察值为 3.660160，伴随概率为 0.0016，ll 的 t-统计量的观察值为 5.330693，伴随概率为 0.0000，均小于设定的显著性水平 0.05，因此拒绝原假设，接受备择假设。两个变量的偏回归系数均与 0 有显著差异，说明被解释变量 ly 和解释变量 lk、ll 之间均存在显著线性关系。

5．多重共线性检验

多重共线性是指自变量（解释变量）之间存在线性相关的关系。正式的多重共线性检验需要建立一个由自变量组成的线性回归模型，模型不包括因变量（被解释变量），线性模型建立后，再检验变量之间的共线性关系。

在本例中，存在 lk 和 ll 两个自变量，按照 5.2.1 节的步骤在 EViews 中建立由二者组成的线性回归模型（过程省略），模型的拟合结果如图 5-25 所示。

有多种方法可以检测自变量（解释变量）之间的共线性，比较常用的是计算容忍度 Tol_i 和方差膨胀因子 VIF_i。

容忍度的计算公式如下：

$$Tol_i = 1 - R_i^2 \tag{5-14}$$

其中，R_i^2 为拟合优度。因为拟合优度小于 1，所以 Tol_i 的取值范围在 0～1。Tol_i 越接近 0，说明多重共线性越强；Tol_i 越接近 1，说明多重共线性越弱。

自变量线性回归模型建立后，可以通过得到的拟合优度 R_i^2 来计算方差膨胀因子，计算过程如下：

$$\mathrm{VIF}_i = \frac{1}{1 - R_i^2} = \frac{1}{1 - 0.803087} = 5.078 \tag{5-15}$$

由方差膨胀因子的公式可以看出，VIF_i 就是容忍度的倒数，取值大于或等于 1。R_i^2 越接近 0，VIF_i 越接近 1，解释变量间的共线性就越弱；R_i^2 越接近 1，VIF_i 越大，解释变量间的共线性就越强。

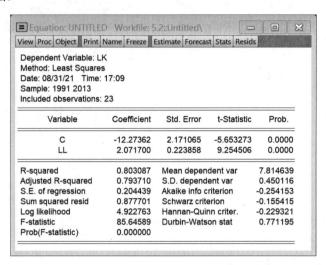

图 5-25　多重共线性检验结果

通常情况下，当 VIF_i 大于或等于 5 时，认为存在共线性问题；当 VIF_i 大于或等于 10 时，说明解释变量 x_i 与方程中的其余解释变量之间有严重的共线性问题。在本例中，$\mathrm{VIF}_i = 5.078$，可以认为自变量之间存在较弱的共线性问题。

6．回归残差检验

1）正态性检验

对拟合模型的残差进行正态性检验，得到如图 5-26 所示的输出结果。原假设是残差序列服从正态分布，备择假设相反。JB 统计量的伴随概率 P-值为 0.537521，大于设定的显著性水平 0.05，因此不能拒绝原假设，认为回归结果的残差服从正态分布。

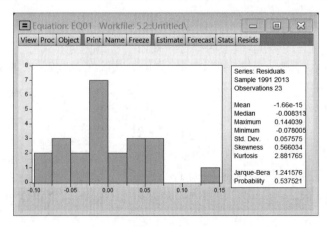

图 5-26　模型残差的正态性检验

2）自相关检验（Q-检验和 LM 检验）

从图 5-27 所示的序列自相关 Q 检验结果中可以看出，残差的自相关系数（AC）和偏相关系数（PAC）的值均比较小，Q-统计量不显著，即它们的伴随概率 P-值较大，均大于设定的显著性水平 0.05，可以认为模型回归的残差序列不存在自相关的关系。

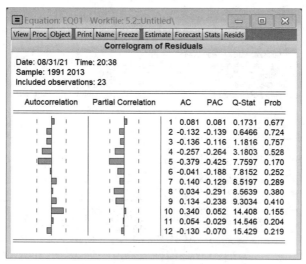

图 5-27　模型残差的自相关 Q-检验

为了使结果更"可靠"，对残差进行 LM 自相关检验，结果如图 5-28 所示。其中，Obs*R-squared 统计量的伴随概率为 0.5523，大于设定的显著性水平 0.05，因此不能拒绝原假设，可以认为序列不存在序列自相关性。

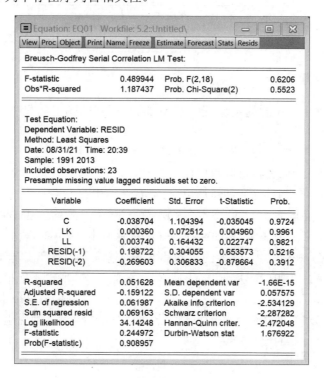

图 5-28　模型残差的自相关 LM 检验

3）异方差检验（怀特检验）

对模型的残差进行异方差检验，结果如图 5-29 所示。异方差检验的 Obs*R-squared 统计量的伴随概率为 0.0796，大于设定的显著性水平 0.05，因此不能拒绝原假设，认为残差为同方差（不存在异方差）。

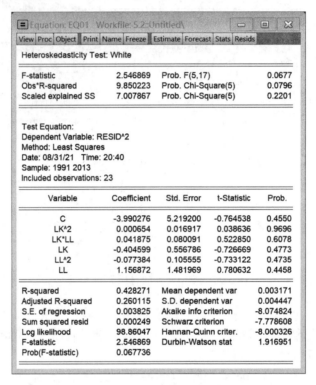

图 5-29　异方差检验

7．模型的经济学意义

模型不能违背经济学的基本原理，从图 5-24 所示的输出结果中可以得到以下拟合模型：

$$ly = 0.2732 + 0.2359*lk + 0.7943*ll \tag{5-16}$$

从回归模型中，我们大致可以得出以下结论：

❑ 资本（K）、劳动力（L）和总产出（Y）存在正相关关系。

❑ 劳动力不变，每增加 1%的资本（K），总产出（Y）就增加 23.59%。

❑ 资本投入不变，每增加 1%的劳动力（L），总产出（Y）就增加 79.43%。

❑ 在资本（K）和劳动力（L）的投入都不变的情况下，总产出是 0.27。因为常量 C 的伴随概率是 0.7912，大于设定的显著性水平 0.05，所以不能拒绝原假设，可以认为常量 C 是不显著的。但一般情况下，我们仍然可以保留这个常量。

❑ 如果劳动力对当地经济增长的贡献率超过资本的贡献率，则说明当地的劳动密集型产业或者服务业的比重较高。

5.3　含虚拟变量的回归模型

除了数值型的变量，在学习和实践中也经常会遇到定性变量（Qualitative Variables）。回归模型中的解释变量如果是定性变量，那么也称作虚拟变量（Dummy Variables 或 Dummies）。

5.3.1　虚拟变量的含义

虚拟变量是分类变量，变量内包含两个或两个以上的分类。例如，性别变量可以分为男性和女性；季节变量可以分为 1～4 个季度；学历变量可以分为高中及以下、大学、硕士和博士。此外，婚姻状态、区域设置、人种、年龄段、分数段，都可以进行分类，并且在回归模型中都会对因变量产生影响。

在 EViews 中，可以很方便地对包含虚拟变量的回归模型进行拟合。值得注意的是，如果虚拟变量包含 n 个类别，那么其中的一个类别需要设置为基准类、参照类或对比类（Base，Reference，Benchmark，Comparison），在回归模型中只需要加入其他 $n-1$ 个虚拟变量的类别作为解释变量即可。在虚拟变量中，通常可以选择任意一个类别作为基准类。

如果虚拟变量包含 n 个类别，回归模型将 n 个类别均作为解释变量，则会产生完全共线性问题。当出现这种情况时，EViews 软件会给出提示。

5.3.2　虚拟变量的拟合

包含虚拟变量的回归模型仍然使用 LS 方法进行拟合，拟合过程和只包含数值型解释变量一样。对于回归结果的解释，需要在截距项上加上虚拟变量的类别值（系数）。

【例 5-4】工作文件 S5-3.WF1 存储了 46 位中等收入的雇员个人信息和收入信息（见图 5-30）。其中：*salary* 表示收入；*experience* 表示从事目前职业的年限；*management* 是虚拟变量，1 表示担任经理职务，0 表示未担任经理职务；*educ* 表示受教育情况，也是虚拟变量，1 表示高中学历，2 表示大学学历，3 表示研究生学历。要求以 *salary* 作为被解释变量，*experience*、*management* 和 *educ* 作为解释变量，建立回归模型。

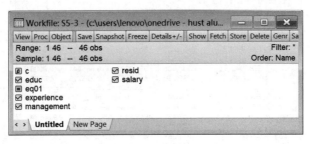

图 5-30　S5-3.WF1 工作文件窗口

本案例来自 Damodar N. Gujarati 和 Dawn C. Porter 的经典教科书 *Essentials of*

Econometrics（*4th Edition*）即《计量经济学精要》第 4 版。案例中有两个虚拟变量，其中：虚拟变量 *management* 分为 2 个类别，类别 0 表示未担任经理职务，类别 1 表示担任经理职务；虚拟变量 *educ* 分为 3 个类别，类别 1 表示高中学历，类别 2 表示大学学历，类别 3 表示研究生学历。

对于变量 *management*，将类别 0 设置为基准类，在回归模型中只需要加入类别 1 作为解释变量即可；对于变量 *educ*，将类别 1 设置为基准类，在回归模型中只需要加入类别 2 和类别 3 作为解释变量即可。

在 EViews 主窗口的菜单栏中依次选择 Quick | Estimate Equation，弹出 Equation Estimation 对话框。选择 Specification 选项卡，在 Equation specification 下方的文本框中依次输入 salary c experience management=1 educ=2 educ=3，变量之间以一个字符间隔（见图 5-31）。单击“确定”按钮，得到如图 5-32 所示的 LS 估计结果。

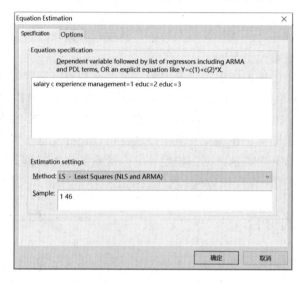

图 5-31　Equation Estimation 对话框

Equation: EQ01　Workfile: S5-3::Untitled\

View | Proc | Object | Print | Name | Freeze | Estimate | Forecast | Stats | Resids

Dependent Variable: SALARY
Method: Least Squares
Date: 11/15/22　Time: 08:06
Sample: 1 46
Included observations: 46

Variable	Coefficient	Std. Error	t-Statistic	Prob.
C	8035.598	386.6893	20.78050	0.0000
EXPERIENCE	546.1840	30.51919	17.89641	0.0000
MANAGEMENT=1	6883.531	313.9190	21.92773	0.0000
EDUC=2	3144.035	361.9683	8.685941	0.0000
EDUC=3	2996.210	411.7527	7.276723	0.0000

R-squared	0.956767	Mean dependent var	17270.20
Adjusted R-squared	0.952549	S.D. dependent var	4716.632
S.E. of regression	1027.437	Akaike info criterion	16.80984
Sum squared resid	43280719	Schwarz criterion	17.00861
Log likelihood	-381.6264	Hannan-Quinn criter.	16.88430
F-statistic	226.8359	Durbin-Watson stat	2.236925
Prob(F-statistic)	0.000000		

图 5-32　最小二乘估计的回归结果

从图 5-32 所示的回归结果中可以看出，方程和参数均十分显著，回归方程如下：

$$salary = 8035.6 + 546.18 * experience + 6883.53 * (management=1)$$
$$+3144.04 * (educ=2) + 2996.21 * (educ=3)$$

（5-17）

由式（5-17）可得：

（1）如果没有担任经理职务，学历为高中，则回归方程为：

$$salary = 8035.6 + 546.18 * experience$$

（2）如果担任经理职务，学历为高中，则回归方程为：

$$salary = 8035.6 + 546.18 * experience + 6883.53$$

（3）如果没有担任经理职务，学历为大学，则回归方程为：

$$salary = 8035.6 + 546.18 * experience + 3144.04$$

（4）如果担任经理职务，学历为大学，则回归方程为：

$$salary = 8035.6 + 546.18 * experience + 6883.53 + 3144.04$$

（5）如果没有担任经理职务，学历为研究生，则回归方程为：

$$salary = 8035.6 + 546.18 * experience + 2996.21$$

（6）如果担任经理职务，学历为研究生，则回归方程为：

$$salary = 8035.6 + 546.18 * experience + 6883.53 + 2996.21$$

从上述几个回归方程中可以看出，基本工资（截距项）为 8035.6 元；工作经验的系数为 546.18；担任经理职务的系数为 6883.53 元，大学学历的系数为 3144.04 元，研究生学历的系数为 2996.21 元，后面这 3 项可以分别和截距项相加。从上述方程中也可以看出，研究生学历的系数低于大学学历的系数。

5.4　上机练习

1. 在经济学理论中，教育年限和收入存在较强的正相关关系。工作文件 E5-1.WF1 存储的是某地区 2013 年人口统计的 1200 个样本数据（见图 5-33），其中，wage 是每小时的工资收入，educ 是教育年限。

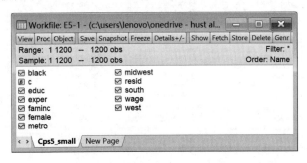

图 5-33　E5-1.WF1 工作文件窗口

（1）分析变量 wage 和 educ 的直方图，讨论它们的统计特征。

（2）建立线性回归模型 $wage = \beta_1 + \beta_2 educ + e$，并讨论回归结果是否符合经济学理论。

（3）检验模型的残差序列是否存在异方差。

2．工作文件 E5-2.WF1 存储的是某地区 1996～1998 年的房屋销售数据（见图 5-34），包含 1200 个样本。其中，price 是房屋的销售价格，livarea 是房屋的居住面积，age 是房龄（在绘图时，为了让图形处理更为直观，可以把 price 除以 1000，转换为千元单位）。

（1）画出所有样本房屋销售价格和居住面积、房屋销售价格和房龄的散点图。

（2）根据所有样本数据，估计回归模型 $price = \beta_1 + \beta_2 livarea + \beta_3 age + \varepsilon$，对回归结果进行解释，并画出拟合线。

（3）检验残差序列是否存在自相关。

（4）检验回归方程是否存在多重共线性。

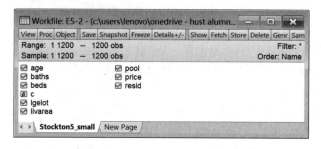

图 5-34　E5-2.WF1 工作文件窗口

3．工作文件 E5-3.WF1 存储的是某地区的人口统计数据（见图 5-35），包含 136 879 个样本。其中：lnwage 是工资的对数序列；ed 为教育年限；fe 为性别，它是虚拟变量，0 为男性，1 为女性；union 表示是否为工会会员，它也是虚拟变量，0 为非工会会员，1 为工会会员；white 表示是否为白人，它也是虚拟变量，0 为非白人，1 为白人。

（1）以 lnwage 为被解释变量，ed 和 fe 为解释变量，建立回归模型。

（2）加入 union 和 white 作为解释变量，建立回归模型并对结果进行解释。

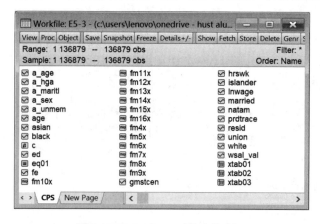

图 5-35　E5-3.WF1 工作文件窗口

第 6 章　违背经典线性回归模型假设的修正

经典线性回归模型（CLRM）有无偏性、同方差、随机误差项之间无序列自相关、随机误差项服从均值为 0 的正态分布等多项假定，从而应用最小二乘法得到线性无偏的参数估计。现实中，大部分经济数据并不符合这样的假定，从而无法通过最小二乘法得到线性、无偏、有效的结果。其中最容易出现违背经典线性回归模型假设的情况包括：多重共线性、异方差、自相关和扰动项等相关问题。对于拟合经典线性回归模型，当遇到上述情况时，通过软件进行优化和修正，可以得到线性、无偏、有效的结果。

在 EViews 中，处理残差的异方差（Heteroskedasticity）和残差同阶相关（Contemporaneous correlation in the residuals）的方法称作系统估计（System Estimation），通过系统估计方法，可以消除异方差和同期相关的影响。常用的系统估计方法如表 6-1 所示。

表 6-1　系统估计的常用方法

英 文 名 称	中 文 名 称	模型适用情况
Two-Stage Least Squares(STSLS)	二阶段最小二乘法	自变量与误差项相关；残差不存在异方差；残差不存在同期相关
Weighted Two-Stage Least Squares(WTSLS)	加权二阶段最小二乘法	自变量与误差项相关；残差存在异方差；残差不存在同期相关
Three-Stage Least Squares(3SLS)	三阶段最小二乘法	自变量与误差项相关；残差存在异方差；残差存在同期相关
Generalized Method of Moments(GMM)	广义矩估计法	扰动项与工具变量无关

6.1　多重共线性

在经典线性回归模型的假设里，多元回归方程的各个解释变量之间不存在线性关系。现实中，多重共线性（Multicollinearity）在多元回归模型中普遍存在。

6.1.1　多重共线性的含义和影响

多重共线性问题是指当多个解释变量之间存在线性相关关系时，即一个解释变量发生变化会引起另一个解释变量也发生变化，它们的关系无法通过单一回归模型来解释，即不能用单一回归模型来证明解释变量 x 和 y 之间的真实关系。

在回归方程中，如果解释变量之间的多重共线性关系较强，则有可能造成以下后果：

（1）如果解释变量之间具有完全的共线性，则它们的回归系数是不确定的，并且它们的方差和标准差无穷大。

（2）如果解释变量之间具有高度共线性，则回归系数可估计但不能准确地被估计，并且有较大的方差和标准误差。

多重共线性产生的原因主要有以下几个：

- ❏ 经济变量之间具有共同变化趋势。
- ❏ 利用截面数据建立的模型也可能出现多重共线性。
- ❏ 模型中包含滞后变量。
- ❏ 变量选择不当。
- ❏ 样本数据自身的原因。

6.1.2　多重共线性的解决方法

根据模型需要，可以通过筛选自变量、增加数据、观察数据和转换数据形式等方法，解决回归方程中的多重共线性问题：

- ❏ 试着从方程中删除一个或多个存在共线性关系的变量。
- ❏ 将高度相关的多个变量转换为比率形式。
- ❏ 收集更多的观察值数据，拉长数据的区间。
- ❏ 将已有数据转换成高频数据。例如，将年度、季度数据转换成月度数据。

6.1.3　逐步回归法

在线性回归方程的拟合过程中，如果模型有多个自变量，则容易遇到多重共线性问题。在模型的拟合过程中，一般需要进行多重共线性检验，方法已经在第 5 章中介绍过。下面通过案例介绍，在 EViews 中如何通过逐步回归法，消除多重共线性问题。

逐步回归法的原理是，在模型拟合过程中，将不显著和共线性关系较强的解释变量逐步剔除出回归模型。

【例 6-1】S6-1.WF1 工作文件存储的是 1999—2019 年中国农业产出的相关数据（见图 6-1），其中：y 是农林牧渔业总产值（亿元），$x1$ 是乡村就业人员（万人），$x2$ 是有效灌溉面积（千公顷），$x3$ 是农药使用量（万吨），$x4$ 是农用柴油使用量（吨），$x5$ 是农业机械总动力（万千瓦），$x6$ 是农村用电量（亿千瓦小时），$x7$ 是农用化肥施用（折纯）量（万吨）。对变量运用最小二乘法进行拟合，检验自变量是否存在多重共线性，并通过逐步回归法消除多重共线性。

本案例需要先进行模型拟合，再检验多重共线性，具体步骤如下。

1. 最小二乘估计

本案例以农、林、牧、渔业的总产值（y）作为被解释变量，乡村就业人员、农业机械总动力、有效灌溉面积、农用化肥施用量、农村用电量、农用柴油使用量、农药使用量作为 7 个解释变量，使用最小二乘估计，得到如图 6-2 所示的结果。观察参数的伴随概率，多个解释变量没有通过显著性检验。

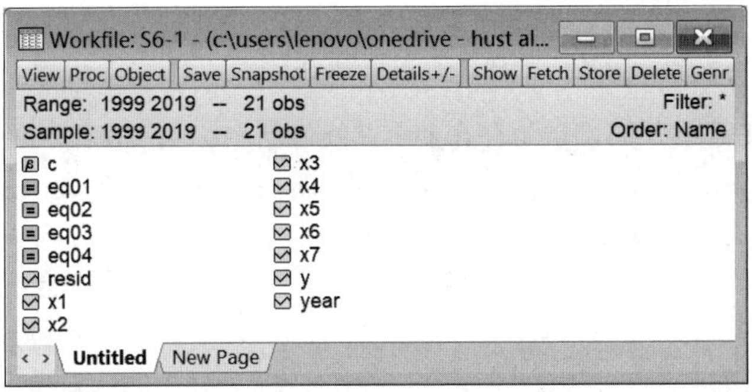

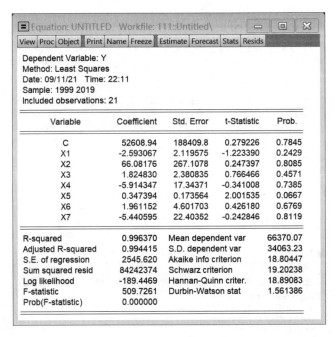

图 6-1　S6-1.WF1 工作文件窗口

图 6-2　最小二乘估计的回归结果

2．多重共线性检验

因为有 7 个解释变量，有些变量显然存在内在的联系，如农用机械总动力和农用柴油使用量，解释变量之间出现共线性的可能性比较大。因此，我们分别对变量进行正式的共线性检验。

（1）对自变量 x1 和 x2 进行共线性检验。对这两个自变量建立线性回归方程，得到如图 6-3 所示的结果，通过 R^2 来计算方差膨胀因子。

$$\mathrm{VIF}_i = \frac{1}{1 - R_i^2} = \frac{1}{1 - 0.318976} = 1.467 \tag{6-1}$$

当 VIF_1 小于 5 时，认为 x1 和 x2 之间基本不存在共线性问题。

（2）对自变量 x1 和 x3 进行共线性检验。对这两个解释变量建立回归模型，得到如图 6-4 所示的结果，通过 R^2 来计算方差膨胀因子。

$$\mathrm{VIF}_i = \frac{1}{1-R_i^2} = \frac{1}{1-0.988546} = 87.306 \tag{6-2}$$

当 VIF_1 大于或等于 5 时，认为存在多重共线性问题；当 VIF_1 大于或等于 10 时，说明解释变量 x_i 与方程中的其余解释变量之间存在严重的多重共线性问题。在这里 $\mathrm{VIF}_1 = 87.306$，可以认为 $x1$ 和 $x3$ 存在严重的多重共线性问题。目前为止，已经可以认为解释变量之间存在着共线性问题。可以继续对其余两个解释变量进行多重共线性检验，此处省略。

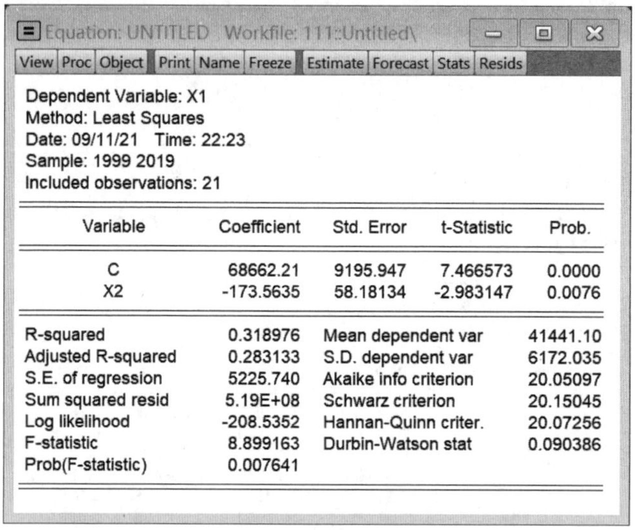

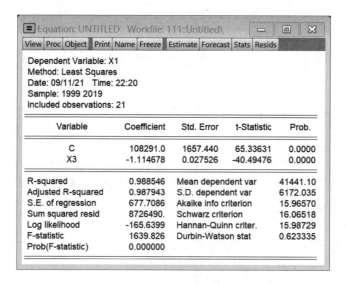

图 6-3　自变量 $x1$ 和 $x2$ 的共线性检验结果

图 6-4　自变量 $x1$ 和 $x3$ 的共线性检验结果

3. 逐步回归法

经过检验，解释变量之间存在严重的共线性问题。接着在 EViews 中通过逐步回归法来试着解决这个问题。在主菜单中选择 Quick | Estimate Equation，弹出如图 6-5 所示的对

话框。我们认为"农村就业人口"（$x1$）是农业总产量中不可或缺的一个重要变量，因此保留这个解释变量，把它作为基准变量，然后和其余的解释变量进行逐个比较。在 Estimation settings 的 Method 下拉列表框中选择 VARSEL-Variable Selection and Stepwise Least Squares，在 Selection method 下拉列表框中选择 Stepwise（如果是 EViews 11 或之前的版本，那么在 Estimation settings 下拉列表框中选择 STEPLS-Stepwise Least Squares）。

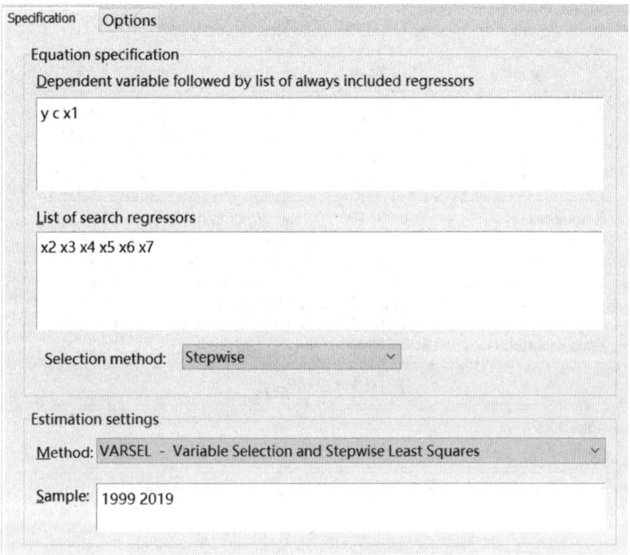

图 6-5　Specification 选项卡

接着选择图 6-6 中的 Options 选项卡，在 Selection Method 中，选择 Forwards（向前筛选）或 Backwards（向后筛选）单选按钮。Stopping Criter 表示停止准则，下面的 p-value 为设定的显著性水平，我们把 p-value forwards 和 p-value backwards 都修改为 0.05，表示不管是向后筛选还是向前筛选，当 t-检验的伴随概率大于 0.05 时，解释变量都会被剔除。单击确定按钮，得到逐步回归法的输出结果，如图 6-7 所示。

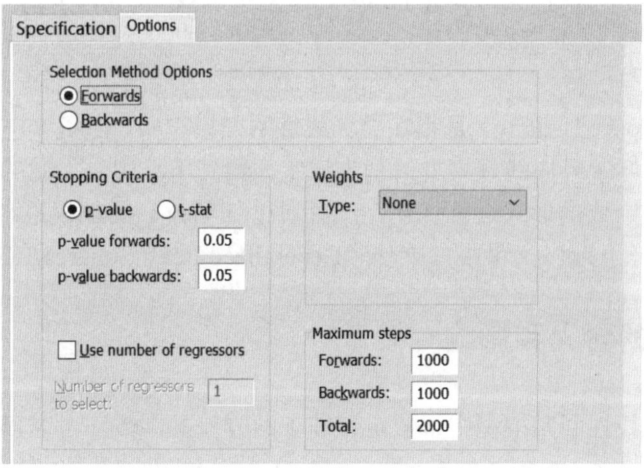

图 6-6　Option 选项卡

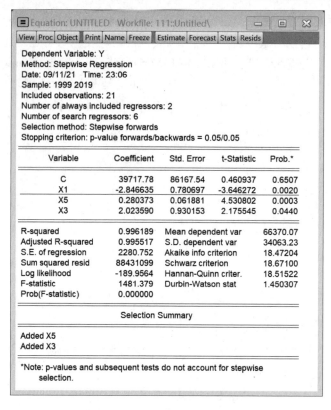

图 6-7　逐步回归法的输出结果

在设定显著性水平为 0.05 的条件下，EViews 软件剔除了解释变量 $x2$、$x4$、$x6$ 和 $x7$，保留了解释变量 $x1$、$x5$ 和 $x3$。

最后，得到的拟合模型如下：

$$y = 39717.78 - 2.847*x1 + 0.28*x5 + 2.0236*x3 \tag{6-3}$$

6.2　异　方　差

异方差（Heteroskedasticity）是指在经典线性回归模型中，随机误差项不能满足同方差假定。异方差性破坏了经典线性模型的基本假定，得到不准确、无效的拟合结果。异方差问题可以通过对原始数据形式进行优化，或者通过 EViews 的加权最小二乘法（Weighted Least Squares，WLS）或广义最小二乘法（Generalized Least Squares，GLS）进行修正。

6.2.1　异方差的含义和影响

在一个经典的线性回归模型中，假定残差项的方差是常数。考虑以下回归模型：

$$Y_t = \beta_0 + \beta_1 x_t + \beta_2 x_{2t} + \beta_3 x_{3t} + \mu_t \tag{6-4}$$

在式（6-4）中，如果残差项的方差不是常数 μ_t，即存在异方差，则：

$$\mathrm{Var}(\mu_t) = \sigma_t^2 \tag{6-5}$$

异方差会给回归方程带来一系列的问题：

- ❑ 普通最小二乘法估计仍然是线性和无偏的，但可能不是最优的估计，可能存在方差更小的估计。
- ❑ 普通最小二乘法估计的标准差往往是错误的，在此标准差基础上的置信区间和假设检验可能是无效的，失去了预测的意义。

6.2.2　EViews 异方差的修正

在 EViews 中，通过加权最小二乘法（WLS）或广义最小二乘法（GLS）来解决回归方程中的异方差问题。GLS 和 WLS 可以看作同一种方法，都是常见的消除异方差的方法。GLS 的原理是对解释变量乘以一个权重，从而使加权后的回归方程方差是相同的。在 GLS 方法中，可以得到估计量的无偏和一致估计，并可以进行 OLS 下的 t-检验和 F-检验。

加权最小二乘法可以看作广义最小二乘法的特殊形式，在方差函数已知的情况下，修正 GLS 估计的异方差性，其原理是，对于误差项方差越大的观察值，就赋予越小的权数。而在 GLS 或 OLS 中，每个观察值的权数是一样的。

GLS 和 WLS 估计的难点在于如何设定权重，常见的权重可以选取解释变量的倒数、解释变量平方的倒数、解释变量平方根的倒数等。

如果已知异方差形式，则可以直接考虑应用广义最小二乘法估计。假设一个异方差的序列和另一个变量 z_t 相关，式（6-5）可以写为：

$$\text{Var}(\mu_t) = \sigma_t^2 z_t^2 \tag{6-6}$$

要去除等式中的异方差，在回归方程式（6-4）两边都除以 z_t，修正后的模型如下：

$$\frac{Y_t}{z_t} = \frac{\beta_0}{z_t} + \beta_1 \frac{x_t}{z_t} + \beta_2 \frac{x_{2t}}{z_t} + \beta_3 \frac{x_{3t}}{z_t} + v_t \tag{6-7}$$

其中，$v_t = \dfrac{u_t}{z_t}$，则：

$$\text{Var}(v_t) = \text{Var}\left(\frac{u_t}{z_t}\right) = \frac{\text{Var}(u_t)}{z_t^2} = \frac{\sigma_t^2 z_t^2}{z_t^2} = \sigma_t^2 \tag{6-8}$$

经过权重处理可以发现，回归方程残差项的方差恢复到了 $\text{Var}(\mu_t) = \sigma_t^2$，表明异方差得到了消除。而式（6-4）的修正模型可以表达如下：

$$Y_t^* = \beta_0 + \beta_1 x_t^* + \beta_2 x_{2t}^* + \beta_3 x_{3t}^* + \mu_t^* \tag{6-9}$$

在式（6-9）中，用 Y_t^* 对 x_t^*、x_{2t}^* 和 x_{3t}^* 进行回归，得到的估计量最优且无偏，这种方法即是广义最小二乘法。

6.2.3　加权最小二乘法

广义最小二乘法和加权最小二乘法都使用了权重序列，下面以加权最小二乘法为例，在 EViews 软件中进行操作。

【例 6-2】工作文件 S6-2.WF1 存储的是 40 个家庭的每周收入和食品支出数据（见图 6-8），*income* 为每周的收入，food_exp 为食品支出。通过加权最小二乘法，建立收入和食品支出的模型。

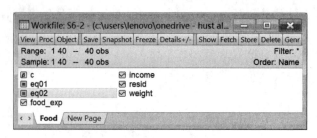

图 6-8　S6-2.WF1 工作文件窗口

1．建立回归模型

在本例中，收入 *income* 为解释变量，食品支出 food_exp 为被解释变量，建立收入和食品支出的模型：

$$\text{food\_exp} = \alpha + \beta * \text{income} + \mu \tag{6-10}$$

2．对模型进行最小二乘估计

打开工作文件 S6-2.WF1，在主菜单中依次选择 Quick | Estimate Equation，在弹出的对话框中选择 Specification 选项卡，在 Equation specification 文本框中输入 food_exp c income，3 个变量之间用空格隔开，得到如图 6-9 所示的收入和食品支出的回归结果。

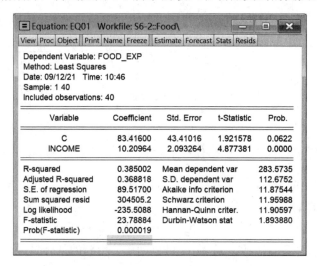

图 6-9　收入和食品支出的回归结果

3．异方差检验

1）图形检验法

通过图形可以比较直观地观察变量之间的关系。利用序列图、散点图或残差序列图，可以对模型是否存在异方差进行初步检验。如果图中被解释变量或残差的序列值随着解释变量的值变化较大，则模型可能存在异方差，需要进一步进行统计学上的检验。

在图 6-9 所示的窗口中依次单击 View | Actual, Fitted, Residual | Residual Graph，得到如图 6-10 所示的回归结果的残差序列图。从图 6-10 中可以看到，随着样本的增加，曲线围绕横轴的起伏越来越大，序列图按照收入的值由小到大排列，并且它们的残差值也随之越来越大，这是典型的异方差图形。

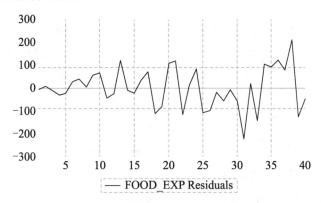

图 6-10　回归结果的残差序列图

进一步观察收入和残差的散点图。依次在 EViews 主菜单中选择 Quick | Graph，弹出 Series List 对话框，在其中依次输入 income resid，两个变量之间用空格隔开；接着在 Graph Options 对话框的 Specific 中选择 Scatter；在 Graph Type 中依次选择 Axes & Scaling | Data axis labels，在零线选项中选择 Zero line, background（见图 6-11）。单击 OK 按钮，得到如图 6-12 所示的散点图。从图 6-12 中可以看到，随着收入（income）值的增加，残差的绝对值离图中间零线（横轴线）的距离越来越大，说明存在明显的异方差特征。

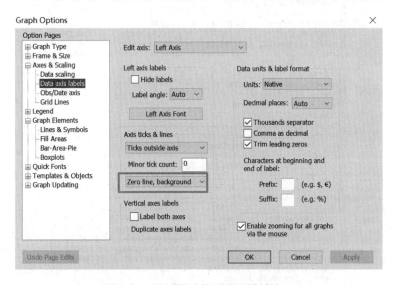

图 6-11　设置图形的零线（横轴线）

2）通过残差诊断进行检验

在 EViews 中，有多种异方差检验方法，在回归结果窗口（参考图 6-9）中，依次单击 View | Residual Diagnostics | Heteroskedasticity Tests，弹出如图 6-13 所示的异方差检验设置对话框，其中有 6 种异方差检验方法，通常选择怀特（White）异方差检验。单击 OK 按钮，

得到如图 6-14 所示的怀特异方差检验输出结果。

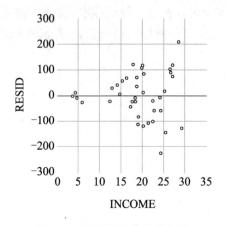

图 6-12　收入和残差的散点图

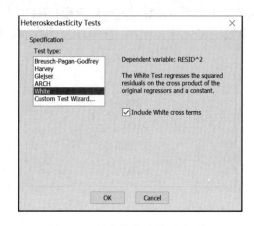

图 6-13　异方差检验设置对话框

怀特检验借助一个辅助方程来实现，方程的因变量是 $resid^2$，F-statistic 是辅助方程的整体显著性水平；Obs*R-squared 是怀特检验的统计量 NR^2。原假设是回归方程的残差为同方差，备择假设是回归方程的残差为异方差。图 6-14 已经给出了 Obs*R-squared 统计量的值为 7.555079，它的伴随概率为 0.0229，小于设定的显著性水平 0.05，因此拒绝原假设，接受备择假设，认为残差存在异方差。

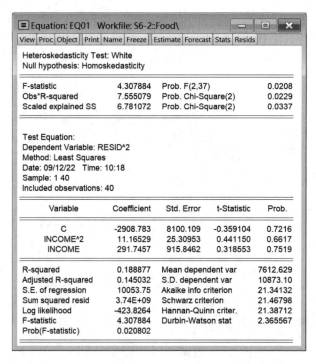

图 6-14　回归方程的怀特异方差检验输出结果

4．建立权重序列

本例直接使用收入的平方根的倒数作为权重序列。通过 Generate 窗口单独生成一个新的权重序列（见图 6-15），在工作窗口中单击 Generate，弹出 Generate Series by Equation 对话框，在 Enter equation 文本框中输入 weight=1/sqr(income)，生成一个名为 weight 的权重序列，即收入 income 平方根的倒数：

$$\text{weight} = \frac{1}{\sqrt{\text{income}}} \tag{6-11}$$

接着在主菜单中依次选择 Quick | Estimate Equation，弹出 Equation Estimation 对话框，选择 Option 选项卡，在 Weights（权重）选项组的 Type 下拉列表框中选择 inverse std. dev.，在 Weight series 文本框中输入图 6-15 中生成的权重序列 weight，也可以直接输入 1/sqr(income)（见图 6-16）。

在 Weights 选项组中，Type 有 4 个选项：如果权重与方差成比例，则选 variance；如果权重与标准差成比例，则选 Std. deviation；如果权重与方差的倒数成比例，则选 Inverse variance；如果权重与标准差的倒数成比例，则选 Inverse std. dev.。通常情况下，异方差都是与方差的倒数或标准差的倒数成比例，因此选择 Inverse variance 或 Inverse std. dev.的情况较多。Scaling 选项选择 EViews default（默认值）即可。

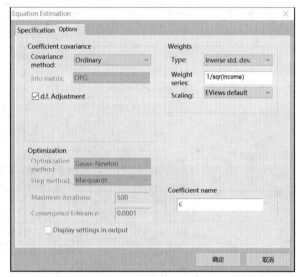

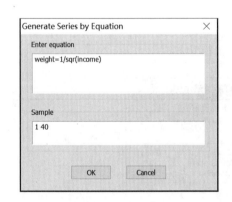

图 6-15　利用 Generate 直接生成权重序列　　　图 6-16　直接输入权重表达式

5．加权最小二乘法估计

图 6-17 是加权最小二乘法估计的模型结果，Weighted Statistics 部分是加权最小二乘法估计的统计量，Unweighted Statistics 部分是未进行加权最小二乘法估计的统计量。对比加权前后的统计量，加权后模型的拟合优度得到了较大提高。

6．对加权模型进行异方差检验

在图 6-17 所示的模型输出窗口中依次选择 Views | Residual Diagnostics | Heteroskedasticity Tests，弹出 Heteroskedasticity Tests 对话框。在 Test type 下拉列表框中选择 White 检验方法，单击 OK 按钮，得到如图 6-18 所示的异方差检验结果。

F-statistic 是辅助方程的整体显著性的 F 统计量，Obs*R-squared 的右边为怀特检验的

统计量 NR^2 的值 5.652347，它的伴随概率 0.0592，大于设定的显著性水平 0.05，因此不拒绝原假设，可以认为通过加权处理，消除了残差的异方差，模型结果不存在异方差问题。

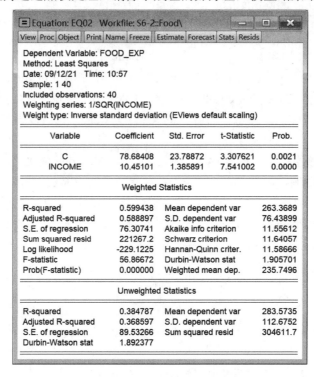

图 6-17　加权最小二乘法估计的模型结果

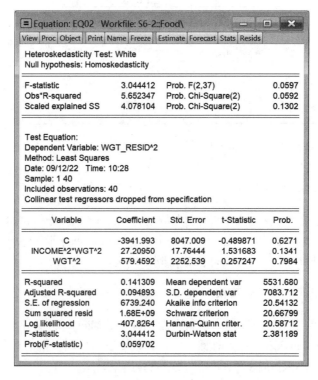

图 6-18　加权最小二乘法模型的异方差检验结果

6.3　自　相　关

回归模型建立之后，需要对残差进行自相关检验。如果残差存在自相关（Autocorrelation）问题，那么模型可能是不显著的，同时模型中的参数可能是无效的，模型就失去了解释和预测的意义。自相关问题可以通过广义最小二乘法（Generalized Least Squares，GLS）或广义差分法（Generalized Difference Method，GDM）进行修正。

6.3.1　自相关的原理

如果一个线性回归模型是显著和有效的，那么它的残差应当是一个随机序列，也就是说序列值之间没有任何的相关性。如果模型的残差不是随机序列，则说明模型对于数据之间相关关系的信息提取不充分，即残差序列存在自相关问题。只有当模型残差序列是一个随机序列（白噪声序列），并且残差之间不存在任何可以继续提取的信息时，模型才显著有效。

1 阶序列自相关可以写作：

$$y_t = \beta \mathrm{x}_t + u_t \tag{6-12}$$

$$u_t = \rho \mathrm{u}_{t-1} + \varepsilon_t, 0 \leqslant |\rho| < 1 \tag{6-13}$$

式（6-12）和式（6-13）为最简单的 1 阶自相关模型，误差项只和 1 阶滞后项有关。

在式（6-13）中，u_t 为误差项，它由自回归项 $\rho \mathrm{u}_{t-1}$ 和新息过程 ε_t 共同组成。显然，误差项由自回归项 $\rho \mathrm{u}_{t-1}$ 决定，这时候式（6-13）是一个 AR(1) 模型。如果 $\rho = 0.8$，则说明 80% 的误差来自它的 1 阶滞后项；如果 $\rho = 0$，那么序列不存在残差自相关。当模型的残差存在高阶自相关问题时，可以把残差项单独看作一个 ARMA 模型（ARMA 模型的相关内容，可参看本书第 7 章）。

当变量为非时间序列时，残差存在自相关的可能性较小。如果变量是时间序列，一般会存在自相关问题。产生自相关问题，主要有以下几个原因：

❑ 经济变量存在的惯性和黏性特征。经济数据往往是时间序列，当期变量的值会通过惯性影响今后的数据。例如，国内生产总值、价格指数和就业率等，都具有这样的特征。

❑ 遗漏了解释变量。当被遗漏的解释变量和滞后项相关时，则会出现残差的自相关性。

❑ 模型设定错误。当模型发生错误时，拟合的结果容易出现自相关性。例如，变量之间并非只存在线性关系，可能还存在非线性的关系。

❑ 数据错误。如果获得的数据存在错误或被修改过，如变量值存在度量错误，则可能会出现自相关性。

❑ 其他原因。序列不稳定、解释变量中存在滞后项、农产品的蛛网效应等，都可能会出现自相关性。

6.3.2　自相关的检验和修正

线性回归模型的自相关检验主要有以下几种方法:

❏ 绘制模型的残差图。对残差序列和它的 1 阶滞后序列建立散点图,进行简单直观的判断。图形法只能作为参考。

❏ Durbin-Watson 统计量检验(DW 检验)。DW 检验有较多的限制,例如,它只能检验序列 1 阶自相关,同时残差必须是同方差等。在经典线性回归方程中,如果变量是时间序列,那么 DW 值一般只作为参考。

在 EViews 软件中,回归结果中直接给出了 DW 统计量的值,不需要另外计算。DW 统计量的值在 0～4 之间:等于 2 的时候,序列不存在自相关性;大于 2 的时候,序列存在负相关;小于 2 的时候,序列存在正相关。一般来讲,DW 值在 1.5～2.5 之间时,自相关问题不会造成较严重的后果;如果 DW 值小于 1.5 或大于 2.5,则有较严重的自相关性,需要进一步检验。

❏ 残差自相关的 Q-检验。在回归输出结果窗口中选择 View | Residual Diagnostics | Correlogram Q-statistics,打开残差序列的相关图(Correlogram of Residuals),判断 Q-统计量和它的伴随概率。原假设是残差序列不存在自相关性,备择假设是残差序列存在自相关性。如果伴随概率大于设定的显著性水平 0.05,则不能拒绝原假设,认为残差序列不存在自相关性;反之,认为残差序列存在自相关性。

❏ 残差自相关的 LM 检验。在回归输出结果窗口中选择 View | Residual Diagnostics | Serial Correlation LM test,得到 LM 检验的结果,通过 Obs*R-squared 统计量和它的伴随概率,判断序列是否存在自相关性。原假设是残差序列不存在自相关性,备择假设是序列存在自相关性。如果伴随概率大于设定的显著性水平 0.05,不能拒绝原假设,认为残差序列不存在自相关性;反之则认为残差序列存在自相关性。

在 EViews 软件中操作,一般只需要直接进行自相关的 Q-检验和 LM 检验即可。

对于自相关问题的修正,常见的两种处理方法是广义最小二乘法和广义差分法。

❏ 广义最小二乘法实际上是对误差项建立一个 ARMA 模型,模型可以包括误差项的自回归项(AR)和移动平均项(MA),再进行最小二乘法估计,从而达到消除序列自相关性的目的。回归方程残差的自相关性,大多数是由于解释变量存在滞后项,即解释变量的滞后期对当期存在影响。解决滞后项问题的思路,就是在回归方程中增加误差项的自回归项和移动平均项作为新的解释变量。使用广义最小二乘法进行估计,需要判断在模型中加入几期残差的滞后项。

❏ 广义差分法,是对解释变量和被解释变量进行差分转换后,再进行普通最小二乘法估计,从而消除模型残差的自相关性。有些教材中也把广义差分法作为广义最小二乘法的一部分。进行广义差分法转换,需要计算残差序列的自相关系数 ρ,它的公式如下:

$$\rho = 1 - \frac{DW}{2} \tag{6-14}$$

其中,DW 值可以在 EViews 软件进行回归方程拟合的结果中得到,即在回归结果输出窗口中，统计量列表中的 Durbin-Watson stat 值。

回归方程的自相关系数 ρ 的 $|\rho| \leqslant 1$，ρ 的绝对值越接近于 1，自相关性就越强。

对于以下的一元经典回归模型：

$$Y_i = \beta_0 + \beta_1 X_i + \mu_i \tag{6-15}$$

如果存在自相关性，则 $\mu_i = \rho * \mu_{i-1} + \varepsilon_i$，回归方程的两边同时乘以自相关系数 ρ，经过差分转换，可以推导出如下方程：

$$Y_i^* = \beta_0 + \beta_1 X_i^* + \varepsilon_i \tag{6-16}$$

其中：$Y_i^* = Y_i - \rho Y_{-1}$，$X_i^* = X_i - \rho X_{-1}$

广义差分法中的自相关系数是通过 DW 值得到的，因为 DW 值有较多的限制，因此这种方法可能只对包含低阶滞后项的方程有效，目前，计量经济学家很少使用这种方法。

6.3.3　广义最小二乘法

EViews 使用广义最小二乘法来消除模型的残差自相关问题。它的原理是在解释变量中加入误差项的自回归项（AR）或移动平均项（MA），进而消除序列的自相关性。GLS 方法需要对滞后期进行判断，可以通过多次尝试来确定滞后期；也可以通过 LM 检验，判断在模型中需要加入几期滞后项。

【例 6-3】工作文件 S6-3.WF1 存储的是 1959 年第 1 季度至 1996 年第 1 季度全国个人消费数据（见图 6-19），序列 gc 为全国的个人消费支出，序列 gca 为全国的个人汽车消费支出，序列 gwy 为全国的个人收入，序列 gyd 为全国的个人可支配收入，序列 r 为短期国债利率。对序列 gca 和 gyd 建立回归模型，如果模型的残差存在自相关性，则使用广义最小二乘法进行修正。

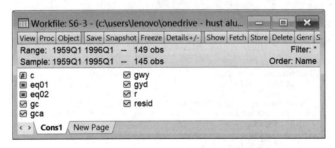

图 6-19　S6-3.WF1 工作文件窗口

1. 建立回归模型

在本例中，序列 gca 为被解释变量，序列 gyd 为解释变量，建立二者的理论回归模型：

$$gca_t = \alpha + \beta * gyd_t + \mu_t \tag{6-17}$$

2. 对模型进行最小二乘估计

打开工作文件 S6-3.WF1，在主菜单中依次选择 Quick | Estimate Equation，在弹出的对话框中选择 Specification 选项卡，在 Equation specification 文本框中输入 gca c gyd，3 个变

量之间用空格隔开，得到如图 6-20 所示的回归结果。

3．自相关检验

对图 6-20 所示的回归结果，分别进行 Q 自相关检验和 LM 自相关检验。

1）残差自相关的 Q-检验

对回归结果进行 Q-检验，得到如图 6-21 所示的残差序列的相关图。可以看出，Q-统计量的伴随概率均接近于 0，小于设定的显著性水平 0.05，拒绝原假设，说明残差序列存在自相关性。

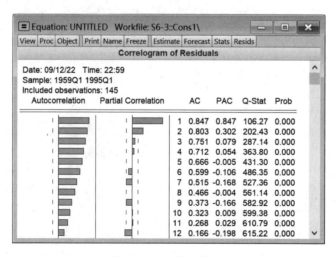

图 6-20　序列 gyd 和 gca 的回归结果

图 6-21　Q-检验结果

2）残差自相关的 LM 检验

对回归结果进行 Q-检验，得到如图 6-22 所示的 LM 检验的结果。其中，Obs*R-squared 统计量的值为 113.0077，它的伴随概率接近于 0，远远小于设定的显著性水平 0.05，因此拒绝原假设，说明残差序列存在相关性，并且极有可能存在高阶自相关性。

在图 6-22 中，下方为辅助回归结果，将残差 RESID 作为被解释变量，它的滞后项作为解释变量，建立回归模型。由图 6-22 显示的回归结果可以看出，解释变量包含残差 RESID 的 1 阶滞后项 RESID(-1) 和 2 阶滞后项 RESID(-2)，它们的 t-统计量的伴随概率均接近于 0，小于设定的显著性水平 0.05，说明 1 阶滞后项和 2 阶滞后项均显著有效。也就是说，在进行广义最小二乘法估计时，解释变量中可能需要加入残差项滞后一期项和滞后二期项。模型可以改写为如下形式：

$$\text{gca}_t = \alpha + \beta * \text{gyd}_t + \mu_t \tag{6-18}$$

$$\mu_t = \rho_1 \mu_{t-1} + \rho_2 \mu_{t-2} + \varepsilon_t \tag{6-19}$$

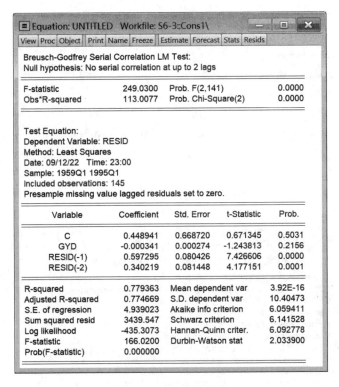

图 6-22　LM 检验结果

4．广义最小二乘估计

打开工作文件 S6-3.WF1，在主菜单中依次选择 Quick | Estimate Equation，在弹出的 Equation Estimation 对话框中选择 Specification 选项卡，在 Equation specification 文本框中输入 gca c gyd ar(1) ar(2)，5 个变量之间用空格隔开（见图 6-23）；Method 选择 LS-Least Squares(NLS and ARMA)。在 Option 选项卡下的 ARMA 下拉列表框中提供了 3 种估计方法，即 ML（最大似然估计）、GLS（广义最小二乘法估计）和 CLS（条件最小二乘法估计），这里选择 GLS（见图 6-24）；最后单击 OK 按钮，得到如图 6-25 所示的回归结果。

从图 6-25 中得到的回归模型如下：

$$\text{gca}_t = 15.241 + 0.0159 * \text{gyd}_t + \hat{\mu}_t \tag{6-20}$$

$$\hat{\mu}_t = 0.596\hat{\mu}_{t-1} + 0.34\hat{\mu}_{t-2} + \hat{\varepsilon}_t \tag{6-21}$$

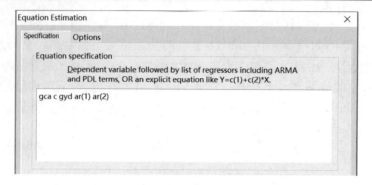

图 6-23　加入残差滞后项的最小二乘估计

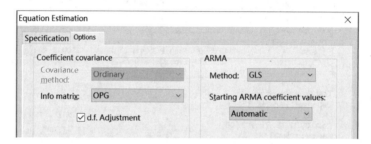

图 6-24　ARMA 模型估计选项

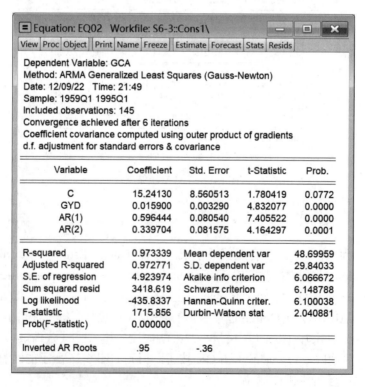

图 6-25　广义最小二乘估计结果

5．残差检验

对图 6-25 所示的回归结果残差进行 Q-检验和 LM 检验，分别得到图 6-26 和图 6-27 所示的输出结果。从图 6-26 中可以发现，Q-统计量的伴随概率基本都大于设定的显著性水平 0.05，尤其是低阶滞后项。原假设是残差序列不存在自相关，不拒绝原假设，说明残差不存在自相关。

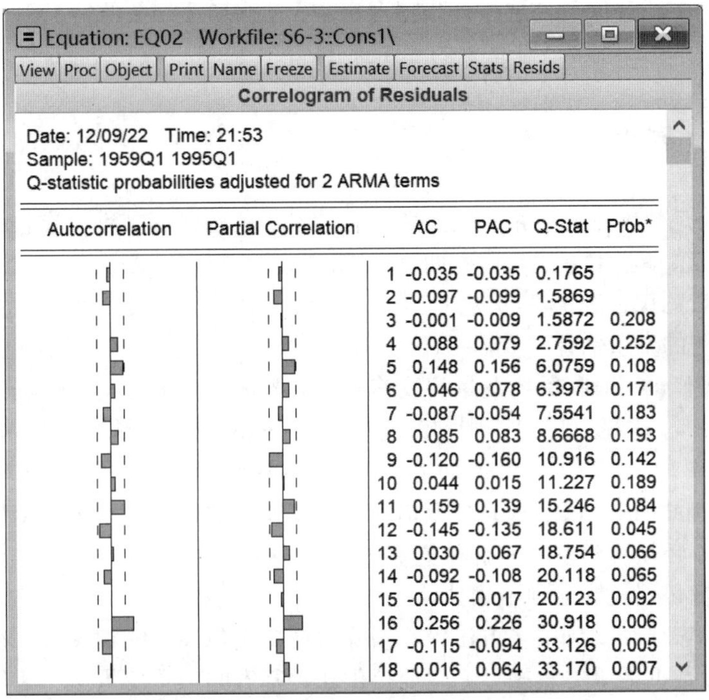

	AC	PAC	Q-Stat	Prob*
1	-0.035	-0.035	0.1765	
2	-0.097	-0.099	1.5869	
3	-0.001	-0.009	1.5872	0.208
4	0.088	0.079	2.7592	0.252
5	0.148	0.156	6.0759	0.108
6	0.046	0.078	6.3973	0.171
7	-0.087	-0.054	7.5541	0.183
8	0.085	0.083	8.6668	0.193
9	-0.120	-0.160	10.916	0.142
10	0.044	0.015	11.227	0.189
11	0.159	0.139	15.246	0.084
12	-0.145	-0.135	18.611	0.045
13	0.030	0.067	18.754	0.066
14	-0.092	-0.108	20.118	0.065
15	-0.005	-0.017	20.123	0.092
16	0.256	0.226	30.918	0.006
17	-0.115	-0.094	33.126	0.005
18	-0.016	0.064	33.170	0.007

图 6-26　广义最小二乘估计结果的 Q-检验

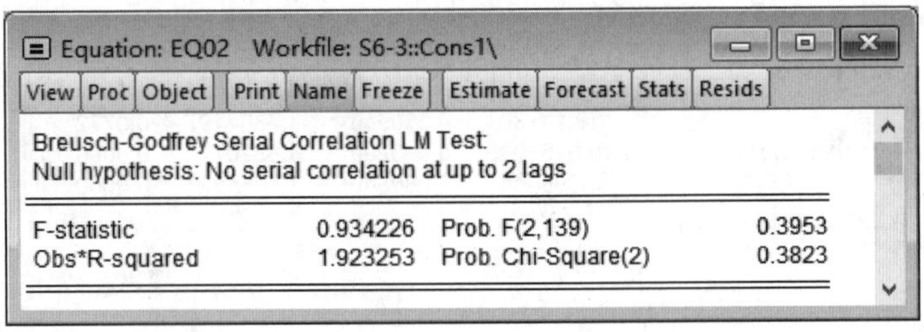

Breusch-Godfrey Serial Correlation LM Test:
Null hypothesis: No serial correlation at up to 2 lags

F-statistic	0.934226	Prob. F(2,139)	0.3953
Obs*R-squared	1.923253	Prob. Chi-Square(2)	0.3823

图 6-27　广义最小二乘估计结果的 LM 检验

从图 6-27 中可以发现，LM 检验的 Obs*R-squared 统计量的值为 1.923253，它的伴随概率为 0.3823，大于设定的显著性水平 0.05。原假设是残差序列不存在相关性，不拒绝原假设，说明序列已经不存在高阶自相关。

也可以在图 6-24 中选择 CLS（条件最小二乘估计），得到的结果是，AIC 和 SC 的值略优于使用 GLS 估计得到的值。

6.4　扰动项相关

回归分析有一个基本假设，即方程右侧的解释变量（Explanatory Variables）和扰动项（Disturbance term）是不相关的（Uncorrelated）。如果扰动项和解释变量仍然存在相关性，则说明在扰动项中还有信息需要进一步提取出来。在扰动项相关的情况下，无论是 OLS 模型或加权的 LS 模型，都可能是有偏的（Biased）和不一致的（Inconsistent）。

6.4.1　扰动项原理

扰动项相关是建模过程中常见的问题，有大量相关的研究文献。导致解释变量和扰动项相关的原因有很多，常见的是以下两种情况：
- 方程的右侧包含确定性的内生变量。
- 方程右侧的变量估计错误。

为了便于操作，一般将解释变量和残差相关问题称为内生的（Endogenous）。同样，如果解释变量和残差不存在相关性，则称为是外生的（Exogenous）或预设的（Predetermined）。

为了解决模型的扰动项相关问题，标准的做法是在回归估计中加入工具变量（Instrumental Variables），通过工具变量消除扰动项的相关性。对于工具变量有两个要求：
- 工具变量必须和模型中的解释变量相关。
- 工具变量必须和扰动项不相关。

计量经济学家已经找到很多方法可以消除解释变量与残差的相关性，在 EViews 软件中，对于非面板数据的单方程模型，主要提供 3 种基本的工具变量法：两阶段最小二乘法（TSLS），包括线性和非线性估计；有限信息最大似然法和 K 类估计（LIML）；以及广义矩估计（GMM）。因为广义矩估计应用非常广泛，OLS 和 TSLS 等都算是它的特殊形式，所以使用工具变量的方法也称为 GMM。

在 EViews 软件中，对于面板数据的工具变量法，属于多方程（Multiple Equation Analysis）分析范畴。

6.4.2　二阶段最小二乘法

二阶段最小二乘法（Two-Stage Least Squares，TSLS 或 2SLS）是应用最广泛的工具变量法，建模过程分为两个阶段：第一阶段，找出工具变量对内生变量和外生变量的贡献率，通过 OLS 方法得到解释变量的估计值；第二阶段，根据第一阶段得出的比原始变量更为合适的解释变量估计值，再进行回归估计，得到的系数值即为 TSLS 的估计值。

上述两个阶段的回归估计均由 EViews 软件完成，但需要注意以下 3 点：
- 工具变量的个数不能少于被估计的系数个数。
- 与扰动项无关的所有解释变量都应当作为工具变量。
- EViews 默认以常数项作为工具变量，如果不希望以常数项作为工具变量，则需要在对话框的 Include a constant 选项框内进行设置。

在 EViews 中进行两阶段最小二乘法估计，右击鼠标，在弹出的快捷菜单中依次选择 Object | New Object | Equation，或者在主菜单中选择 Quick | Estimate Equation，弹出如图 6-28 所示的 Equation Estimation 对话框，在 Estimation settings 的 Method 下拉列表框中选择 TSLS－Two-State Least Squares(TSNLS and ARMA)，进行 TSLS 估计。在 Equation specification 文本框中输入解释变量和被解释变量，在 Instrument list 文本框中输入工具变量名称。

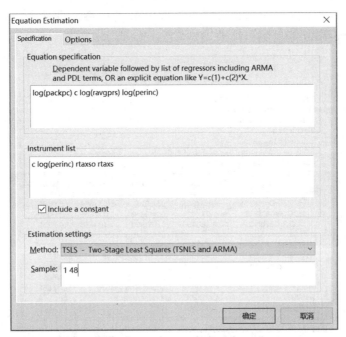

图 6-28　TSLS 的 Equation Estimation 对话框

【例 6-4】工作文件 S6-4.WF1 存储的是 1995 年美国各州的香烟消费数据（见图 6-29），其中，序列 packpc 为人均香烟消费量，序列 ravgprs 为每盒香烟的价格，序列 perinc 为人均收入，序列 rtaxso 为香烟的州平均消费税，序列 rtaxs 为香烟特别税。以 packpc 的对数序列为因变量，序列 ravgprs 和 perinc 的对数序列为自变量，序列 rtaxso 和 rtaxs 为工具变量，应用两阶段最小二乘法进行回归方程的拟合。

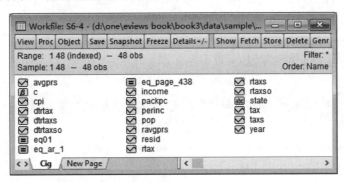

图 6-29　S6-4.WF1 工作文件窗口

本案例来自詹姆斯·H·斯托克（James H. Stock）和马克·W·沃森（Mark W.Waston）

的 *Introduction to Econometrics*（《计量经济学导论》），需要 3 个估计参数（1 个常数项和 2 个系数），因此工具变量设置为 4 个，超过需要估计参数的个数，序列 perinc 为解释变量并作为工具变量。本案例采用怀特协方差估计来估计标准差。

在图 6-28 所示的对话框中选择 Specification 选项卡，在 Equation specification 下方输入 log(packpc) c log(ravgprs) log(perinc)，中间以空格间隔；在 Instrument list 下方的文本框中输入工具变量 c log(perinc) rtaxso rtaxs，中间以空格间隔。选择 Options 选项卡，在 Coefficient covariance matrix 下拉列表框中选择 White，即怀特协方差估计。单击"确定"按钮，得到如图 6-30 所示的输出结果。

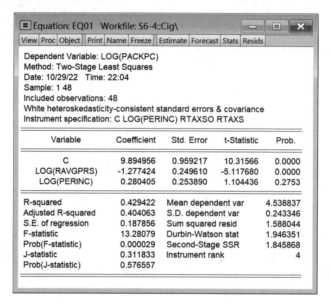

图 6-30　TSLS 的估计结果

两阶段最小二乘法的输出结果和 OLS 的输出结果基本一样，只是在下方多出了 3 个统计量：Instrument rank、J-statistic 和 J-statistic 的伴随概率。其中：Instrument rank 是工具变量的数量，本例是 4 个；J-statistic 即 Hansen J 统计量，用于过度识别检验（Test of Over-Identifying），我们希望 J-statistic 的伴随概率大于设定的显著性水平 0.05。在输出窗口中，依次选择 View | IV Diagnostics & Tests，可以对解释变量的内生性和工具变量进行检验。

6.4.3　LIML 与 GMM 方法

LIML 估计方法在实际工作中不常使用，但经过近几年的研究发现，当工具变量的工具性较弱时，LIML 可能会获得比 TSLS 更精确的结果。

在主菜单中选择 Quick | Estimate Equation，在 Method 下拉列表框中选择 LIML-Limited Information Maximum Likelihood and K-class，进入 LIML 估计的设置对话框（见图 6-31）。同样，在图 6-31 所示的 Method 下拉列表框中选择 GMM-Generalized Method of Moments，进入 GMM 估计的设置对话框（见图 6-32）。在该对话框中的操作和前面类似，不再赘述。

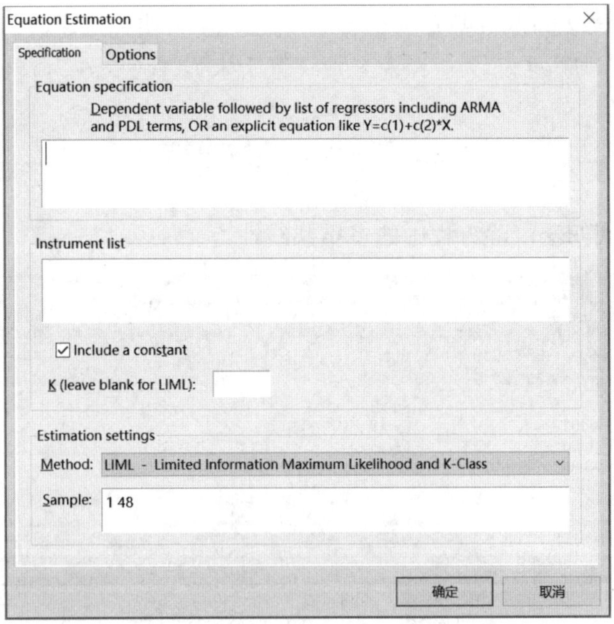

图 6-31　LIML 估计对话框

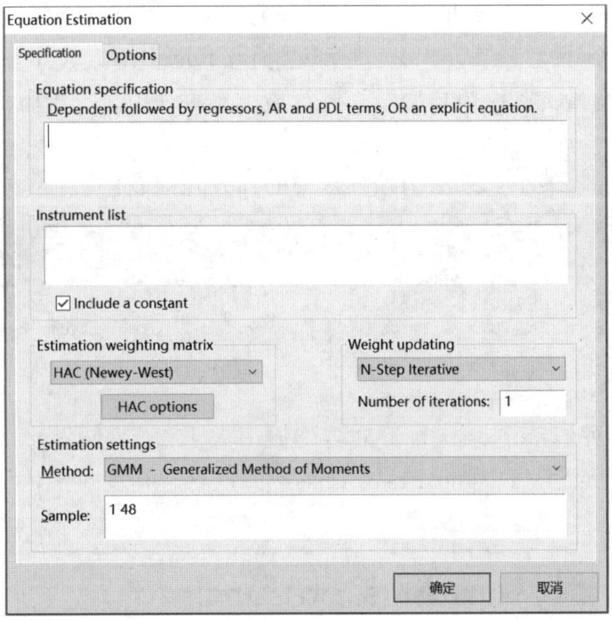

图 6-32　GMM 估计对话框

6.5　上　机　练　习

1. 工作文件 E6-1.WF1 存储的是 1990～2019 年中国历年邮政行业营业网点及业务量统计数据（见图 6-33），其中，序列 y 为邮政行业业务总量（亿元），序列 x1 为营业网点数量（万处），序列 x2 为函件数量（亿件），序列 x3 为快递数量（万件），序列 x4 为报刊期发数量（万份），序列 x5 为邮路总长度（万千米），序列 x6 为农村投递路线长度（万千米）。

（1）以 y 为因变量，其余为自变量，进行最小二乘法拟合，检验自变量是否存在多重共线性。

（2）通过逐步回归法消除方程中的多重共线性。

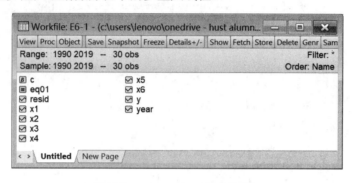

图 6-33　E6-1.WF1 工作文件窗口

2．工作文件 E6-2.WF1 存储的是 1997～2019 年中国历年电信业业务量统计数据（见图 6-34），其中，序列 y 为电信业务总量（亿元），序列 x1 为移动电话用户数量（万户），序列 x2 为固定电话用户数量（万户），序列 x3 为互联网上网人数（万人）。

（1）以 y 为因变量，其余为自变量，进行最小二乘法拟合，检验模型是否存在异方差问题。

（2）尝试通过加权最小二乘法消除方程中的异方差问题。

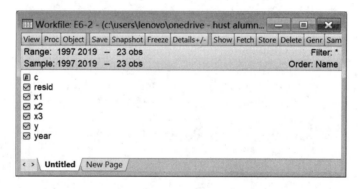

图 6-34　E6-2.WF1 工作文件窗口

3．工作文件 E6-3.WF1 存储的是 1981～2020 年中国货物运输量与公路货运量的统计数据（见图 6-35），其中，序列 freight 为货物运输量（万吨），序列 highway 为公路货运量（万吨）。

（1）以 highway 的对数序列为自变量，feight 的对数序列为因变量，建立 OLS 模型。

（2）判断模型是否存在残差自相关。

（3）如果模型存在残差自相关，通过广义最小二乘法消除模型的自相关性。

图 6-35　E6-3.WF1　工作文件窗口

4．为了验证货币数量理论，在工作文件 E6-4.WF1（见图 6-36）中存储了相关的数据。其中：序列 inflat 是物价的增长率，序列 money 是货币供应量的增长率，序列 output 是经济增长率；序列 initial 是人均 GDP 的初始值；序列 inv 是 GDP 的平均投资份额；序列 poprate 是人口平均增长率；序列 school 是人口的教育水平指标。

（1）以 inflat 作为因变量，money 和 output 作为自变量，建立 OLS 模型。

（2）一般认为变量 output 可能具有内生性，因此将变量 initial、inv、poprate 和 school 作为工具变量，重新进行 TSLS 估计。

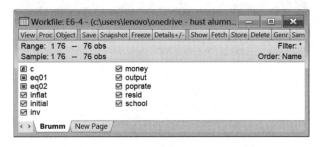

图 6-36　E6-4.WF1　工作文件窗口

第 3 篇
EViews 时间序列模型

时间序列模型在数理统计和计量经济学中非常重要，在经济和金融、自然科学和工业制造等领域应用广泛。本篇内容包括时间序列的经典量化分析方法，以及 ARMA 模型、ARIMA 模型、条件异方差模型、向量自回归模型和误差修正模型在 EViews 中的操作。时间序列分析是 EViews 软件擅长的分析领域。

第 7 章　时间序列模型与预测

时间序列是按照时间顺序排列的一组随机变量，一般来讲，它们之间的间隔是固定时间单位，常见的有分钟、日、月、季度和年等。时间序列数据反映随机变量随时间不断变化的趋势，研究随机变量最终的目的是找出规律，进行解释和预测。时间序列通常记作 $X_1, X_2, \cdots, X_t$，也可以记作 $\{X_t, t \in T\}$ 或 $\{X_t\}$。对于获得的 n 个时间序列观察值（样本），记作：

$$\{x_1, x_2, \cdots, x_n\} \text{ 或 } \{x_t, t = 1, 2, \cdots, n\} \tag{7-1}$$

影响经济和金融时间序列的变量可能非常多，基本上不可能找出它们之间的复杂关系，用回归方法进行分析可能并不是最好的选择。时间序列分析是用过去的数据来解释现在，预测未来，简化整个分析的过程。经典时间序列分析包括 ARMA 模型、AR 模型与 MA 模型的拟合过程，上述模型都是建立在平稳和非随机的时间序列基础上的。此外，ARIMA 模型则是非平稳时间序列经过差分变换后建立的模型。本章主要介绍在 EViews 中如何建立无季节效应的时间序列模型。

7.1　平稳性和纯随机性

在分析时间序列之前需要进行预处理，主要包括对序列平稳性和纯随机性的检验。在传统的时间序列分析框架中，只有同时具备平稳性和非纯随机性的时间序列，才有进一步研究的必要。

7.1.1　平稳性

平稳性是时间序列分析中最重要的一个统计特征，平稳时间序列是传统时间序列分析和模型拟合的前提。

平稳时间序列的基本特征是均值、方差、自协方差和自相关系数都不随着时间而变化。传统意义上，只有通过平稳序列建立的模型才具备解释和预测的可能。序列的平稳性一般分为严平稳和弱平稳（宽平稳）。严平稳是指随着时间的推进，序列所有的统计性质都不会发生变化，在现实中，这种时间序列基本上是不存在的。弱平稳（宽平稳）则认为，只要保证序列低阶（2 阶）矩平稳，就可以将序列看作平稳的。因此，在建模过程中，我们更关注序列之间的低阶相关关系。在实践中，一般研究的都是弱平稳（宽平稳）。

7.1.2　纯随机性

对于平稳的时间序列，还需要进一步检验其是否为纯随机性序列。时间序列分析的立足点，是通过分析过去的信息来预测未来，分析的前提是序列值之间有相关关系。如果序列值之间没有相关性，那么它就是一个纯随机性序列，没有进一步分析的必要。

尽管经济和金融时间序列一般都是非纯随机序列，但纯随机序列在时间序列分析中具有重要的意义。纯随机序列又称为白噪声序列，它具有以下性质：

❑ 自协方差函数为 0，说明白噪声序列的各序列值之间没有任何相关关系。

❑ 方差齐性，序列中每个变量的方差都相等。

如果方差不相等，则认为该序列具有异方差性质。在时间序列分析中，方差齐性是一个非常重要的约束条件。只有假定方差齐性成立，用最小二乘估计得到的估计值才是无偏的。

有时候，在时间序列分析过程中需要建立一个纯随机序列。下面通过 EViews 随机产生 1000 个服从标准正态分布的随机序列观察值并绘制出时序图。

（1）建立一个整数日期并包含至少 1000 个样本的工作文件（见图 7-1）。

（2）在 EViews 主窗口的 Command 窗口中输入：

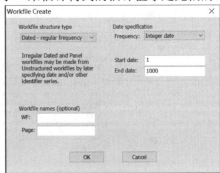

```
series e=nrnd
plot e
```

按 Enter 键，建立一个序列名为 e 的纯随机序列，同时绘制序列 e 的时序图（见图 7-2）。

图 7-1　建立工作文件

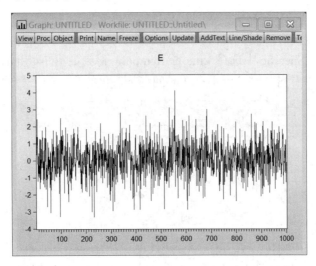

图 7-2　标准正态白噪声序列时序图

7.2　平稳性检验和纯随机性检验

平稳性检验使用单位根的检验方法，因此也叫单位根检验，EViews 提供了多种单位根的检验方法。纯随机性检验也就是白噪声检验，主要检验样本的自相关系数是否为 0。只有是平稳的非随机性的时间序列，才可以在 ARMA 模型族的范畴内进行探讨。对拟合后的模型的残差也需要进行纯随机性检验，只有残差项序列是白噪声序列，模型才是显著和有效的。

7.2.1　单位根检验

把时间序列看成一个线性差分方程，转换为特征根方程后进行求解，可以得到它的特征根 λ_i。平稳时间序列所有的特征根绝对值均小于 1，也就是说它们在一个半径为 1 的单位圆内。如果特征根 $|\lambda_i| \geqslant 1$，则序列不平稳。当特征根 $|\lambda_i| = 1$ 时，称作单位根。如果序列存在一个单位根，则说明序列是不平稳的，因此平稳性检验又称单位根检验。

【例 7-1】工作文件 S7-1.WF1 存储的是 1948 年第 1 季度至 2016 年第 1 季度美国通货膨胀率等数据（见图 7-3）。其中，序列 g 为 GDP 的增长率，序列 inf 为通货膨胀率，序列 u 为失业率。检验序列 inf 的平稳性。

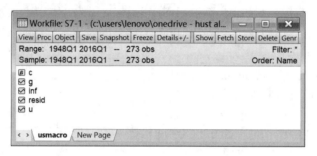

图 7-3　S7-1.WF1 工作文件窗口

（1）画出该序列的时序图。单击 View | Graph，弹出 Graph 对话框，在 Graph Type 中选择 Basic type，在 Specific 中选择 Line & Symbol，得到如图 7-4 所示的美国通货膨胀率数据的时序图。可以看出，时序图不存在时间趋势，可能是一个平稳的时间序列。

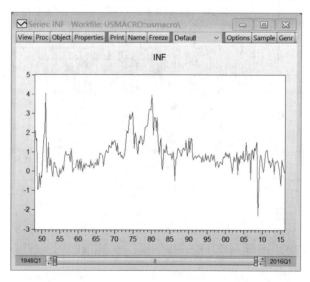

图 7-4　美国通货膨胀率的时序图

（2）对该序列进行标准单位根检验。依次单击 View | Unit Root Test | Standard Unit Root Test，弹出如图 7-5 所示的单位根检验对话框。Test type 下拉列表中是不同的单位根检验形式，一般选择 Augmented Dickey-Fuller（ADF）检验。Include in test equation 下有三个选项：

Intercept（包含截距项）、Trend and intercept（包含时间趋势和截距项）和 None（不包含时间趋势和截距项），一般需要分别对这三种情况进行单位根检验。从图 7-4 中可以看出，美国的通货膨胀率可能是一个包含截距项但不包含时间趋势的时间序列。对该序列进行三种情况的单位根检验（ADF检验），原假设是序列 inf 有一个单位根，ADF 检验统计量的伴随概率 P-值均远远小于设定的显著性水平 0.05，因此拒绝原假设，认为序列 inf 不存在单位根，是一个平稳的时间序列。图 7-6 是序列 inf 进行 ADF 检验，包含截距项的输出结果。

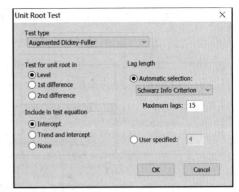

图 7-5　单位根检验对话框

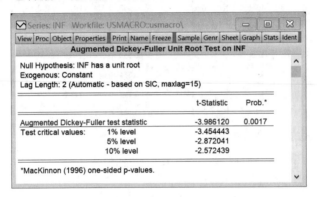

图 7-6　单位根检验输出结果

7.2.2　纯随机性检验

对于一个时间序列，首先进行平稳性检验，判断它是不是一个平稳的序列，其次是进行纯随机性检验，判断它是不是一个纯随机性序列（白噪声序列）。并不是所有的平稳序列都值得建模，只有序列值之间有较强的相关关系，才可能建立较为稳定的计量模型，才可以通过历史数据对未来进行预测。纯随机性检验通常有两种方法：一种是检验样本的自相关系数，纯随机序列的自相关系数接近于 0；另一种是 LB（Ljung-Box）统计量检验，也称作 Q-统计量检验，如果它的伴随概率小于设定的显著性水平，则为非纯随机性序列，反之为纯随机性序列。

纯随机性序列的样本自相关系数 ρ 应当接近于 0，它的假设条件如下：

$$H_0 : \rho_1 = \rho_2 = \cdots = \rho_m = 0$$
$$H_1 : 至少存在某个 \rho_k \neq 0$$

【例 7-2】工作文件 S7-1.WF1 存储的是 1948 年第 1 季度至 2016 年第 1 季度美国通货膨胀率等数据（见图 7-3）。其中，序列 g 为 GDP 的增长率，序列 inf 为通货膨胀率，序列 u 为失业率。检验序列 u 的随机性。

在 EViews 的工作文件窗口中打开时间序列 u，依次单击 View | Correlogram，弹出 Correlogram Specification 对话框，单击 OK 按钮，得到序列 u 的相关图（见图 7-7）。从图

7-7 中可以看出，自相关系数 ρ（图 7-7 中的 AC 列）的值均比较大，没有接近于 0，拒绝原假设，说明序列 u 不是一个纯随机性序列。

此外，图 7-7 中的 Q-统计量的伴随概率 P-值均远远小于设定的显著性水平 0.05，拒绝序列 u 为纯随机序列的原假设。

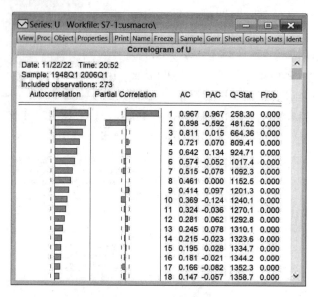

图 7-7　失业率序列 u 的相关图

7.3　AR 与 MA 模型

1938 年，瑞典数学家 Herman Wold 在他的博士论文中提出了著名的平稳序列分解定理，也就是 Wold 分解定理，奠定了平稳序列分析的理论基础。Herman Wold 认为，任意一个离散平稳时间序列 $\{x_t\}$ 一定可以分解为如下形式：

$$x_t = V_t + \xi_t \tag{7-2}$$

在式（7-2）中，右边为两个没有关联的平稳序列，其中，V_t 为确定性部分，ξ_t 为随机性部分。这个模型扩展也称作自回归移动平均（Autoregression Moving Average）模型，简称 ARMA 模型，记作：

$$x_t = \sum_{j=1}^{\infty} \alpha_j x_{t-j} + \sum_{j=0}^{\infty} \beta_j \varepsilon_{t-j} \tag{7-3}$$

根据 Wold 分解定理，任何一个平稳序列都可以表达为 ARMA 模型的形式。ARMA 模型研究对象是单个时间序列，简洁明了，操作方便，是目前最常用的平稳序列拟合与预测模型。ARMA 模型是一个模型族，分为 AR 模型、MA 模型和 ARMA 模型三种类型。

7.3.1　AR 模型

有以下结构的模型称为 AR(p) 模型，即 p 阶自回归模型：

$$x_t = \alpha_0 + \alpha_1 x_{t-1} + \alpha_2 x_{t-2} + \cdots + \alpha_p x_{t-p} + \varepsilon_t \tag{7-4}$$

AR(p)模型是 ARMA 模型的确定性部分，它是以过去的序列值（滞后项）来拟合模型，达到可以预测的效果。AR(p)模型的特点是序列偏自相关系数（PAC）在 p 阶截尾，自相关系数（AC）拖尾。

【例7-3】工作文件 S7-2.WF1 存储的是 1990 年第 1 季度至 2014 年第 4 季度加拿大 GDP gap 的数据（见图 7-8），GDP gap 也称作 Output gap，即国内产生总值缺口，用来衡量一个地区在一段时间内潜在 GDP 与实际 GDP 之间的差距。序列 gap 是对 GDP 数据进行处理（HP 滤波分析）后的偏离值（%），代表 GDP gap。要求对序列 gap 建立恰当的 AR(p)模型。

图 7-8　S7-2.WF1 工作文件窗口

在 EViews 中，AR(p)模型的拟合包括以下几步。

1．画出时序图，对序列特征进行直观的判断

先画出时序图，打开序列 gap，单击 View | Graph，在 Graph 对话框的 Graph Type 中选择 Basic type，在 Specific 中选择 Line & Symbol，单击 OK 按钮，得到如图 7-9 所示的序列 gap 的时序图。直观地看，时序图可能是一个平稳的时间序列。

图 7-9　序列 gap 的时序图

2．序列的平稳性和纯随机性检验

对 gap 序列进行标准单位根检验。依次选择 View | Unit Root Test | Standard Unit Root Test，分别进行 Intercept（包含截距项）、Trend and intercept（包含时间趋势和截距项）和 None（不包含时间趋势和截距项）3 种情况的单位根检验（ADF 检验）。原假设是序列 gap 存在一个单位根，ADF 检验统计量的伴随概率 P-值均远远小于设定的显著性水平 0.05，因此拒绝原假设，认为序列 gap 不存在单位根，是一个平稳时间序列。图 7-10 是序列 gap 进

行 ADF 检验，包含截距项的输出结果。

　　经济和金融数据一般为非白噪声序列，在这里可省略对它的纯随机性检验。如果是其他类型的数据，则需要进行纯随机性检验。纯随机性检验的过程，可以参看 7.2.2 节的内容。

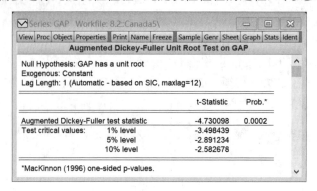

图 7-10　单位根检验的输出结果

3. AR(p)模型的识别

　　模型的识别是建立 ARMA 模型族的难点，包括模型类型的选择和滞后阶数的确定。实践中，主要通过经验和尝试多次建模来识别。AR(p)模型具有 p 阶偏自相关系数截尾、自相关系数拖尾的特性。在 EViews 中打开序列 gap，依次单击 View | Correlogram，弹出 Correlogram Specification 对话框，单击 OK 按钮，得到序列 gap 的相关图，如图 7-11 所示。

Series: GAP　Workfile: 8.2::Canada5\

View Proc Object Properties | Print Name Freeze | Sample Genr Sheet Graph Stats Ident

Correlogram of GAP

Date: 10/28/21　Time: 21:37
Sample: 1990Q1 2014Q4
Included observations: 100

Autocorrelation	Partial Correlation		AC	PAC	Q-Stat	Prob
		1	0.856	0.856	75.549	0.000
		2	0.613	-0.449	114.71	0.000
		3	0.366	-0.048	128.81	0.000
		4	0.154	-0.059	131.32	0.000
		5	0.003	0.014	131.32	0.000
		6	-0.120	-0.171	132.88	0.000
		7	-0.231	-0.121	138.72	0.000
		8	-0.306	0.004	149.07	0.000
		9	-0.336	-0.016	161.72	0.000
		10	-0.352	-0.166	175.75	0.000
		11	-0.355	-0.061	190.15	0.000
		12	-0.343	-0.039	203.77	0.000
		13	-0.333	-0.130	216.79	0.000
		14	-0.305	-0.032	227.81	0.000
		15	-0.240	0.043	234.73	0.000
		16	-0.145	0.038	237.27	0.000
		17	-0.052	-0.100	237.60	0.000
		18	0.042	0.066	237.82	0.000
		19	0.125	0.025	239.80	0.000
		20	0.200	0.054	244.90	0.000
		21	0.247	-0.100	252.77	0.000
		22	0.287	0.173	263.57	0.000
		23	0.292	-0.085	274.86	0.000
		24	0.256	-0.047	283.67	0.000

图 7-11　序列 gap 的相关图

　　在图 7-11 中的自相关图（Autocorrelation）部分，自相关系数按指数函数形式衰减，自相关系数的衰减不是突然截尾，而是一个连续渐变过程，可以判定为拖尾特征；而偏自相关图（Partial Correlation）部分，除了一阶和二阶偏自相关系数在 2 倍的标准差（即图 7-11 中两条垂直的虚线）之外，其他阶数的偏自相关系数都在 2 倍标准差范围内，并且它们衰减为小值的过程非常突然，是典型的二阶截尾特征。根据自相关系数拖尾，偏自相关系数二阶截尾的特征，本例可以初步确定为 AR(2)模型，以 G 代表 GDP gap：

$$G_t = \alpha_0 + \alpha_1 G_{t-1} + \alpha_2 G_{t-2} + \varepsilon_t \tag{7-5}$$

4．AR(2)模型的建立

依次选择主菜单中的 Quick | Estimate Equation，弹出如图 7-12 所示的 Equation Estimation 对话框，在文本框中输入 gap c ar(1) ar(2)，中间以空格分隔，Method 选择默认的 LS-Least Squares(NLS and ARMA)，单击 OK 按钮，得到图 7-13 所示的输出结果。也可以在主窗口 Command 中直接输入命令 ls gap c ar(1) ar(2)。

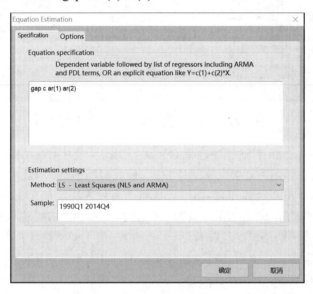

图 7-12　AR 模型回归对话框

需要注意，和最小二乘估计不同，在 EViews 的 AR(p)模型输出结果中，C 代表的是均值 μ，并非常数项（截距项），拟合方程中的常数项需要进行转换，均值 μ 的公式如下：

$$\mu = \frac{\alpha_0}{1 - \alpha_1 - \cdots - \alpha_p} \tag{7-6}$$

经过转换，式（7-6）中的常数项（截距项）α_0 可以写为：

$$\alpha_0 = \mu \times (1 - \alpha_1 - \cdots - \alpha_p) \tag{7-7}$$

在本例中，根据图 7-13 所示的输出结果，μ=-0.038807，α_1=1.422106，α_2=-0.596121，将这 3 个值代入公式（7-7），得到方程的常数项如下：

$$\alpha_0 = (-0.038807) \times [1 - 1.422106 - (-0.596121)] = 0.0331718348$$

根据式（7-5），拟合的 AR(2)方程如下：

$$G_t = 0.033 + 1.422 G_{t-1} - 0.596 G_{t-2} \tag{7-8}$$

在输出结果中，SIGMASQ 指 Sigma Square（σ_ε^2），也就是误差项的方差，在拟合方程

中不需要体现，早期的 EViews 版本中没有这一项。

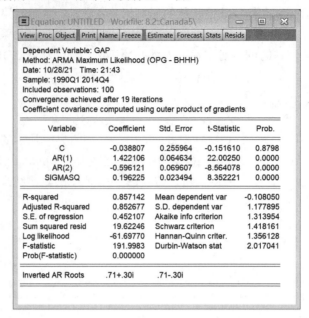

图 7-13　ARMA 模型 ML 估计的输出结果

在 Equation Estimation 对话框中选择 Option 选项卡，其中，在 ARMA 下拉列表框中有 3 种拟合的估计方法（见图 7-14），分别是 ML（最大似然估计）、GLS（广义最小二乘法估计）和 CLS（条件最小二乘估计）。如果选择后面两种方法，那么在输出结果中不会出现 SIGMASQ 项。3 种方法的输出结果各有差异，图 7-15 和图 7-16 分别是广义最小二乘法和条件最小二乘法的输出结果。在这 3 种估计方法中，最大似然估计精度较高，但是它假定序列服从多元正态分布；广义最小二乘估计可以看作矩估计的一种方法，精度较低；条件最小二乘估计精度也较高，应用广泛。

图 7-14　ARMA 模型的 3 种拟合方式

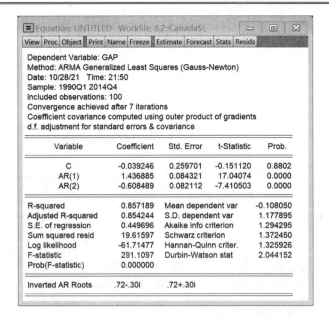

图 7-15　ARMA 模型的 GLS 估计的输出结果

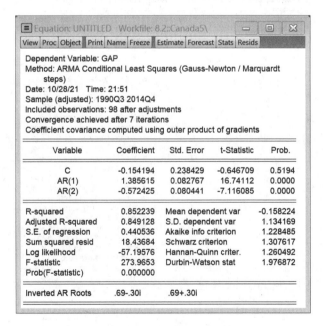

图 7-16　ARMA 模型的 CLS 估计的输出结果

5．AR(p)模型的检验

在时间序列分析中，拟合模型检验主要包括模型的显著性检验和参数的显著性检验两部分。

（1）模型的显著性检验。主要检验模型的有效性，拟合模型是否显著有效主要看提取的有效信息是否充分，也就是残差项必须是一个白噪声序列，其中应当不包含有效信息。如果残差序列为非白噪声序列，则说明残差序列中还包含有效的未提取信息，拟合模型不显著，需要重新拟合。模型的显著性检验即残差序列的白噪声检验，残差序列值之间自相关系数的假设检验如下：

$$H_0 : \rho_1 = \rho_2 = \cdots = \rho_m = 0$$
$$H_1 : 至少存在某个 \rho_k \neq 0 的情况$$

如果结论拒绝原假设，那么表明至少有一个自相关系数为非零，说明在残差序列中还残留着相关信息，模型不显著有效；如果不拒绝原假设，则模型显著有效。

对于残差的白噪声检验，可以简单地做一个 Q-统计量检验，观察残差的自相关系数。在模型的输出界面，依次单击 View | Residual Diagnostics | Correlogram-Q-statistics，得到如图 7-17 所示的残差 Q-统计量检验输出结果。可以看到，自相关系数 AC 的值都比较小，接近于 0，Q-统计量的伴随概率 P-值远远大于设定的显著性水平 0.05，可以判定拟合模型的残差基本上是一个白噪声序列，说明拟合模型是显著有效的。

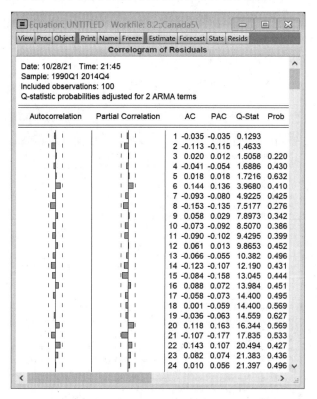

图 7-17　残差 Q-统计量检验的输出结果

（2）参数的显著性检验。主要检验模型的参数显著非零，模型的参数指自变量的系数。如果参数显著非零，则说明对应的自变量对因变量影响显著。

$$H_0 : \beta_k = 0$$
$$H_1 : \beta_k \neq 0$$

其中，β_k 为参数，如果结论拒绝原假设，则说明参数显著非零，对应的自变量显著。如果不拒绝原假设，则说明参数为零，对应的自变量不显著。从图 7-18 中可以看到，AR(1)、AR(2)项对应的参数（系数），它们的 t-统计量的伴随概率近似 0（见 Prob.列），远远小于显著性水平 0.05，说明 AR(1)和 AR(2)的参数显著非零。

经过模型的显著性检验和参数的显著性检验，说明拟合的 AR(2)模型总体显著有效。

Variable	Coefficient	Std. Error	t-Statistic	Prob.
C	-0.038807	0.255964	-0.151610	0.8798
AR(1)	1.422106	0.064634	22.00250	0.0000
AR(2)	-0.596121	0.069607	-8.564078	0.0000
SIGMASQ	0.196225	0.023494	8.352221	0.0000

图 7-18　AR(2)模型输出的参数和检验结果

7.3.2　经典线性回归模型与 AR 模型

AR(p)模型通过被解释变量的滞后项来建模，相当于带滞后项的经典线性回归模型，在 EViews 中也可以直接用滞后项来建模。经典线性回归模型采用的是最小二乘估计法，得到的 C 就是方程截距项，不需要经过式（7-7）的转换。对比 AR(p)模型，截距项 C 的值和 CLS 估计（条件最小二乘估计）的效果一样。

以工作文件 S7-2.WF1 为例，进行最小二乘估计。依次选择主菜单中的 Quick | Estimate Equation，弹出 Equation Estimation 对话框，在文本框中输入"gap c gap(-1) gap(-2)"，中间以空格分隔；Method 选择默认的 LS-Least Squares(NLS and ARMA)选项。在 Option 选项卡中，ARMA 选项选择 CLS（条件最小二乘估计）。单击 OK 按钮，得到如图 7-19 所示的输出结果，方程的截距项就是图 7-19 中的 C，拟合的方程可以写作：

$$G_t = -0.029 + 1.386 G_{t-1} - 0.572 G_{t-2} \tag{7-9}$$

比较图 7-16 所示的 AR(p)的 CLS 估计输出结果，其中的 C 为均值，按照式（7-7）进行转换，常数项（截距项）α_0 计算如下：

$$\alpha_0 = \mu \times (1 - \alpha_1 - \alpha_2) = (-0.154194) \times (1 - 1.385615 + 0.572425) = -0.028805$$

上述结果与图 7-19 经过经典最小二乘估计得到的截距项完全一样。

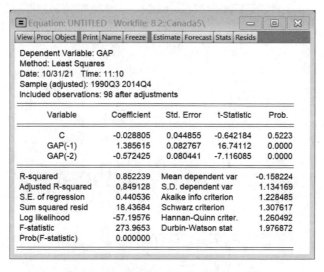

图 7-19　经典线性回归模型的输出结果

7.3.3　MA 模型

有以下结构的模型称为 MA(q)模型，即 q 阶移动平均模型：

$$x_t = \mu + \varepsilon_t - \beta_1\varepsilon_{t-1} - \beta_2\varepsilon_{t-2} - \cdots - \beta_q\varepsilon_{t-q} \qquad (7\text{-}10)$$

MA(q)模型即 ARMA 模型的随机性部分，它以过去的随机项值（滞后项）拟合模型，达到可以预测的效果。MA(q)模型的特点是序列自相关系数（AC）在 q 阶截尾，偏自相关系数（PAC）拖尾。

【例 7-4】工作文件 S7-3.WF1 存储的是某加油站 57 天营业额的盈亏情况（见图 7-20），对时间序列 overshort 进行分析，并建立适当的 MA(q)模型。

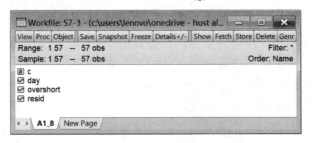

图 7-20　S7-3.WF1 工作文件窗口

MA(q)模型的拟合包括以下几步。

1．画出时序图，对序列特征进行直观的判断

打开序列 overshort，单击 View | Graph，在弹出的 Graph 对话框的 Graph Type 中选择 Basic type，在 Specific 中选择 Line & Symbol，得到图 7-21 所示的加油站营业额盈亏数据的时序图。直观地看，这可能是一个平稳的时间序列。

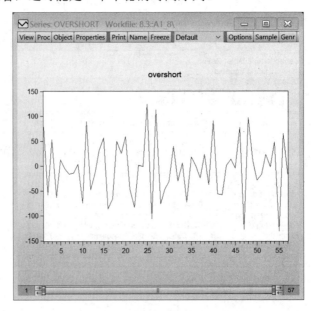

图 7-21　加油站营业额盈亏时序图

2．序列的平稳性和纯随机性检验

对 overshort 序列进行标准单位根检验。依次单击 View | Unit Root Test | Standard Unit Root Test，分别进行 Intercept（包含截距项）、Trend and intercept（包含时间趋势和截距项）和 None（不包含时间趋势和截距项）3 种情况的单位根检验（ADF 检验）。原假设是序列 overshort 有一个单位根，ADF 检验统计量的伴随概率 P-值均远远小于设定的显著性水平 0.05，因此拒绝原假设，认为序列 overshort 不存在单位根，它是一个平稳的时间序列。图 7-22 是对序列 overshort 进行 ADF 检验（包含截距项）的输出结果。

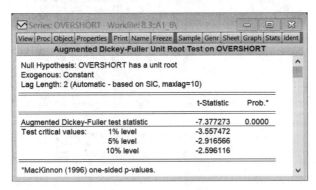

图 7-22　加油站营业额盈亏序列的单位根检验结果

接着对序列 overshort 进行随机性检验。打开时间序列 overshort，依次单击 View | Correlogram，弹出 Correlogram Specification 对话框，单击 OK 按钮，得到序列 overshort 的相关图（见图 7-23）。从图 7-23 中可以看出，自相关系数 ρ（AC 列）均不接近 0，拒绝原假设，说明序列 overshort 不是纯随机性序列。此外，在图 7-23 中，Q-统计量伴随概率 P-值均远远小于设定的显著性水平 0.05，亦拒绝序列 overshort 为纯随机序列的原假设。

3．MA(q)模型的识别

观察图 7-23 所示的偏自相关系数图（Partial Correlation）部分，偏自相关系数按指数函数形式衰减，它的衰减不是突然截尾，而是一个连续的渐变过程，基本上可以认定是拖尾特征；而自相关系数图（Autocorrelation）部分，除了一阶自相关系数在 2 倍的标准差之外，其他阶数的自相关系数都在 2 倍标准差范围内，并且它们衰减为小值的过程非常突然，具有典型的一阶截尾特征。根据偏自相关系数拖尾，自相关系数一阶截尾的特征，本例可以初步确定为 MA(1)模型：

$$\text{overshort}_t = \mu + \varepsilon_t - \beta_1 \varepsilon_{t-1} \tag{7-11}$$

4．MA(1)模型的建立

依次选择主菜单中的 Quick | Estimate Equation，在弹出的 Equation Estimation 对话框中输入 overshort c ma(1)，中间以空格分隔，Method 选择默认的 LS-Least Squares(NLS and ARMA)选项，单击 OK 按钮，得到图 7-24 所示的输出结果。也可以在主窗口 Command 中直接输入命令 ls overshort c ma(1)。拟合的 MA(1)模型如下：

$$\text{overshort}_t = -4.794 + \varepsilon_t - 0.848\varepsilon_{t-1} \tag{7-12}$$

需要注意的是，在图 7-24 所示的输出结果中，MA(1)项系数 β_1 已经包含式（7-11）中 β_1 的正负符号，不需要再进行修改。

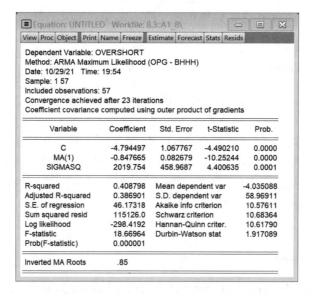

图 7-23　序列 overshort 的相关图

图 7-24　ARMA 模型 ML 估计的输出结果

5．MA(q)模型的检验

对 MA(q)模型和它的参数分别进行显著性检验。

（1）模型的显著性检验即残差序列的白噪声检验。在模型的输出界面依次单击 View | Residual Diagnostics | Correlogram | Q-statistics，得到图 7-25 所示的残差 Q-统计量检验输出结果，可以看到，自相关系数 AC 的值比较小，大部分都接近 0，Q-统计量的伴随概率 P-值远远大于设定的显著性水平 0.05，可以判定拟合模型的残差基本上是一个白噪声序列，说明拟合的模型是显著有效的。

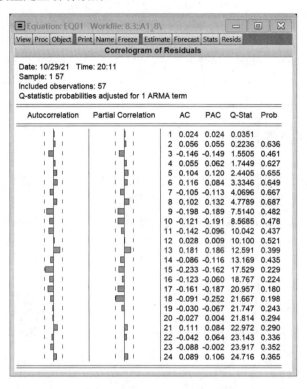

图 7-25　模型的残差 Q-统计量检验的输出结果

（2）参数的显著性检验。从图 7-26 中可以看到，MA(1)项对应的参数（系数），它的 t-统计量的伴随概率近似 0，远远小于显著性水平 0.05，说明 MA(1)的参数显著非零。

经过模型的显著性检验和参数显著性检验，说明拟合的 MA(1)模型总体显著有效。

Variable	Coefficient	Std. Error	t-Statistic	Prob.
C	-4.794497	1.067767	-4.490210	0.0000
MA(1)	-0.847665	0.082679	-10.25244	0.0000
SIGMASQ	2019.754	458.9687	4.400635	0.0001

图 7-26　MA(1)模型的输出结果

7.4　ARMA 模型

具有以下结构的模型称为 ARMA(p,q)模型，即 q 阶移动平均模型：

$$x_t = \alpha_0 + \alpha_1 x_{t-1} + \alpha_2 x_{t-2} + \cdots + \alpha_p x_{t-p} + \varepsilon_t - \beta_1 \varepsilon_{t-1} - \beta_2 \varepsilon_{t-2} - \cdots - \beta_q \varepsilon_{t-q} \qquad (7\text{-}13)$$

可以看出，ARMA(p,q)模型是由 AR(p)模型和 MA(q)模型组合而成的，AR(p)模型和 MA(q)模型实际上是 ARMA(p,q)模型的特例，这 3 种模型统称为 ARMA 模型。ARMA(p,q)模型的特点是序列自相关系数（AC）和偏自相关系数（PAC）均拖尾。综合考察这 3 种模型自相关系数和偏自相关系数的性质，总结出如表 7-1 所示的规律。

表 7-1　ARMA的相关图识别方法

模　　型	自相关系数（AC）	偏自相关系数（PAC）
AR(p)模型	拖尾	p阶截尾
MA(q)模型	q阶截尾	拖尾
ARMA(p,q)模型	拖尾	拖尾

7.4.1　ARMA 模型的拟合

当某个观察值序列被判断为平稳且非白噪声序列时，可以对其拟合 ARMA 模型。模型经过检验和优化，可以预测时间序列的未来走势。

【例 7-5】工作文件 S7-4.WF1 存储的是 1959 年第 1 季度至 1997 年第 4 季度某非农公司的库存变化量信息（见图 7-27），其中，序列 gvuq 是库存量变化的数据，序列 x 是 gvuq 的差分序列。对序列 x 进行分析，并建立适当的 ARMA(p,q)模型。

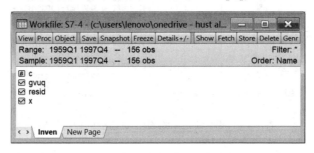

图 7-27　S7-4.WF1 工作文件窗口

对 ARMA(p,q)模型的拟合包括以下几步。

1．画出时序图，对序列特征进行直观的判断

打开序列 x，单击 View | Graph，在弹出的 Graph 对话框的 Graph Type 中选择 Basic type，Specific 选择 Line & Symbol 选项，得到如图 7-28 所示的时序图。直观地看，这可能是一个平稳的时间序列。

2．序列的平稳性和纯随机性检验

（1）对序列 x 进行单位根检验。依次单击 View | Unit Root Test | Standard Unit Root Test，分别选择 Intercept（包含截距项）、Trend and intercept（包含时间趋势和截距项）和 None（不包含时间趋势和截距项）选项，对 x 序列进行 3 种情况的单位根检验（ADF 检验），原假设是序列 x 有一个单位根，ADF 检验统计量的伴随概率 P-值均远远小于设定的显著性水平 0.05，因此拒绝原假设，认为序列 x 不存在单位根，它是一个平稳的时间序列。图 7-29

是对序列 x 进行 ADF 检验，包含时间趋势和截距项的输出结果。

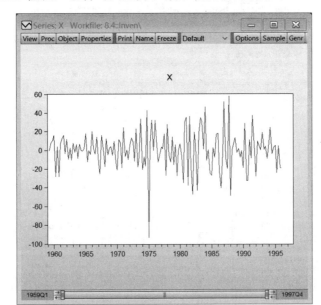

图 7-28 某公司库存变化量的差分时序图

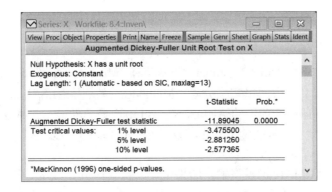

图 7-29 序列 x 的单位根检验的输出结果

（2）对序列 x 进行随机性检验。打开时间序列 x，依次单击 View | Correlogram，弹出
Correlogram Specification 对话框，单击 OK 按钮，得到序列 x 的相关图（见图 7-30）。从图
7-30 中可以看出，自相关系数 ρ（AC 列）均不等于 0，拒绝原假设，说明序列 x 不是非纯
随机性序列。此外，图 7-30 中的 Q-统计量的伴随概率 P-值均远远小于设定的显著性水平
0.05，亦拒绝序列 x 为纯随机序列的原假设。

3．ARMA(p,q)模型的识别

观察图 7-30 中的偏自相关系数图（Partial Correlation）部分和自相关系数图
（Autocorrelation）部分可以看出，二者均表现出较为显著的不截尾（拖尾）性质。因此，
可以尝试使用 ARMA(1,1)模型对序列进行拟合：

$$x_t = \alpha_0 + \alpha_1 x_{t-1} + \varepsilon_t - \beta_1 \varepsilon_{t-1} \qquad (7\text{-}14)$$

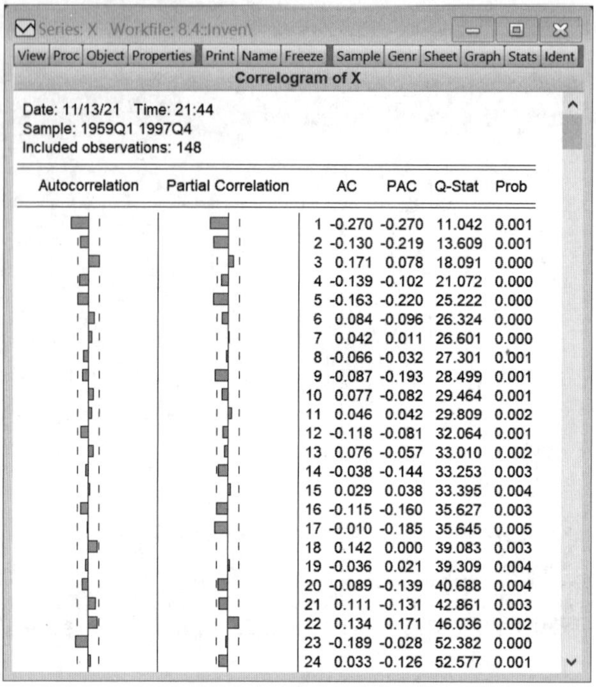

	AC	PAC	Q-Stat	Prob
1	-0.270	-0.270	11.042	0.001
2	-0.130	-0.219	13.609	0.001
3	0.171	0.078	18.091	0.000
4	-0.139	-0.102	21.072	0.000
5	-0.163	-0.220	25.222	0.000
6	0.084	-0.096	26.324	0.000
7	0.042	0.011	26.601	0.000
8	-0.066	-0.032	27.301	0.001
9	-0.087	-0.193	28.499	0.001
10	0.077	-0.082	29.464	0.001
11	0.046	0.042	29.809	0.002
12	-0.118	-0.081	32.064	0.001
13	0.076	-0.057	33.010	0.002
14	-0.038	-0.144	33.253	0.003
15	0.029	0.038	33.395	0.004
16	-0.115	-0.160	35.627	0.003
17	-0.010	-0.185	35.645	0.005
18	0.142	0.000	39.083	0.003
19	-0.036	0.021	39.309	0.004
20	-0.089	-0.139	40.688	0.004
21	0.111	-0.131	42.861	0.003
22	0.134	0.171	46.036	0.002
23	-0.189	-0.028	52.382	0.000
24	0.033	-0.126	52.577	0.001

图 7-30　序列 x 的相关图

4．ARMA(1,1)模型的建立

依次选择主菜单中的 Quick | Estimate Equation，弹出 Equation Estimation 对话框，在其中输入 x c ar(1) ma(1)，中间以空格分隔，Method 选择默认的 LS/Least Squares(NLS and ARMA)选项，在 Options 选项卡的 ARMA Method 中选择条件最小二乘法(CLS)，单击“确定”按钮，得到图 7-31 所示的输出结果。这一步的操作，也可以在主窗口 Command 中直接输入命令 ls x c ar(1) ma(1)来实现。

在 EViews 的 ARMA(p,q)模型输出结果中，C 代表均值μ，这里和 AR 模型一样，拟合方程中的常数项需要转换，参考公式（7-7），其中，$\mu=0.013471$，$\alpha_1=0.539389$，$\alpha_2=0.983847$，常数项（截距项）α_0的计算结果如下：

$$\alpha_0=\mu\times(1-\alpha_1)=0.013471\times(1-0.539389)=0.0062$$

根据式（7-13），拟合的 ARMA(1,1)方程如下：

$$x_t=0.006+0.539x_{t-1}+\varepsilon_t-0.984\varepsilon_{t-1} \tag{7-15}$$

5．ARMA(1,1)模型的检验

对 ARMA(1,1)模型和它的参数进行显著性检验。

（1）进行模型显著性检验即残差序列的白噪声检验。在模型输出界面，依次单击 View | Residual Diagnostics | Correlogram-Q-statistics，得到图 7-32 所示的残差 Q-统计量检验输出结果，可以看到，自相关系数 AC 的值都比较大，远远大于零，Q-统计量的伴随概率 P-值基本都大于设定的显著性水平 0.05，可以判定拟合模型的残差基本上是一个白噪声序列，说明拟合的模型显著有效。

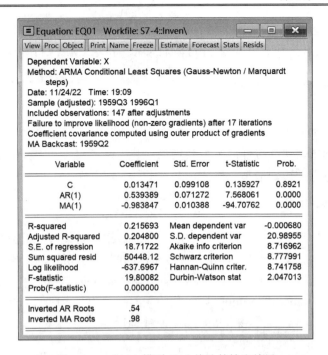

图 7-31　ARMA 模型 CLS 估计的输出结果

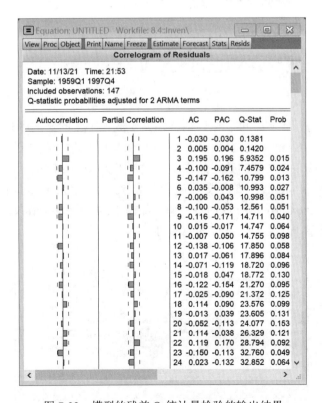

图 7-32　模型的残差 Q-统计量检验的输出结果

（2）进行参数显著性检验。参数指 AR 和 MA 项的系数。从图 7-31 中可以看到，AR(1) 和 MA(1)项对应的参数，它们的 t-统计量的伴随概率近似于 0，远远小于显著性水平 0.05，说明二者的参数显著非零。

经过模型显著性检验和参数显著性检验，证明拟合的 ARMA(1,1)模型总体是显著有效的。

7.4.2 ARMA 模型的预测

预测是利用现有的样本值，对平稳时间序列未来的某个时刻进行估计。目前对平稳时间序列最常用的预测方法是线性最小方差预测，其中，预测值是观察值序列的线性函数，最小方差是指预测方差达到最小。

1. 样本的范围

在 EViews 中进行操作，软件默认使用全部的数据。如果只分析部分样本数据，则需要设定样本范围。打开案例文件 S7-4.WF1，显示如图 7-33 所示的工作文件窗口。左上角的 Range 指数据的范围，即工作文件中的所有数据；Sample 是指样本，是准备用于进行数据分析的样本范围。Range 和 Sample 后面是数据的起始和结束时间，obs 指观察值的数量。

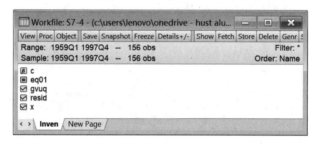

图 7-33 工作文件窗口

在 EViews 中进行预测，可以通过拟合模型生成一个新的预测序列。新序列的预测区间和工作文件的样本 Sample 的范围一样，软件默认是进行样本内预测。如果要进行样本外预测，则需要先修改工作文件的数据结构，一般是扩大 Range 的范围，然后再进行样本外预测。可以直接双击 Range 修改文件的数据结构；或者在工作文件窗口中依次选择 Proc | Structure | Resize Current Page 命令，弹出如图 7-34 所示的工作文件数据结构对话框，在其中对数据的类型、起始时间进行修改即可。

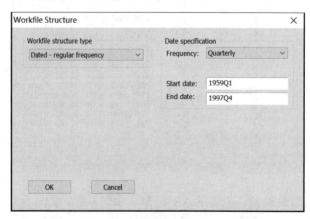

图 7-34 工作文件数据结构对话框

2．动态预测与静态预测

EViews 软件提供了两种预测方法：动态预测（Dynamic Forecast）和静态预测（Static Forecast）。以前面的案例 7-5 为例，在图 7-31 所示的 ARMA 模型输出窗口中单击 Forecast 按钮，弹出如图 7-35 所示的 Forecast 预测对话框，对序列 x 进行预测，新产生一个名为 xf 的预测序列，预测方式 Method 选择 Static forecast，默认的预测区间为 1959 年第 1 季度至 1997 年第 4 季度。单击 OK 按钮，得到如图 7-36 所示的预测结果。实际上，因为序列 x 中的 1996 年第 2 季度到 1997 年第 4 季度的数据是缺失的，所以新序列 xf 只预测了下一期即 1996 年第 2 季度的数据。

在图 7-36 中，中间的一条曲线是预测序列值的时序图，上下两条曲线是 2 倍的标准差曲线。右边的列表框中有 3 个指标：Root Mean Squared Error，即均方根误差，表示预测值和观察值之间差异（残差）的样本标准差；Mean Absolute Error，即平均绝对值误差，表示预测值和观察值之间绝对误差的平均值；Mean Abs. Percent Error，即平均绝对值百分比误差。这 3 个值均代表模型的精度，可以对不同的预测模型进行比较，这 3 个值越小，说明预测模型的精确度越高。

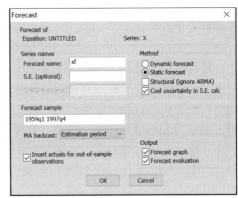

图 7-35　Forecast 预测对话框

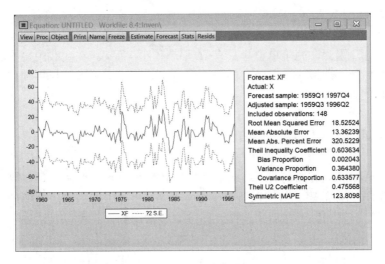

图 7-36　Forecast 预测的输出结果

7.5　单整与 ARIMA 模型

ARMA 模型要求序列是平稳的，也就是序列的基本统计性质，包括均值、方差、自协方差函数都不能随着时间而改变。平稳的序列，才有可能建立 ARMA 模型和预测。

在实践中，大部分经济和金融时间序列是非平稳的。一个简单的解决思路就是通过数学变换，将非平稳时间序列转换为平稳时间序列，再用平稳时间序列的分析方法，对变换后的序列进行分析，建立 ARIMA 模型（Autoregressive Integrated Moving Average Model），即求和自回归移动平均模型或整合自回归移动平均模型。

7.5.1　差分和单整

经济数据和金融数据一般具有时间趋势且非平稳，消除序列的时间趋势最简单的处理方法就是对序列进行差分运算。差分为当期序列值减去上一期序列值，时间序列 $\{X_t\}$ 的一阶差分如下：

$$\Delta X_t = X_t - X_{t-1} \tag{7-16}$$

具有时间趋势的非平稳序列经过一阶差分，成为一个平稳序列，这个序列就称为一阶单整。对经过差分平稳的序列建立的模型，称作 ARIMA 模型，模型中的 I（Integrated）是整合、整数化的意思，在模型中代表差分过程，一阶单整记为 I(1)。因此，ARIMA 模型实质上就是"ARMA+差分"模型。如果序列经过一阶差分仍然是不平稳的，可以继续进行二阶差分，记作：

$$\Delta^2 X_t = \Delta X_t - \Delta X_{t-1} \tag{7-17}$$

序列经过二阶差分后变得平稳，称作二阶单整，记作 I(2)。进一步，序列经过 d 次差分后变得平稳，称作 d 阶单整，记作 I(d)。ARIMA 模型记作 ARIMA (p, d, q)，p 为模型 AR 部分的阶数，q 为模型 MA 部分的阶数，d 为使得序列平稳的差分阶数。当 $d=0$ 时，ARIMA (p, d, q) 模型就是 ARMA (p, q) 模型。

只要不停地进行差分运算，非平稳序列最终一定会平稳，但每次差分运算，新序列都会损失部分信息，因此，高阶单整只具有数理统计上的意义。在实践中，差分运算一般不超过二阶，尤其是一阶差分具有较好的经济学意义。如果二阶差分后序列仍然不平稳，则需要重新思考建模过程。

7.5.2　ARIMA (p, d, q) 模型估计

为了简化 ARIMA (p, d, q) 的表达式，需要引入延迟算子的概念。延迟算子类似一个时间指针（系数），当前的序列值乘以一个延迟算子 L，相当于把当前序列值的时间向过去拨了一个时间区间。延迟算子在后续建模过程中会经常用到，它可以表达如下：

$$\begin{aligned} x_{t-1} &= Lx_t \\ x_{t-2} &= L^2 x_{t-1} \\ &\vdots \\ x_{t-p} &= L^p x_{p-1} \end{aligned} \tag{7-18}$$

使用延迟算子时，ARIMA (p,d,q) 可以简记为

$$A(L)\Delta^d x_t = B(L)\varepsilon_t$$

或记为

$$\Delta^d x_t = \frac{B(L)}{A(L)}\varepsilon_t \tag{7-19}$$

在式（7-19）中，各部分的含义如下：

❑ $\Delta^d = (1-L)^d$，为 d 阶差分的延迟算子表达式；

❑ $\{\varepsilon\}$ 为白噪声序列；

❑ $B(L) = 1 - \beta_1 L - \cdots - \beta_q L^q$，为 q 阶移动平均系数多项式（MA 项）；

❑ $A(L) = 1 - \alpha_1 L - \cdots - \alpha_p L^p$，为 p 阶自回归系数多项式（AR 项）。

【例 7-6】工作文件 S7-5.WF1 存储的是 1959 第 1 季度至 1995 年第 2 季度某地区居民购买新车的消费支出数据（见图 7-37），其中，序列 s 是个人购买新车的消费支出，序列 w 是对应的当地人均季度收入数据。对序列 s 进行分析，并对个人购买新车的消费支出建立适当的 ARIMA 模型。

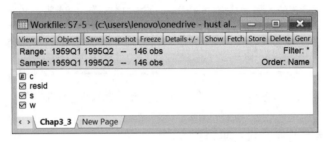

图 7-37　S7-5.WF1 工作文件窗口

对 ARIMA (p, d, q) 模型的拟合包括以下几步。

1．画出时序图，对序列的特征进行直观判断

打开序列 s，先画出时序图，单击 View | Graph，在 Graph 对话框中的 Graph Type 中选择 Basic type，在 Specific 中选择 Line & Symbol，单击 OK 按钮，得到图 7-38 所示的时序图。从时序图直观地看，序列 s 具有明显的时间趋势，是一个非平稳的时间序列。

图 7-38　某地居民购买新车消费支出的时序图

2．序列的平稳性检验

对序列 s 进行标准单位根检验。依次单击 View | Unit Root Test | Standard Unit Test，分别进行 Intercept（包含截距项）、Trend and intercept（包含时间趋势和截距项）和 None（不

包含时间趋势和截距项）3 种情况的单位根检验（ADF 检验）。原假设是序列 s 有一个单位根，ADF 检验统计量的伴随概率 P-值均远远大于设定的显著性水平 0.05，因此不拒绝原假设，认为序列 s 至少存在一个单位根，是一个非平稳的时间序列。图 7-39 是对序列 s 的 ADF 单位根检验，包含线性趋势和截距项的输出结果。

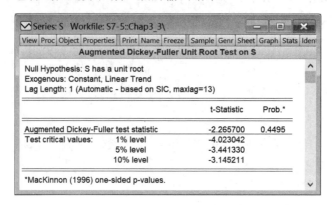

图 7-39　序列 *s* 的 ADF 单位根检验的输出结果

3．通过差分运算对序列进行平稳化处理

差分转换是 ARIMA 模型的基本特征。先对序列 s 进行一阶差分运算，在工作文件窗口单击 Genr，弹出 Generate Series by Equation 对话框，通过方程生成新的序列；在 Enter equation 内输入：ds=d(s)，对序列 s 进行一阶差分，如果是二阶差分，则输入 ds=d(s, 2)；单击 OK 按钮，得到一个名为 ds 的新序列，即 s 序列一阶差分后的序列。此外，在 Command 命令窗口中输入 Series ds=s-s (-1)，同样可以得到差分后的新序列。

打开序列 ds，画出时序图（见图 7-40），可以发现，经过一阶差分，序列已经消除了时间趋势，可能是一个平稳时间序列。接着对序列 ds 进行标准单位根检验（ADF 检验），ADF 检验结果显示，3 种情况（有趋势和带截距项、只带截距项、无趋势和截距项）下统计量的伴随概率 P-值均远远小于设定的显著性水平 0.05，因此拒绝原假设，认为 ds 是一个平稳的时间序列。图 7-41 是对序列 ds 的 ADF 标准单位根检验，包含趋势和截距项的输出结果。

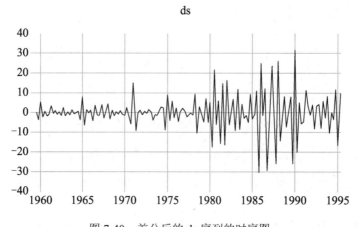

图 7-40　差分后的 ds 序列的时序图

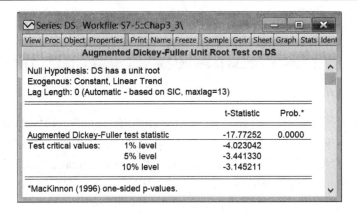

图 7-41　序列 ds 的单位根检验的输出结果

4．序列ds的纯随机性检验

对序列 ds 进行随机性检验，只有白噪声序列（纯随机序列），才有进一步建模的可能。打开序列 ds，依次单击 View | Correlogram，弹出 Correlogram Specification 对话框，单击 OK 按钮，得到序列 ds 的相关图（见图 7-42）。从图 7-42 中可以看出，自相关系数 ρ（AC 列）均显著不等于 0，拒绝原假设，说明序列 ds 不是纯随机性序列。此外，在图 7-42 中，Q-统计量的伴随概率 P-值均远远小于设定的显著性水平 0.05，亦拒绝序列 ds 为纯随机序列的原假设。

```
Series: DS  Workfile: S7-5::Chap3_3\
View Proc Object Properties  Print Name Freeze  Sample Genr Sheet Graph Stats Iden
                        Correlogram of DS

Date: 11/25/22  Time: 21:01
Sample (adjusted): 1959Q2 1995Q2
Included observations: 145 after adjustments
  Autocorrelation    Partial Correlation        AC     PAC    Q-Stat   Prob

                                          1  -0.383  -0.383   21.668   0.000
                                          2   0.058  -0.104   22.164   0.000
                                          3  -0.074  -0.105   22.975   0.000
                                          4   0.076   0.015   23.856   0.000
                                          5   0.062   0.115   24.450   0.000
                                          6   0.043   0.139   24.732   0.000
                                          7  -0.165  -0.102   28.943   0.000
                                          8   0.154   0.066   32.636   0.000
                                          9  -0.153  -0.107   36.285   0.000
                                         10   0.002  -0.154   36.286   0.000
                                         11   0.185   0.178   41.727   0.000
                                         12  -0.220  -0.107   49.488   0.000
                                         13   0.114   0.020   51.596   0.000
                                         14  -0.097  -0.036   53.127   0.000
                                         15  -0.058  -0.152   53.686   0.000
                                         16   0.251   0.196   64.104   0.000
                                         17  -0.171  -0.022   68.990   0.000
                                         18   0.078   0.097   70.002   0.000
```

图 7-42　ds 序列的相关图

5．ARIMA(*p, d, q*)模型的识别

观察图 7-42 中的自相关系数图（Autocorrelation）和偏自相关系数图（Partial Correlation）

发现，除了一阶自相关系数和一阶偏自相关系数在 2 倍标准差之外，其他阶数的自相关系数和偏自相关系数均在 2 倍标准差范围内。自相关系数和偏自相关系数均具有典型的一阶截尾特征（也可以看作二者均为拖尾），本例可以确定为 ARIMA(1,1,1)模型。

6．ARIMA(*p, d, q*)模型的建立

在主菜单中选择 Quick | Estimate Equation，在弹出的 Equation Estimation 对话框中输入 ds c ar(1) ma(1)，中间以空格分隔，Method 选择默认的 LS-Least Squares(NLS and ARMA)，单击 OK 按钮，得到如图 7-43 所示的输出结果。也可以在 Command 命令窗口中直接输入命令 ls ds c ar(1) ma(1)达到同样的效果。拟合的 ARIMA(1,1,1)模型如下：

$$\Delta x_t = 0.5537 + \frac{1-0.3208L}{1+0.1106L}\varepsilon_t \qquad (7\text{-}20)$$

需要注意，ARIMA 模型是对差分后的序列进行拟合，因此，在最终得到的拟合模型中，方程左边也是差分后的被解释变量。

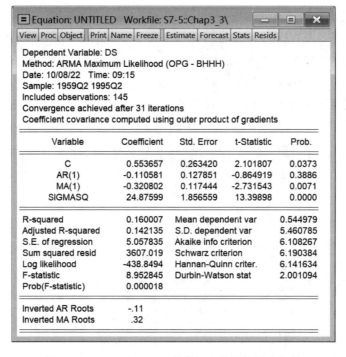

图 7-43　ARIMA (1, 1, 1)模型 ML 估计的输出结果

7．ARIMA (*p, d, q*) 模型的检验

对 ARIMA (1, 1, 1)模型和它的参数进行显著性检验。

（1）模型的显著性检验即残差序列的白噪声检验。在模型的输出窗口中依次选择 View | Residual Diagnostics | Correlogram-Q-statistics，得到如图 7-44 所示的残差 Q-统计量检验的输出结果，可以看到，自相关系数 AC 的值大部分都比较小，Q-统计量的伴随概率 P-值在滞后 15 期内均大于设定的显著性水平 0.05，可以判定拟合模型的残差基本上是一个白噪声序列，说明拟合的模型是显著有效的。

此外，EViews 对模型拟合结果的残差还提供了 LM 自相关检验，和 Q-统计量检验的意义基本相等。使用 ML 方法拟合的 ARIMA 模型不能进行 LM 自相关检验，只有使用 GLS 和 CLS 方法进行拟合的 ARIMA 模型才可以进行 LM 自相关检验。在模型拟合结果的输出窗口中依次选择 View | Residual Diagnostics | Serial Correlation LM Test，原假设为残差序列不存在序列相关性，如果 Obs*R-squared 统计量的伴随概率 P-值大于设定的显著性水平 0.05，则不能拒绝原假设，认为序列不存在相关性；反之，则认为序列存在自相关性（可参见第 5 章的内容）。

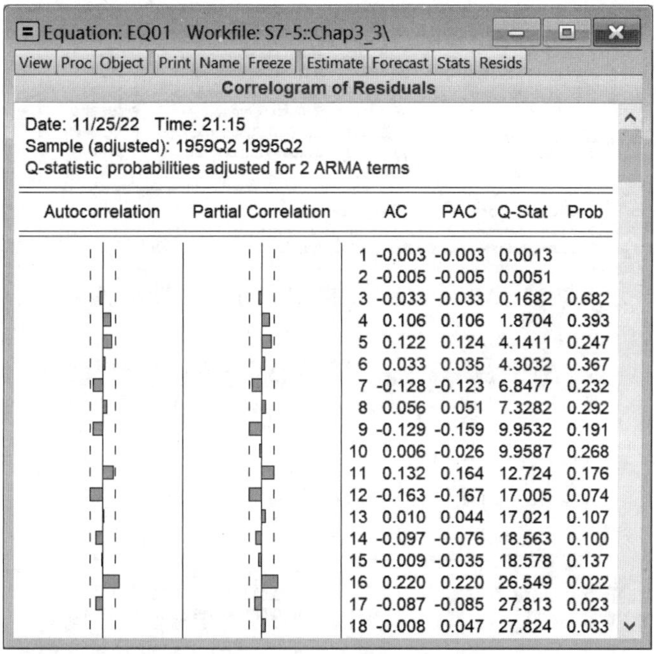

	AC	PAC	Q-Stat	Prob
1	-0.003	-0.003	0.0013	
2	-0.005	-0.005	0.0051	
3	-0.033	-0.033	0.1682	0.682
4	0.106	0.106	1.8704	0.393
5	0.122	0.124	4.1411	0.247
6	0.033	0.035	4.3032	0.367
7	-0.128	-0.123	6.8477	0.232
8	0.056	0.051	7.3282	0.292
9	-0.129	-0.159	9.9532	0.191
10	0.006	-0.026	9.9587	0.268
11	0.132	0.164	12.724	0.176
12	-0.163	-0.167	17.005	0.074
13	0.010	0.044	17.021	0.107
14	-0.097	-0.076	18.563	0.100
15	-0.009	-0.035	18.578	0.137
16	0.220	0.220	26.549	0.022
17	-0.087	-0.085	27.813	0.023
18	-0.008	0.047	27.824	0.033

图 7-44　ARIMA (1, 1, 1)模型的残差 Q-统计量检验的输出结果

（2）参数的显著性检验。从图 7-43 中可以看到，MA(1)项对应参数（系数）的 t-统计量的伴随概率远远小于显著性水平 0.05，说明它的参数显著非零；而 AR(1)项对应参数（系数）的 t-统计量的伴随概率则大于显著性水平 0.05，说明它的参数不显著。

8. ARIMA (*p, d, q*)模型的优化

在时间序列模型的拟合过程中，往往需要拟合多个模型，模型的优化就是从这几种模型中选择一种较优的模型。模型的优化主要是对模型输出结果的 AIC 值和 SC 值进行比较，数值较小的模型较优。

由于 AR(*p*)项的参数不显著，本例可以重新考虑采用 ARIMA (0, 1, 1)模型进行拟合，得到的拟合结果见图 7-45，该模型的残差 Q-统计量检验输出结果见图 7-46。经过检验，ARIMA (0, 1, 1)模型通过了模型显著性和参数显著性检验。同时，比较图 7-43 和图 7-45 中的 Akaike info criterion（AIC 准则，也称为赤池信息准则）和 Schwarz criterion（SC 准则，也称为斯瓦兹准则）的值，图 7-45 中的 AIC 和 SC 值均较小，可以判断在本例中，ARIMA (0, 1, 1)模型优于 ARIMA (1, 1, 1)模型。表 7-2 为比较 AIC 和 SC 值所总结的两个模型的优劣。

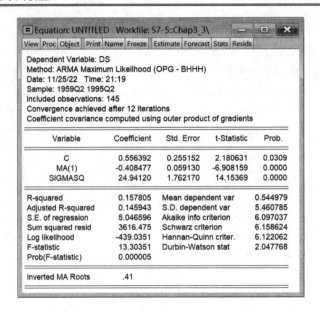

图 7-45　ARIMA (0, 1, 1)模型的 ML 估计的输出结果

图 7-46　ARIMA (0, 1, 1)模型的残差 Q-统计量检验的输出结果

表 7-2　ARIMA模型的比较

模　　型	AIC	SC
ARIMA (1, 1, 1)模型	6.108267	6.190384
ARIMA (0, 1, 1)模型	6.097037	6.158624

7.5.3　ARIMA 疏系数模型

在 ARIMA (p, d, q)模型中，p 和 q 部分通常具有最低阶到最高阶的完整系数。如果模

型中的部分系数缺失，则该模型被称为疏系数模型，这种情况在实践中经常遇到。

【例 7-7】在工作文件 S7-6.WF1 中，序列 fertility 为 1917—1975 年美国的 23 岁女性每万人生育率数据（见图 7-47）。对该序列进行分析，并建立适当的 ARIMA 模型。

ARIMA 疏系数模型的过程和拟合普通的 ARIMA (p, d, q)模型相似，包括以下几步。

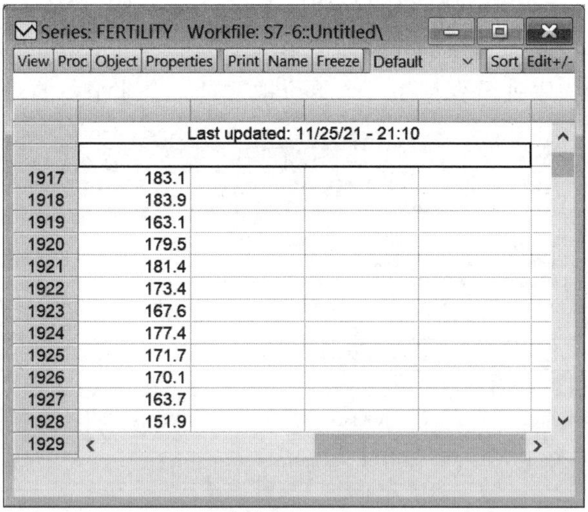

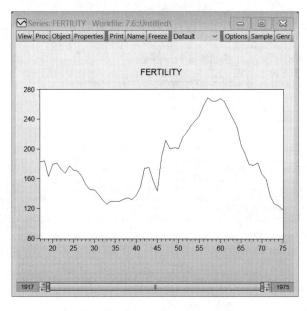

图 7-47　1917—1975 年美国的 23 岁女性每万人生育率

1. 画出时序图，对序列的特征进行直观的判断

打开序列 fertility，选择 View | Graph，在 Graph 对话框中的 Graph Type 中选择 Basic type，在 Specific 中选择 Line & Symbol，单击 OK 按钮，得到如图 7-48 所示的序列图。从时序图中观察，序列 fertility 具有明显的时间趋势，1945 年（二战后）至 1960 年期间，生育率明显随时间递增，1960 年之后，生育率又随时间明显递减，是一个非平稳的时间序列。

图 7-48　序列 fertility 的时序图

2．序列的平稳性检验

对序列 fertility 进行单位根检验。依次单击 View | Unit Root Test | Standard Unit Test，分别进行 Intercept（包含截距项）、Trend and intercept（包含时间趋势和截距项）和 None（不包含时间趋势和截距项）3 种情况的标准单位根检验（ADF 检验）。原假设是序列 fertility 有一个单位根，ADF 检验统计量的伴随概率 P-值均远远大于设定的显著性水平 0.05，因此不拒绝原假设，认为该序列至少存在一个单位根，是一个非平稳的时间序列（见图 7-49）。

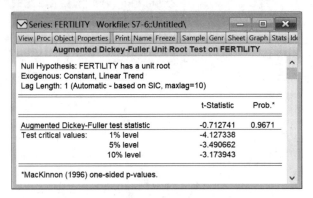

图 7-49　序列 fertility 单位根检验结果

3．通过差分运算对序列进行平稳化处理

对序列 fertility 进行一阶差分运算，在工作文件窗口中单击 Genr，弹出 Generate Series by Equation 对话框，在 Enter equation 中输入 df=d(fertility)，单击 OK 按钮，得到一个名为 DF 的新序列，即 fertility 一阶差分后的序列。

接着对序列 df 进行标准单位根检验（ADF 检验），ADF 检验的结果显示，3 种情况（有趋势和带截距项、只带截距项、无趋势和截距项）下统计量的伴随概率 P-值均远远小于设定的显著性水平 0.05，因此拒绝原假设，认为序列 df 是一个平稳的时间序列（见图 7-50）。

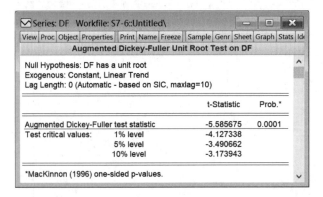

图 7-50　序列 df 单位根检验结果

4．df序列的纯随机性检验

对序列df进行随机性检验。打开该序列，依次选择 View | Correlogram，弹出 Correlogram

Specification 对话框，单击 OK 按钮，得到序列 df 的相关图（见图 7-51）。从图 7-51 中可以看出，自相关系数 ρ（AC 列）不等于 0，可以认为是拒绝原假设，说明序列 df 不是纯随机性序列。此外，图 7-51 中的 Q-统计量的伴随概率 P-值大部分都小于设定的显著性水平 0.05（尤其是在低阶部分），亦拒绝序列 df 为纯随机序列的原假设。

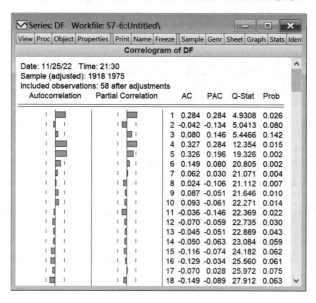

图 7-51　序列 df 的相关图

5．ARIMA (*p, d, q*)模型的识别

图 7-51 中的偏自相关图（PAC）显示，延迟一阶和四阶的偏自相关系数大于 2 倍标准差；自相关图（AC）显示，延迟一阶、四阶和五阶的自相关系数大于 2 倍标准差。本例尝试对多种 ARIMA 疏系数模型进行拟合，最后选择的模型记作 ARIMA ((1,4),1,0)。

6．ARIMA疏系数模型的建立

下面按照 ARIMA((1,4),1,0)模型进行拟合，依次选择主菜单中的 Quick | Estimate Equation，在弹出的 Equation Estimation 对话框中输入 df c ar(1) ar(4)，中间以空格分隔，Method 选择默认的 LS-Least Squares(NLS and ARMA)，单击 OK 按钮，得到如图 7-52 所示的输出结果。在 Command 命令窗口中直接输入命令 ls df ar(1) ar(4)，也可以达到同样的效果。根据图 7-52 的结果，拟合的 ARIMA ((1,4),1,0)模型如下：

$$\Delta x_t = -1.5603 + \frac{\varepsilon_t}{1 - 0.2537L - 0.3386L^4} \tag{7-21}$$

7．ARIMA疏系数模型的检验

对 ARIMA ((1,4),1,0)模型和它的参数进行显著性检验。

（1）模型的显著性检验。即残差序列的白噪声检验，在模型的输出窗口中依次选择 View | Residual Diagnostics | Correlogram | Q-statistics，得到如图 7-53 所示的残差 Q-统计量检验的输出结果，可以发现，自相关系数 AC 的值大部分都比较小，Q-统计量的伴随概率

P-值均远大于设定的显著性水平 0.05，可以判定拟合模型的残差基本上是一个白噪声序列，说明拟合的模型显著有效。

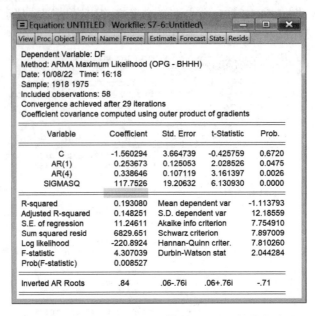

图 7-52　ARIMA ((1,4),1,0) 模型 ML 估计的输出结果

图 7-53　ARIMA ((1,4),1,0) 模型的残差 Q-统计量检验的输出结果

（2）参数的显著性检验。从图 7-52 中可以看到，AR(1)和 AR(4)项对应的参数（系数）的 t-统计量的伴随概率，均小于显著性水平 0.05，说明参数显著非零。

8．ARIMA疏系数模型的优化

在实践中，模型的构造需要经过多次尝试。本例还可以考虑对 ARIMA((1,4),1, (1,4,5))、AR(4)、MA(5)和 ARMA(1,1)等进行拟合，拟合过程中同时进行各种检验。经过对比，ARIMA

((1,4),1,0)模型的拟合为最优。

7.6 上 机 练 习

1．工作文件 E7-1.WF1 存储的是 1888 年第 1 季度至 2004 年第 1 季度纽约证券交易所股票价格的数据（见图 7-54），其中，序列 volume 为每季度的平均股份。

（1）判断序列 volume 和它的对数序列 logvol 的平稳性和随机性。

（2）如果是非平稳序列，那么请选择适当的差分方式实现这两个序列在差分后平稳。

（3）选择适当的模型，对实现平稳后的序列进行拟合。

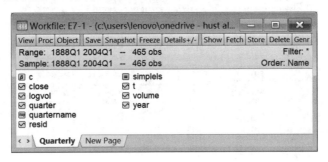

图 7-54　E7-1.WF1 工作文件窗口

2．在工作文件 E7-2.WF1 中，序列 oil 是 1980 年第 1 季度至 2016 年第 1 季度某交易所原油的价格（见图 7-55）。

（1）画出时序图，分析序列的平稳性。

（2）如果是非平稳序列，那么请选择适当的差分方式实现该序列在差分后平稳。

（3）选择适当的模型，对 1980 年第 1 季度至 2015 年第 2 季度的石油价格进行拟合。

（4）根据拟合模型，对 2015 年第 3 季度和第 4 季度、2016 年第 1 季度的石油价格进行预测。

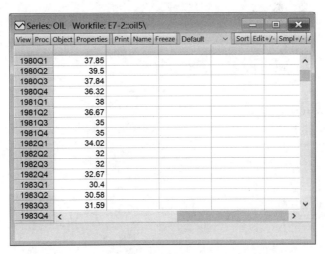

图 7-55　某交易所原油价格（序列 oil）

3. 工作文件 E7-3.WF1 存储的是 1867—1947 年某农场的农产品价格和产量等数据（见图 7-56），其中：序列 MAIZE_PRICE 为玉米销售价格，序列 MAIZE_YIELD 为玉米产量，序列 WAGES 为农场工人的工资，序列 PIG_PRICE 为生猪销售价格，序列 PIG_PRICE 为生猪产量。

（1）画出时序图，分析 5 个序列的平稳性。

（2）如果是非平稳序列，那么请选择适当的差分方式实现这些序列在差分后平稳。

（3）选择适当的模型对这 5 个序列进行拟合并进行 5 年期的序列预测。

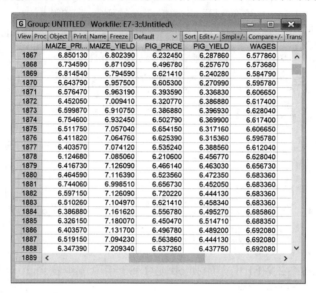

图 7-56　1867—1947 年某农场的农产品数据

第 8 章　带季节效应的时间序列模型

时间序列的季节效应是指序列随着季节变化，出现稳定的周期性变化。大量的时间序列带有季节效应，在进行这类数据拟合时，除了要考虑序列是否具有线性趋势，还要考虑季节的影响因素。本章主要学习在 EViews 中拟合 Census X-13 季节调整模型、Holt-Winters 指数平滑预测模型和 ARIMA 季节模型的方法。

8.1　Census X-13 季节调整模型

在时间序列中，季节效应最常见的是季度（Quarterly）和月度（Monthly）周期的循环变动。季节变动可能和生产周期、气候、节假日等有关。例如，冰淇淋的销售旺季往往出现在夏季，西方国家的玩具销售旺季往往在圣诞节期间。季节调整（Seasonal Adjustment）的过程就是消除这种季节变动因素，同时提取序列中潜在的趋势成分。

在 EViews 中，季节调整模型只能消除季度和月度类型的时间序列。打开一个时间序列，在主菜单（或工作区域的菜单栏）中依次选择 Proc|Seasonal Adjustment，弹出如图 8-1 所示的季节调整命令，包括 Census X-13、Census X-12、TRAMO/ SEATS、STL Decomposition 和 Moving Average Methods 等方法，前者实际上是后者的升级版。

Census X-13 由美国人口调查局开发，是比较先进、简单且实用的分析工具。它包含升级后的 X-11/X-12 和 TRAMO/SEATS ARIMA 版本，进行季节调整时，建议直接使用 X-13 模型。

EViews 软件包含一个名为 X13.EXE 的文件，当进行 Census X-13 分析时，EViews 软件会自动运行这个可执行文件。在图 8-1 中，选择 Census X-13 命令，弹出如图 8-2 所示的对话框，其中有 Variables、ARIMA、Seasonal Adjustment 和 Output 4 个选项组，下面分别介绍。

| Census X-13... |
| Census X-12... |
| TRAMO/SEATS... |
| STL Decomposition... |
| MoveReg... |
| Moving Average Methods... |

图 8-1　EViews 季节调整命令

- ❏ Variables 选项组：包含 Transform、X-13 built in regressors、User-defined regressors 和 Automatic outliers 4 个选项，用于将原序列和回归量转换为适合的 ARIMA 模型。
- ❏ ARIMA 选项组：包含 Model、Estimation 和 Forecast 3 个选项，用于设置 ARIMA 模型并提供基本的估计和预测。其中，在 Model|ARMIMA method 下，可以设置不同形式的 ARIMA 模型。
- ❏ Seasonal Adjustment 选项组：包含 Method 和 Force 两个选项。在 Method 选项中，可以选择基于 X-11 或 SEATS 的季节调整，也可以选择 None，在没有季节调整的情况下通过 X-13 简单估计 ARIMA 模型。
- ❏ Output 选项：选择某一种序列输出并加入工作文件中。

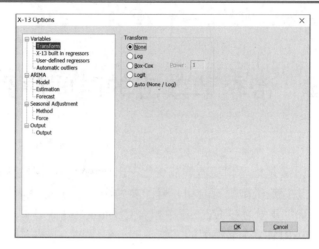

图 8-2　X-13 Options 对话框

【例 8-1】工作文件 S8-1.WF1 存储的是 2005 年 1 月至 2012 年 6 月，美国未经过季节调整的失业率数据（见图 8-3），序列 unratensa 为失业率。要求对该数据进行 X-11-Auto 季节调整，同时进行 SEATS 季节调整并对未来 24 个月进行预测。

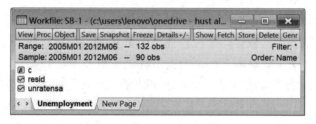

图 8-3　S8-1.WF1 工作文件窗口

（1）进行 X-11-Auto 季节调整。加拿大统计局在美国人口调查局的 X-11 模型基础上加入了 ARIMA 模型的多项功能。打开序列 unratensa，接着打开图 8-2 所示的 X-13 Options 对话框，在 ARIMA 选项组下，选择 Model|ARMIMA method|X-11 Auto，其他选择默认选项。在 Seasonal Adjustment 选项组下，选择 Method|Seasonal adjustment method|X-11。在 Output 选项组下，将 Final series output 下方的 4 个选项全部打勾。单击 OK 按钮，在工作文件窗口中将会出现 4 个新序列，其中，unratensa-d11 为季节调整序列，unratensa-d12 为趋势序列，unratensa-d10 为季节因子序列，unratensa-d13 为不规则成分序列。

Unratensa-d11 包含最终经过季节调整的序列，将它与序列 unratensa 建立序列组，输出如图 8-4 所示的折线图，其中，折线为未经过季节调整的序列 unratensa，线点图为经过季节调整的序列 unratensa_d11。可以看出，经过季节调整的序列比原序列更为平滑，说明软件消除了原序列的季节因素。

（2）进行 SEATS 调整并进行未来 24 个月的预测。SEATS 模型是具有默认值的时间序列回归模型，是欧盟成员国常用的一种季节调整模型。选择 Sample 进入 Sample 选项卡，将样本区间更改为 2005M01 至 2014M06（或在 command 内输入 smpl@first 2012m06+24，按 Enter 键）。打开图 8-2 所示的 X-13 Options 对话框，在 Variables 选项组下选择 Automatic outliers 选项，将 Outlier types（异常值类型）下的 4 个选项全部打勾（Additive、Level shift、Temporary change 和 Seasonal）。在 ARIMA 选项组下选择 Model 选项，在 ARIMA method

下选择 TRAMO Auto（自动信号提取）。在 Seasonal Adjustment 选项组下选择 Method 选项，在 Seasonal adjustment method 下选择 SEATS，在 Forecast output 下选择 Append forecasts（附加预测）。在 Output 选项组下选择 Output，在 Final series output 下选择前 4 个选项，在 Forecast output 下选择第 1 个选项（即默认选项 Seasonal adjustment）。单击 OK 按钮，输出结果会存入 5 个新的序列中，其中，unratensa_s11 为季节调整序列，unratensa_s12 为趋势序列，unratensa_s10 为季节因子序列，unratensa_s13 为不规则成分序列，unratensa_afd 为季节调整的预测。

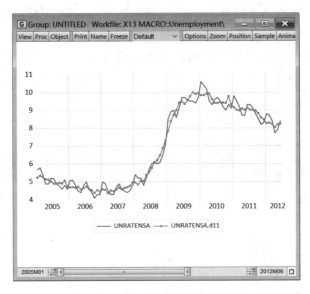

图 8-4　X-11-Auto 季节调整后的结果

（3）为序列 unratensa、unratensa_d11 和 unratensa_s11 建立序列组并取名为 group01。打开序列组 group01，输出如图 8-5 所示的折线图。可以看出，经过两种方式的季节调整，输出的序列 unratensa_d11 和 unratensa_s11 高度重叠，并且和原序列 unratensa 相比，线条更平滑，说明软件消除了原序列的季节因素。同时，也可以看出序列 unratensa_s11 进行了预测，未来 24 个月内，失业率可能呈现下行趋势。

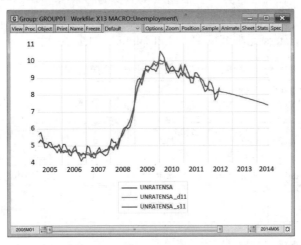

图 8-5　SEATS 季节调整后的结果

8.2　指数平滑预测模型

对于很多经济数据，特别是金融数据，可能存在波动不明显，或者短期波动剧烈、长期波动不明显的情况。在这种情况下，可以通过指数平滑法对序列进行预测。指数平滑法通过过去有限的数据，对未来直接进行预测，简单有效，经常用于短期和中期数据预测。

EViews 提供了两种指数平滑分析方法：简单指数平滑法（Simple Exponential Smoothing），它是基于传统的 ad hoc 方法；ETS 指数平滑法（Error-Trend-Seasonal or Exponential Smoothing），它是基于季节性错误趋势似然分析框架方法。打开一个时间序列，在主菜单中依次选择 Proc|Exponential Smoothing，将会弹出这两种分析方法的菜单命令（见图 8-6）。

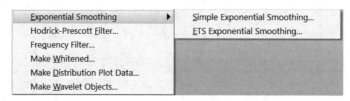

图 8-6　指数平滑法菜单

8.2.1　简单指数平滑法

简单指数平滑预测模型的理论基于因素分析法，对有季节效应的时间序列进行预测。它将时间序列分解为 4 种因素，即长期趋势（Trend）、循环波动（Circle）、季节波动（Season）和随机波动（Irrelevance），模型对时间序列分别提取这 4 种因素。根据时间序列是否具有长期趋势和季节效应，将序列分为以下几类：

❑ 无季节效应，无线性趋势。
❑ 无季节效应，有线性趋势。
❑ 有季节效应，有线性趋势，包括加法季节变动和乘法季节变动。

针对以上几种情况，EViews 提供了多种分析方法（见表 8-1），包括一次指数平滑、二次指数平滑、Holt-Winters 无季节模型、Holt-Winters 加法模型和 Holt-Winters 乘法模型。

表 8-1　EViews指数平滑预测模型分类

预测模型名称		参数个数	适　用
英　文	中　文		
Single Smoothing	一次指数平滑模型	1	无季节效应、无线性趋势
Double Smoothing	二次指数平滑模型	1	无季节效应、有线性趋势
Holt-Winters-No seasonal	Holt-Winters无季节模型	2	无季节效应、有线性趋势
Holt-Winters-Additive	Holt-Winters加法模型	3	有季节效应（加法季节变动）、有线性趋势
Holt-Winters-Multiplicative	Holt-Winters乘法模型	3	有季节效应（乘法季节变动）、有线性趋势

下面进行简单指数平滑分析。打开序列，依次选择 Proc | Exponential Smoothing | Simple Exponential Smoothing，弹出如图 8-7 所示的 Exponential Smoothing（指数平滑）对话框。在 Smoothing method 选项组中设定指数平滑的方法，即表 8-1 中的 5 种模型。在 Smoothing parameters 选项组中设定平滑系数，可以根据模型要求设置 1～3 个平滑系数，也可以由软件自动设定平滑系数，此时在右侧的文本框中将显示 E。在 Smoothed series 选项下方的文本框中可以设定平滑后输出的序列名，默认的输出为"原序列名+sm"。在 Estimation sample 选项下方的文本框中可以设定指数平滑的预测区间，默认值为工作文件的样本区间。Cycle for seasonal 选项用于设定一年内的周期数，例如输入 4，即为季度周期，默认值为 12（月度周期）。

图 8-7　Exponential Smoothing 对话框

如果不使用软件对平滑系数的默认设置，也可以自行设定，平滑系数为 0～1。从表 8-1 中可以看出，在一次指数平滑模型中，可以对平滑系数 Alpha 进行设定；在二次指数平滑模型中，可以对平滑系数 Beta 进行设定；在 Holt-Winters 无季节模型中，可以对 Alpha 和 Beta 两个平滑系数进行设定；在 Holt-Winters 加法模型和 Holt-Winters 乘法模型中，可以对 Alpha、Beta 和 Gamma 3 个平滑系数进行设定。

【例 8-2】新屋开工数（Housing Starts，HS）指开始动工建造的新房数量，是房地产市场的主要指标，也是一个重要的经济指标。工作文件 S8-2.WF1 存储的是 1959 年 1 月至 1991 年 12 月美国的 Housing Starts 数据（见图 8-8），请对该数据进行 Holt-Winters-Multiplicative 处理，即区间预测，并对 1989 年 1 月至 1991 年 12 月的序列 hs 进行预测，以判断模型的预测能力。

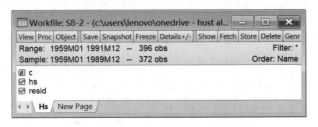

图 8-8　S8-2.WF1 工作文件窗口

打开序列 hs，进行简单指数平滑处理，弹出图 8-7 所示的对话框，在 Smoothing method 选项组中选择 Holt-Winters-Multiplicative。单击 OK 按钮，得到如图 8-9 所示的 Holt-Winters 乘法模型的输出结果，同时会得到一个文件名为 hssm 的平滑后序列。

图 8-9 分为三部分，其中：第一部分是指数平滑的说明；第二部分包括 Alpha、Beta 和 Gamma 3 个平滑系数以及用于预测的 2 个统计量 Sum of Squared Residuals（残差平方和）和 Root Mean Squared Error（均方根误差）的相关数据；第三部分包括用于预测模型的参数 Mean（均值）、Trend（趋势）及 Seasonals（季节因素）。

为了获得 1989 年 1 月至 1991 年 12 月的预测结果，需要改变样本区间。在工作文件窗口单击 Sample，将样本区间更改为 1989M01 至 1991M12，样本区间设置为 36 个月，便于对曲线进行观察。也可以不改变样本区间，单击输出图下方的时间进度条，将区间设置为

1989 年 1 月至 1991 年 12 月。

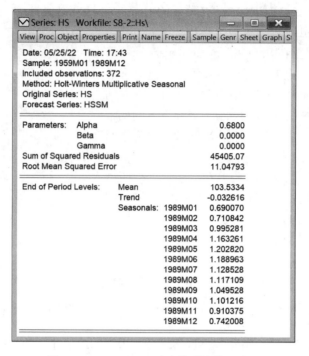

图 8-9　Holt-Winters 乘法模型的输出结果

　　为序列 hs 和 hssm 建立序列组，输出该序列的折线图。单击 View|Graph，在图形对话框中，选择 Graph Elements 选项，对两条曲线的基本属性进行设置，将曲线 hssm 设置为虚线，曲线 hs 为默认值，得到如图 8-10 所示的序列 hs 和平滑后序列 hssm 的折线图。

　　在图 8-10 中，序列 hs 是真实的新屋开工数据，序列 hssm 是平滑处理后的预测数据。将两组数据进行比较可以发现，平滑后的 hssm 曲线更好地追踪了原数据的季节性因素，同时也很好地反映了新屋开工数在未来 3 年内下滑的趋势。通过这个案例证实了指数平滑模型较适合对经济数据进行短期和中期的预测。

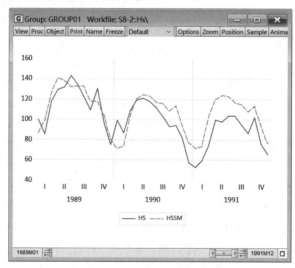

图 8-10　序列 hs 和 hssm 的折线图

8.2.2　ETS 指数平滑法

指数平滑法（Exponential Smoothing，ES）在统计和预测领域已经运用了几十年，是比较成熟的方法。近年来，在现代动态非线性模型（Dynamic Nonlinear Model）分析框架下，Hyndman 和 Koehler 等于 2002 年在 ES 方法的基础上提出了基于 Error-Trend-Seasonal 框架的 ETS 指数平滑法，更加适合带有季节效应的时间序列预测。

【例 8-3】工作文件 S8-2.WF1 存储的是 1959 年 1 月至 1991 年 12 月美国的 Housing Starts 数据（见图 8-8），请对该数据进行 ETS 处理，即进行区间预测，并对 1989 年 1 月至 1991 年 12 月时间序列 hs 的值进行预测，以判断模型的预测能力。

在 EViews 软件中打开序列 hs，选择 Proc | Exponential Smoothing | ETS Exponential Smoothing，弹出如图 8-11 所示的对话框。Specification 选项卡的设置为：在 Model specification 选项组下全部选择 Auto，由软件自动设定模型类型；在 Sample specification 下方的 Estimation sample 文本框中输入 1959M0 和 1991M12，Forecast end point 用于设定预测区间的终点，在其中输入 1991M12，即预测区间为 1989 年 1 月至 1991 年 12 月；Seasonal specification 用于设定月度数据，在其中输入 12；Parameters 是平滑系数，由软件自动设定；Model Selection 为滞后项的设置，这里选择 Akaike Info Criterion（赤池信息准则）。

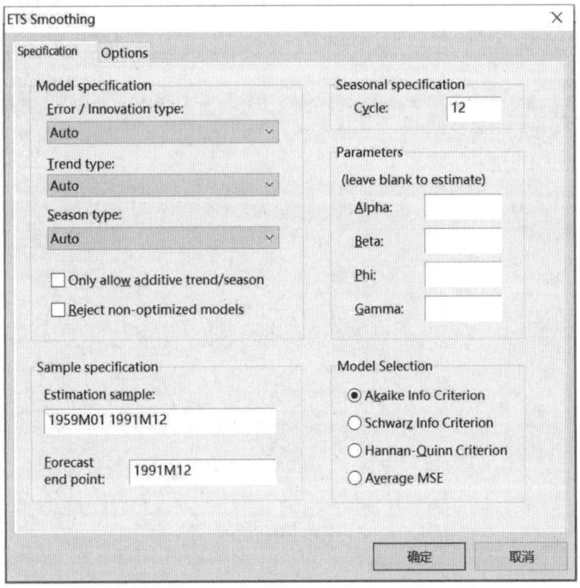

图 8-11　ETS Smoothing 对话框

Options 选项卡的设置（见图 8-12）：只设置 Display 选项组，Decomposition Graph 选项选择 Multiple graphs（复合表格），将 Forecast、Level、Trend 和 Season 全选，Forecast comparison 和 Likelihood comparison 的选项也全选。单击"确定"按钮，结果如图 8-13 所示，软件同时会生成一个名为 hs_sm 的预测序列。

在图 8-13 左边的方框中可以选择输出的样式，包括 Estimation Output（模型估计输出）、Decomposition Graph（分解图）、Forecast Comparison Graph（预测比较图）、Forecast Comparison Table（预测比较表）、AIC Comparison Graph（AIC 比较图）和 LL-based

Comparison Table（似然比较图）。默认的输出格式为图 8-13 所示的 Estimation Output 形式，包含说明、平滑估计和初始平滑系数参数及汇总统计量。

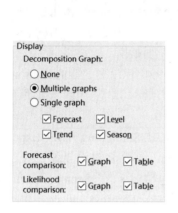

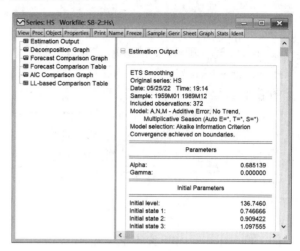

图 8-12　ETS Smoothing 的 Display 选项组　　　图 8-13　ETS Smoothing 的输出结果

　　将序列 hs 和 hs_sm 建立序列组，输出如图 8-14 所示的折线图，调整下方的时间进度条，将时间区间设置为 1989 年 1 月至 1991 年 12 月，同时和图 8-10 进行比较。可以发现，图 8-14 所示的预测曲线更为平滑，和实际值更接近，说明 ETS 的预测效果更好。

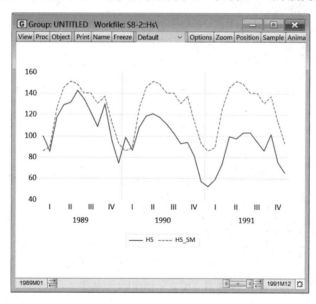

图 8-14　序列 hs 和 hs_sm 的折线图

8.3　加法和乘法模型

　　在因素分析法中，可以将中、长期的时间序列分解为 4 种因素：长期趋势（Trend）、循环波动（Circle）、季节波动（Season）和随机波动（Irrelevance），所有时间序列都可以

描述为这 4 个因素的函数，即

$$x_t = f(T_t, C_t, S_t, I_t) \tag{8-1}$$

实践中最常用的是加法和乘法模型。在加法模型中，各种影响因素是相互独立的，理论上，循环波动和季节波动的影响在某个周期内的均值为 0；随机波动的影响，在长期时间内均值也为 0。加法模型的表达式如下：

$$x_t = T_t + C_t + S_t + I_t \tag{8-2}$$

在乘法模型中，周期波动的振幅随着长期趋势而变化，呈现出有规律地增加或减少的趋势。乘法模型的表达式如下：

$$x_t = T_t \times C_t \times S_t \times I_t \tag{8-3}$$

【例 8-4】工作文件 S8-3.WF1 存储的是 1949 年 1 月至 1960 年 12 月某航空公司乘客的数据（见图 8-15），序列 passenger 为乘客数量。要求对原序列进行对数化处理，并将对数序列和原序列进行比较，判断其是否具有加法或乘法模型的特征。

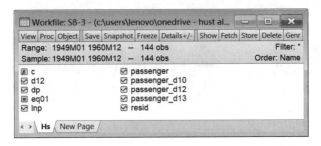

图 8-15　S8-3.WF1 工作文件窗口

在 EViews 中打开序列 passenger，输出如图 8-16 所示的时序图。对序列 passenger 进行对数处理，打开 Generate Series by Equation 对话框，输入 lnp=log(passenger)，接着打开序列 lnp，输出如图 8-17 所示的时序图。

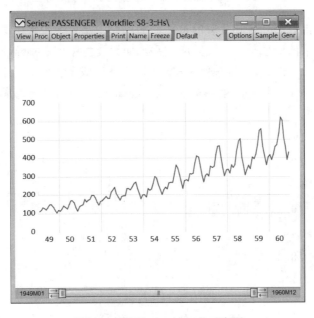

图 8-16　序列 passenger 的时序图

在图 8-16 中，序列 passenger 明显受长期趋势（Trend），以年为周期的季节变动（Season）及随机波动（irrelevance）的影响。随着时间的推进，季节波动的振幅越来越大，说明季节效应同时受到长期趋势的影响，是典型的乘法模型。模型可以简化为：

$$x_t = T_t \times S_t \times I_t \tag{8-4}$$

在图 8-17 中，序列 lnp 同样明显受长期趋势、以年为周期的季节及随机波动的影响。随着时间的推进，季节波动的振幅不明显，季节效应受到长期趋势的影响较小，是典型的加法模型。模型可以简化为

$$x_t = T_t + S_t + I_t \tag{8-5}$$

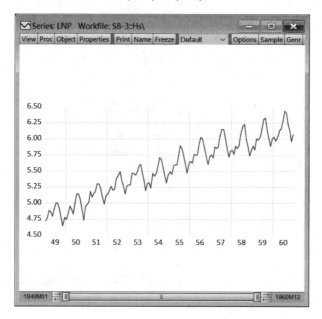

图 8-17　序列 passenger 的对数序列 lnp 的时序图

拟合模型就是提取序列各种效应的过程，加法模型是长期趋势、季节变动和随机变动这 3 种效应相加，乘法模型是这 3 种效应相乘。如果要将序列 passenger 分解为趋势效应、季节效应和随机效应三部分，可以按例 8-1 的操作步骤生成 3 个新序列：D10-Seasonal factors（季节因素）、D12-Trend（趋势因素）和 D13-Irregular component（不规则成分、随机因素），这 3 个序列分别对应图 8-18、图 8-19 和图 8-20。

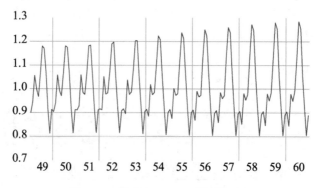

图 8-18　序列 passenger 的季节因素

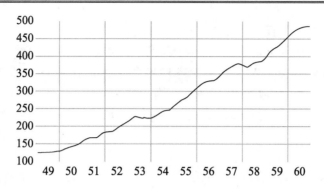

图 8-19　序列 passenger 的趋势因素

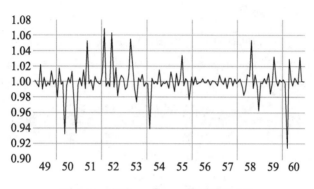

图 8-20　序列 passenger 的不规则成分

8.4　ARIMA 加法模型

作为经典的时间序列分析方法，ARIMA 模型可以对具有季节效应的时间序列建模。根据季节因素和其他因素之间的不同关系，ARIMA 模型分为加法模型和乘法模型。建模过程中同样要用到延迟算子。

根据 8.3 节的学习可知，ARIMA 加法模型中的季节效应和其他效应是加法关系，可以简化如下（即式（8-5））

$$x_t = T_t + S_t + I_t \tag{8-5}$$

ARIMA 加法模型通过对趋势效应和季节效应进行差分，将序列转化为平稳序列再进行模型拟合，加法模型也称作简单季节模型。它的模型可以通过如下形式表达：

$$\Delta^d \Delta_S x_t = \frac{B(L)}{A(L)} \varepsilon_t \tag{8-6}$$

加法模型包含两个差分，分别用于提取趋势效应和季节效应，在式（8-6）中：

❑ d 是提取趋势效应的差分阶数，称为 d 阶差分。

❑ S 为周期步长，是提取季节效应的差分阶数，称为 S 步差分。

❑ ε_t 是白噪声序列，服从 $E(\varepsilon_t) = 0, Var(\varepsilon_t) = \sigma^2$。

❑ $B(L) = 1 - \beta_1 L - \cdots - \beta_q L^q$，为 q 阶移动平均系数多项式（MA 项）。

❑ $A(L) = 1 - \alpha_1 L - \cdots - \alpha_p L^p$，为 p 阶自回归系数多项式（AR 项）。

加法模型一般记作 ARIMA$(p,(d,S),q)$ 或 ARIMA$(p,(d,S),q) \times (0,1,0)_s$。

【例 8-5】工作文件 S8-3.WF1 存储的是 1949 年 1 月至 1960 年 12 月某航空公司乘客的数据（见图 8-15）。要求对数据建立 ARIMA 加法模型。

在 EViews 软件中对序列 passenger 建立 ARIMA 加法模型，具体步骤如下。

1．绘制序列的时序图

绘制序列 passenger 的时序图（见图 8-16），发现该序列具有长期趋势，并且包含以年度为周期的季节效应。

2．对序列进行对数化处理

对序列 passenger 进行对数化处理，得到原序列的对数序列 lnp（见图 8-17），并且具有加法模型的特征。对序列 lnp 进行标准单位根检验，发现序列仍然是不平稳的，图 8-21 是包含常数项（Constant）和线性趋势（Linear trend）的标准单位根检验结果。

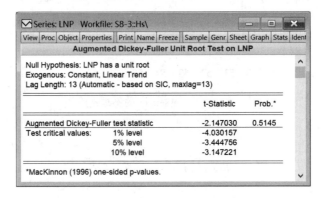

图 8-21　序列 lnp 的单位根检验结果

3．差分平稳化

从图 8-17 和图 8-18 中可以看到，原序列 passenger 和它的对数序列 lnp 都具有以年度为周期变化的季节特征，将季节周期设置为 12 个月。对序列 lnp 进行一阶差分消除线性趋势的影响，再进行 12 步差分消除季节因素的影响。单击 Genr，输入 d12=d(lnp,1,12)，进行一阶 12 步差分，得到新序列 d12 的时序图（见图 8-22）。

图 8-22 显示，序列 lnp 经过一阶 12 步差分处理后，序列 d12 已经没有显著的线性趋势和周期效应，随机波动也比较平稳。接着对差分后的序列分别进行单位根和白噪声检验。先对序列 d12 进行标准化单位根检验，显示是一个平稳序列，图 8-23 是包含常数项和趋势项的检验结果。

然后对序列 d12 进行白噪声检验。打开序列，依次选择 View|Correlogram，在弹出的对话框中选择 level，单击 OK 按钮，得到如图 8-24 所示的相关图。其中，右侧为 Q-统计量，假设显著性水平为 0.05，Q-统计量的伴随概率均远远小于 0.05，序列为非白噪声序列。

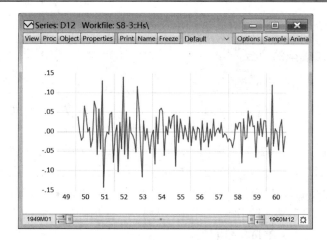

图 8-22　序列 d12 的时序图

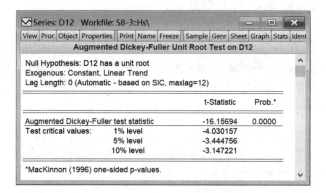

图 8-23　序列 d12 的单位根检验结果

图 8-24　序列 d12 的相关图

根据单位根检验和白噪声检验的结果显示，差分后的序列 d12 为平稳非白噪声序列，符合时间序列建模的要求，可以对其进一步拟合 ARIMA 模型。

4．ARIMA加法模型的拟合

因为是对差分后的序列进行拟合，所以拟合的是 ARIMA 模型。模型的拟合主要分为两步：一，考察差分后序列的自相关图和偏相关图，对拟合模型进行定阶；二，尝试拟合多个模型，多次测试，选择较优的一个或多个模型。

考查自相关图（见图 8-24）发现，一阶、三阶和十二阶的自相关系数均大于 2 倍标准差，尤其是一阶和十二阶，显著大于 2 倍标准差，因此尝试拟合疏系数模型 MA(1,3,12)、MA(1,12)，以及 MA(1)、MA(12)。在偏自相图中，一阶、九阶和十二阶的偏自相关系数均大于 2 倍标准差，尤其是一阶和十二阶显著大于 2 倍标准差，同样尝试拟合疏系数模型 AR(1,9,12)、AR(1,12)及 AR(1)、AR(12)。

本案例拟合的是差分后序列的模型，实际上就是拟合疏系数的季节加法模型。经过多次尝试拟合，选择了 ARIMA(1,(1,12),12)模型。

在主菜单中依次选择 Quick | Estimate Equation，在 Specification 选项组的 Equation specification 中输入 d12 ar(1) ma(12)，中间以空格间隔；Estimation settings 估计方法选择默认的 LS-Least Squares(NLS and ARMA)。在 Options 选项组中，ARMA 模型参数估计的方法选择 CLS（条件最小二乘估计）。单击"确定"按钮，得到如图 8-25 所示的 ARIMA(1,(1,12),12)模型输出结果。本例中，常数项十分不显著，可以不设置常数项 c。

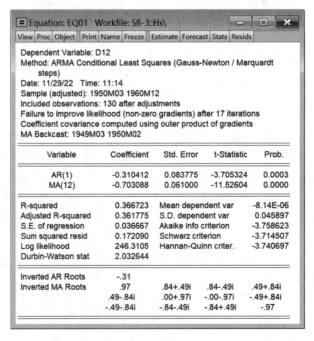

图 8-25　ARIMA（1,(1,12)）模型的估计输出结果

根据图 8-25 的输出结果进行 ARIMA 加法模型拟合。根据公式（8-6），加法模型等式的左边：$d = 1$，$S = 12$；加法模型等式的右边：$A(L)$ 为图 8-25 输出结果中的 AR 项，$B(L)$ 为输出结果中的 MA 项。

在式（8-6）中，Δ^d 和 Δ_S 为差分项，可以用延迟算子 L 表示。因此，模型可以表达如下：

$$\Delta\Delta_{12}x_t = \frac{1-0.703L^{12}}{1+0.31L}\varepsilon_t \tag{8-7}$$

或

$$(1-L)(1-L^{12})x_t = \frac{1-0.703L^{12}}{1+0.31L}\varepsilon_t \tag{8-8}$$

5．模型的检验

（1）模型的显著性检验，主要看模型的残差是否为白噪声序列，如果残差为白噪声序列，则说明模型的信息提取充分，模型是显著的。

对 ARIMA(1,(1,12),12)模型的输出结果进行残差检验，得到如图 8-26 所示的残差相关图，如果设定的显著性水平为 0.05，可以看出 Q-统计量的伴随概率 P-值，除了四阶外均大于 0.05，可以认为残差为白噪声序列。

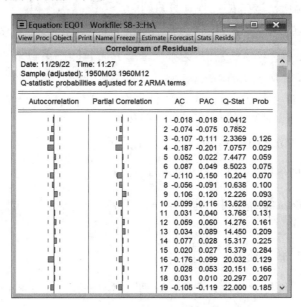

图 8-26　模型 ARIMA(1,(1,12),12)的残差检验结果

（2）参数显著性检验。如图 8-25 所示，拟合模型的两个参数的 t-检验值的伴随概率远小于设定的显著性水平 0.05，可以认定两个参数显著非零。

6．模型的优化

本例尝试拟合了多个模型，经过检验，以及对不同模型的 AIC 和 SC 值进行比较，最终选择最小 AIC 和 SC 值作为相对最优模型。

8.5　ARIMA 乘法模型

实践中的经济和金融数据，在模型拟合后以乘法模型更常见，即序列的季节效应、长期趋势效应和随机波动之间是相互影响的，而不是简单相加。乘法模型通常由两部分构成，即短期相关性和长期的季节效应，它们之间具有乘积的关系，因此叫作乘法模型。

短期相关性可以通过低阶的 ARMA(p,q) 模型来提取，中长期的季节相关性可以使用以步长为 S 的 ARMA(P,Q)$_s$ 模型来提取。和简单的加法模型相比较，乘法模型多了季节项 $A_S(L)$ 和 $B_S(L)$。它的模型形式可以表达为

$$\Delta^d \Delta_S^D x_t = \frac{B(L)B_S(L)}{A(L)A_S(L)} \varepsilon_t \tag{8-9}$$

乘法模型同样包含两个差分，分别用于提取趋势效应和季节效应，在式（8-9）中：

❑ d 是提取趋势效应的差分阶数，称为 d 阶差分。

❑ S 为周期步长，是提取季节效应的差分阶数，称为 D 阶 S 步差分。

❑ ε_t 是白噪声序列，服从 $E(\varepsilon_t) = 0, \mathrm{Var}(\varepsilon_t) = \sigma^2$。

❑ $B(L) = 1 - \beta_1 L - \cdots - \beta_q L^q$，为 q 阶移动平均系数多项式（MA 项）。

❑ $A(L) = 1 - \alpha_1 L - \cdots - \alpha_p L^p$，为 p 阶自回归系数多项式（AR 项）。

❑ $B_S(L) = 1 - \beta_1 L^S - \cdots - \beta_Q L^{QS}$，为乘法季节 Q 阶移动平均系数多项式（SMA 项）。

❑ $A_S(L) = 1 - \alpha_1 L^S - \cdots - \alpha_P L^{PS}$，为乘法季节 P 阶自回归系数多项式（SAR 项）。

乘法模型记作 ARIMA(p,d,q)×(P,D,Q)$_s$。

【例 8-6】工作文件 S8-3.WF1 存储的是 1949 年 1 月至 1960 年 12 月航空公司乘客的数据（见图 8-15）。要求对数据建立 ARIMA 乘法模型。

本例用 ARIMA 乘法模型进行拟合，分以下几步。

1. 绘制序列的时序图

绘制序列 passenger 的时序图（见图 8-16），发现该序列具有长期趋势，并且含有以年为周期的季节效应。

2. 对序列进行对数化处理

对序列 passenger 进行对数化处理后，序列仍然不平稳（见图 8-17 和图 8-21）。

3. 差分平稳化

对序列 lnp 进行一阶差分处理消除趋势，再进行 12 步差分消除季节效应的影响。单击 Genr，输入 d12=d(lnp,1,12)，差分后的序列 d12 的时序图如图 8-22 所示。

4. ARIMA乘法模型的定阶

乘法模型考虑到短期相关性和长期的季节效应，实际上是短期相关模型和季节相关模型的乘积。

观察图 8-24 中的序列 d12 的相关图，首先考虑差分后序列在短期（滞后期在 12 阶以内）的自相关系数和偏相关系数的特征，显示在 12 阶差分内的自相关系数和偏相关系数均拖尾，考虑使用 ARMA(1,1) 模型提取差分后序列的短期自相关信息。

其次，考虑差分后序列的季节自相关性，本例是以年度（12 个月）为周期，因此考察延迟 12 阶、24 阶、36 阶、48 阶等以 12 个月为周期单位的自相关系数和偏自相关系数特征。将图 8-24 向下延长，足以观察到超过滞后 48 阶以上的自相关图（见图 8-27 和图 8-28），

可以发现，延迟 12 阶的自相关系数和偏自相关系数均显著非零，并且大于 2 倍标准差；但延迟 24 阶、36 阶、48 阶的自相关系数和偏自相关系数均落入 2 倍标准差范围。可以认为季节自相关系数和季节偏自相关系数均在 12 阶截尾，考虑以 12 步为周期的 $\mathrm{ARMA}(1,1)_{12}$ 模型提取差分后序列的季节自相关和偏相关信息。

		Correlogram of D12			
		11	0.064	0.047	29.969	0.002
		12	-0.387	-0.339	51.473	0.000
		13	0.152	-0.109	54.866	0.000
		14	-0.058	-0.077	55.361	0.000
		15	0.150	-0.022	58.720	0.000
		16	-0.139	-0.140	61.645	0.000
		17	0.070	0.026	62.404	0.000
		18	0.016	0.115	62.442	0.000
		19	-0.011	-0.013	62.460	0.000
		20	-0.117	-0.167	64.598	0.000
		21	0.039	0.132	64.834	0.000
		22	-0.091	-0.072	66.168	0.000
		23	0.223	0.143	74.210	0.000
		24	-0.018	-0.067	74.265	0.000
		25	-0.100	-0.103	75.918	0.000
		26	0.049	-0.010	76.310	0.000
		27	-0.030	0.044	76.463	0.000
		28	0.047	-0.090	76.839	0.000
		29	-0.018	0.047	76.894	0.000
		30	-0.051	-0.005	77.344	0.000
		31	-0.054	-0.096	77.848	0.000
		32	0.196	-0.015	84.590	0.000
		33	-0.122	0.012	87.254	0.000
		34	0.078	-0.019	88.340	0.000
		35	-0.152	0.023	92.558	0.000
		36	-0.010	-0.165	92.577	0.000

图 8-27　序列 d12 的相关图（滞后 12～36 阶）

		Correlogram of D12			
		35	-0.152	0.023	92.558	0.000
		36	-0.010	-0.165	92.577	0.000
		37	0.047	-0.034	92.985	0.000
		38	0.031	0.009	93.168	0.000
		39	-0.015	0.045	93.211	0.000
		40	-0.034	-0.076	93.434	0.000
		41	-0.066	-0.175	94.267	0.000
		42	0.095	0.074	96.036	0.000
		43	-0.090	-0.103	97.627	0.000
		44	0.029	-0.061	97.794	0.000
		45	-0.037	-0.027	98.069	0.000
		46	-0.042	-0.123	98.433	0.000
		47	0.108	-0.013	100.86	0.000
		48	-0.050	-0.049	101.39	0.000
		49	0.105	0.088	103.73	0.000
		50	-0.017	0.126	103.80	0.000
		51	-0.032	0.011	104.01	0.000
		52	0.074	0.106	105.22	0.000
		53	0.044	0.057	105.66	0.000
		54	-0.095	0.051	107.69	0.000
		55	0.156	0.016	113.26	0.000
		56	-0.106	-0.045	115.86	0.000
		57	0.048	-0.066	116.40	0.000
		58	0.104	0.135	118.99	0.000
		59	-0.100	-0.014	121.42	0.000
		60	0.073	-0.005	122.74	0.000

图 8-28　序列 d12 的相关图（滞后 36～60 阶）

经过反复尝试和检验，最终要拟合的乘法模型为 $\mathrm{ARIMA}(0,1,1)\times(0,1,1)_{12}$，即

$$\Delta\Delta_{12}x_t=(1-\beta_1 L)(1-\beta_{12}L^{12})\varepsilon_t \tag{8-10}$$

从式（8-10）中可以看出，本例中只保留 MA 项和 SMA 项，没有 AR 项和 SAR 项。

5. 参数估计

在 EViews 中，季节乘法模型的自回归项和移动平均项用 SAR 和 SMA 表示。单击主菜单中的 Quick | Estimate Equation，在 Specification 选项组的 Equation specification 中输入 D12 MA(1) SMA(12)，中间以空格间隔；Estimation settings 的估计方法选择默认的 LS-Least Squares(NLS and ARMA)。在 Options 选项组中，ARMA 模型参数估计的方法选择 CLS（条件最小二乘估计）。单击"确定"按钮，得到如图 8-29 所示的 ARIMA$(0,1,1) \times (0,1,1)_{12}$ 模型的输出结果。根据式（8-9）和式（8-10），乘法模型的拟合结果可以表达为

$$\Delta\Delta_{12} x_t = (1 - 0.403L)(1 - 0.636L^{12})\varepsilon_t \tag{8-11}$$

或

$$(1 - L)(1 - L^{12}) x_t = (1 - 0.403L)(1 - 0.636L^{12})\varepsilon_t \tag{8-12}$$

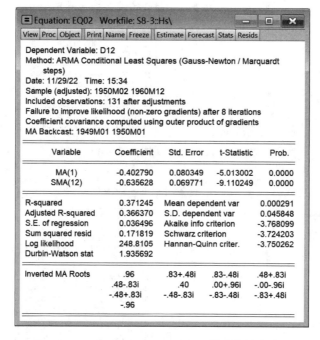

图 8-29　ARIMA$(0,1,1) \times (0,1,1)_{12}$ 模型的输出结果

6. 模型检验

（1）模型的显著性检验。对 ARIMA$(0,1,1) \times (0,1,1)_{12}$ 模型的输出结果进行残差检验，得到如图 8-30 所示的残差检验结果，如果设定的显著性水平为 0.05，可以看出 Q-统计量的伴随概率 P-值均大于 0.05，残差为白噪声序列，可以认为模型显著。

（2）参数的显著性检验。图 8-29 显示，拟合模型内两个参数的 t-检验值的伴随概率远远小于设定的显著性水平 0.05，可以认定两个参数显著非零。

7. 模型的优化

本例同样尝试拟合了多个模型，经过检验，以及对不同模型的 AIC 和 SC 值进行比较，最终选择最小 AIC 和 SC 值作为相对最优模型。

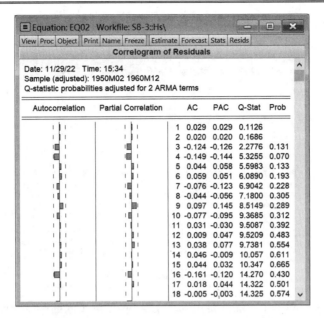

图 8-30 ARIMA$(0,1,1)\times(0,1,1)_{12}$ 模型的残差检验

8.6 上 机 练 习

1. 在工作文件 E8-1.WF1 中，序列 consumption 是 1990—2011 年消费者的月度消费数据（见图 8-31），共 264 个样本。

（1）画出序列 consumption 的时序图，直观判断是否存在季节效应。

（2）对序列 consumption 进行标准单位根检验，判断其是否为平稳序列。如果是非平稳时间序列，则进行差分处理后获得平稳时间序列。

（3）对序列 consumption 进行 Census X-13 季节调整，消除季节因素，同时对未来 12 个月的消费进行预测。

（4）对序列 consumption 进行简单指数平滑处理，消除季节因素。

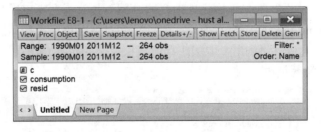

图 8-31 E8-1.WF1 工作文件窗口

2. 在工作文件 E8-2.WF1 中，序列 x 为某商品在 2001 年初 9 周的需求量（见图 8-32）。

（1）修改工作文件的样本区间，将样本扩展为 10 周。

（2）使用 Holt-Winters 无季节模型、Holt-Winters 加法模型和 Holt-Winters 乘法模型等方法，对序列 x 进行简单指数平滑，同时进行预测。

（3）对比几种指数平滑方法，判断哪种方法更适合本例的预测。

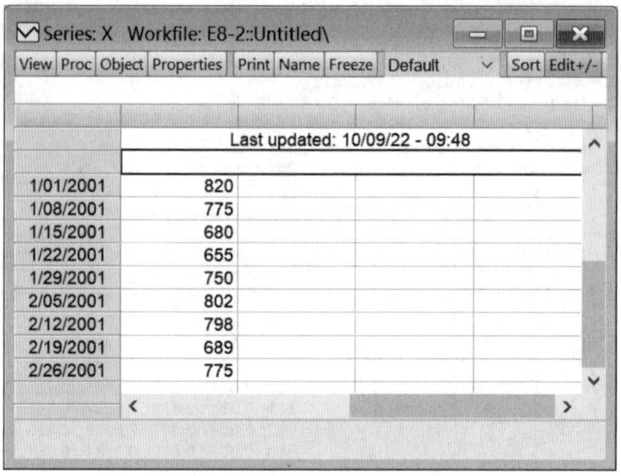

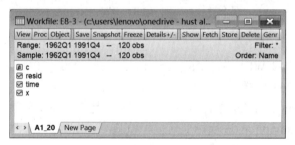

图 8-32　序列 x 的列表

3. 工作文件 E8-3.WF1 中存储的是 1962—1991 年德国工人的季度失业数据（见图 8-33）。

（1）画出序列 x 的时序图，判断是否存在季节效应。

（2）对序列 x 进行差分平稳化处理，同时判断其是否为白噪声序列。

（3）对序列 x 进行 ARIMA 加法模型拟合并对拟合结果进行检验。

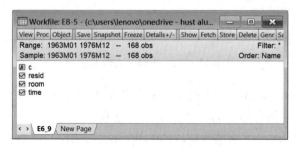

图 8-33　E8-3.WF1 工作文件窗口

4. 工作文件 E8-4.WF1 存储的是 1963—1976 年某酒店入住房间数量的数据（见图 8-34）。

（1）画出序列 room 的时序图，判断是否存在季节效应。

（2）对序列 room 进行差分平稳化处理，同时判断是否为白噪声序列。

（3）对序列 room 进行简单指数平滑法拟合，并对下一年度进行预测。

（4）对序列 room 进行 ARIMA 加法或乘法模型拟合并对拟合结果进行检验，然后对下一年度酒店入住房间数量进行预测。

图 8-34　E8-5.WF1 工作文件窗口

第9章 条件异方差模型

传统时间序列分析是假定变量具有恒定方差的性质，但在实践中，大部分的经济和金融领域变量会随着时间的变化而发生变化。1982 年，著名经济学家罗伯特·恩格尔（Robert F. Engle）在研究英国通货膨胀问题时发现，使用经典的 ARIMA 模型得出的结论并不理想。他对残差序列进行仔细分析后，发现原因在于残差序列方差的变化。随即，罗伯特·恩格尔构造了自回归条件异方差模型（Autoregressive Conditional Heteroskedastic Model），即 ARCH 模型。这个模型的建立意义重大，解决了传统时间序列分析中残差的方差非恒定问题。在经济时间序列分析领域，罗伯特·恩格尔和克莱夫 W.J.格兰杰是重要的两位计量经济学家，他们在加州大学圣地亚哥分校共事多年，并在 2003 年同时获得诺贝尔经济学奖。ARCH 模型经过波勒斯勒夫（Bollerslev）和泰勒（Taylor）的进一步概括，1986 年，他们提出了可以普遍应用的广义自回归条件异方差模型（Generalized Autoregressive Conditional Heteroskedastic Model），即 GARCH 模型。

9.1 异方差问题

随机变量随着时间的变化具有恒定方差的现象称为同方差（Homoscedastic），如果方差随着时间的变化而变化则称为异方差（Heteroscedastic）。异方差的存在，会导致拟合模型不准确，失去了解释的意义和预测的效果。

9.1.1 异方差的定义

方差（Variance）是序列值和它的平均值的离差平方的平均数，反映数据的离散程度。一个理想模型的残差应当是一个纯随机性序列，如果它具有恒定的方差，则称为同方差（Homoscedastic），如果方差随着时间参数变化而发生显著的变化，则称为异方差（Heteroscedastic）。残差序列的方差就是它平方的期望，即：

$$\text{Var}(\varepsilon_t) = E(\varepsilon_t^2) \tag{9-1}$$

因此，考查残差序列是否方差齐性，主要考查的是残差平方的性质。同方差表示残差的平方应当在一个常数值附近波动，它的变动没有明显规律性，同方差记作：

$$E(\varepsilon_t^2) = \sigma_\varepsilon^2 \tag{9-2}$$

异方差表示残差的平方随着时间的变化而发生显著的变化，它是时间的函数，异方差记作：

$$E(\varepsilon_t^2) = \sigma_t^2 \tag{9-3}$$

9.1.2　异方差的判断

对 ARIMA 模型进行拟合后，可以通过检验残差序列是否为纯随机序列，来判断模型是否显著。纯随机序列应该满足 3 个条件：

（1）零均值，即 $E(\varepsilon_t)=0$。这一项不需要检验，无论什么序列，只需要中心化处理，就可以达到零均值的目的。

（2）纯随机，即 $\mathrm{Cov}(\varepsilon_t,\varepsilon_{t-i})=0,\forall i\geqslant 1$。残差序列值之间的自协方差函数为 0，说明它们之间没有相关关系，这个可以通过 LB 检验来实现。

（3）方差齐性，即 $\mathrm{Var}(\varepsilon_t)=\sigma^2$。在以往的模型拟合过程中，没有对这个特性进行检验，默认了残差序列是方差齐性。

当残差序列是方差非齐性时，残差的方差估计将会不准确，同样也会影响拟合模型的预测精度。条件异方差模型就是针对方差非齐性时的模型拟合。

【例 9-1】工作文件 S9-1.WF1 存储的是 2016 年 1 月至 2020 年 12 月中国居民消费价格指数数据（见图 9-1），考查序列 CPI 的方差齐性特征。

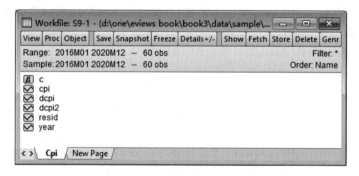

图 9-1　S9-1.WF1 工作文件窗口

在 EViews 中打开序列 CPI，画出它的时序图（见图 9-2），图中显示序列显著非平稳。

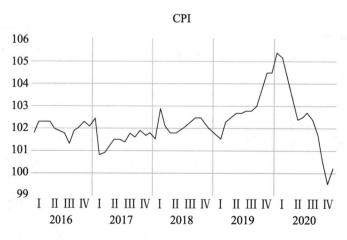

图 9-2　2016—2020 年中国居民消费价格指数的时序图

对序列 CPI 进行一阶差分，把差分后的序列 DCPI 作为序列 CPI 的残差序列，在 EViews 中打开 DCPI 的序列图（见图 9-3），显示均值平稳，但方差之间有显著差异。

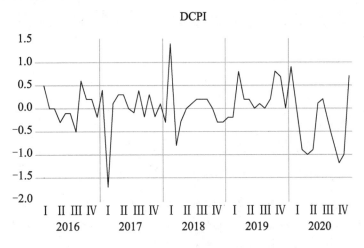

图 9-3　一阶差分后残差序列时序图 1

在 EViews 操作窗口中打开 Generate Series by Equation 对话框，在 Enter equation 中输入 dcpi2=dcpi^2，得到 CPI 的残差平方序列。打开序列 DCPI2 的序列图（见图 9-4），图中显示残差平方序列具有显著的异方差性，尤其是在 2016—2017 年、2017—2018 年，异方差特征十分明显。

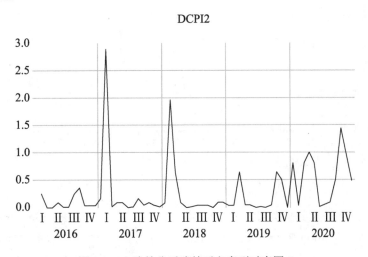

图 9-4　一阶差分后残差平方序列时序图 2

9.1.3　方差齐性变换

大部分数据的异方差形态是没有规律的，但是在经济和金融数据中，有一部分数据的异方差性具有一定的规律性。当序列的波动和它的水平值（即方差和均值）正相关时，可以通过对序列取自然对数，消除或改善异方差性。

【例 9-2】工作文件 S9-2.WF1 存储的是 1996 年 1 月至 2019 年 12 月中国进出口总值序

列 trade 的月度数据（见图 9-5），对该序列进行对数和差分变换，观察变换前后序列的方差齐性特征。

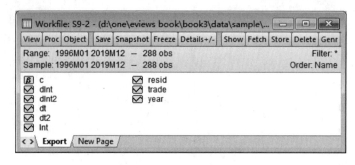

图 9-5　S9-2.WF1 工作文件窗口

在 EViews 中打开中国进出口总值序列 trade 的时序图（见图 9-6），可以发现，2008年之前，序列的波动幅度较小，2008 年之后，随着进出口总值水平的增加，序列波动幅度也随之增加，可以看出，中国的进出口总值表现出明显的异方差特征。

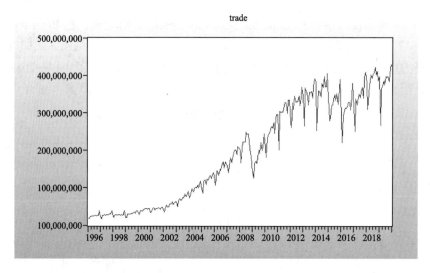

图 9-6　进出口总值序列 trade 的时序图

对序列 trade 进行对数化处理。在 EViews 操作窗口中打开 Generate Series by Equation 对话框，在 Enter equation 中输入 lnt=log(trade)，得到 trade 序列的对数序列 lnt。打开序列 lnt（见图 9-7），可以发现，经过对数转换，2008 年以后中国进出口总值水平的波动幅度明显变小，说明异方差问题得到了较大的改善。

分别对序列 trade 和序列 lnt 进行一阶差分变换，得到新序列 dt 和 dlnt，两个新序列可以看作原序列的残差序列。打开这两个新序列的时序图。在图 9-8 中，未经过对数化处理的残差方差随着均值的递增而增长，波动幅度呈现明显的增长趋势；在图 9-9 中，经过对数化处理的残差方差的波动幅度，随着均值的递增并没有出现明显的增长趋势。

可以看出，对原序列进行对数变换，可以在一定程度上消除序列的异方差性。但是对数变换一般适用于变量的方差和均值之间具有线性关系的情况。很多经济和金融数据具有方差随着均值递增而递增的特征，实践中，在建模前的数据预处理环节，都会把原始序列进行对数变换。此外，对数变换后不会改变数据的性质和它们之间的关系，模型仍然具有非常好的经济学意义，变量前面的参数（系数）代表的是百分比的变化率，也就是变量之间的弹性。

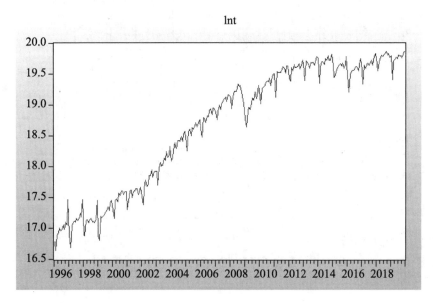

图 9-7　序列 trade 对数化处理后的时序图

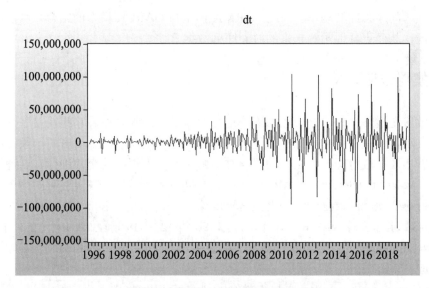

图 9-8　序列 trade 的一阶差分残差图

在大部分情况下，数据的方差和均值之间并不具有线性关系，即使数据的方差和均值之间存在较强的线性关系，对数变换也不能完全消除异方差问题。因此需要进一步对序列的方差齐性和异方差问题进行处理，也就是尝试拟合条件异方差模型。

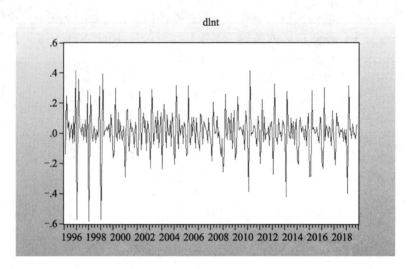

图 9-9　对数化处理后序列 trade 的一阶差分残差图

9.2　ARCH 与 GARCH 模型

ARCH 和 GARCH 模型主要用于预测和分析金融序列中的时间序列数据,如股票价格、汇率和指数等。ARMA 模型可以捕获历史数据和趋势,而 ARCH 和 GARCH 模型可以捕获用于金融时间序列的波动率。因此,ARMA 模型与 GARCH 模型的结合,可以同时捕获这两种特征,从而更好地预测未来的时间序列数据。

9.2.1　集群效应

集群效应是指一个时间序列在消除确定性的非平稳因素之后,它的残差序列在大部分时段小幅波动,但在某些时段持续出现大幅波动。也就是序列的波动出现一段时间的小幅波动,接着出现一段时间的大幅波动,同时小幅波动和大幅波动交替进行。这种特征称作集群效应(Volatility Cluster)或 ARCH 效应。集群效应经常出现在金融时间序列中,而国内生产总值等宏观经济数据则很少出现这种现象。

【例 9-3】工作文件 S9-3.WF1 存储的是 1990 年 12 月 19 日至 2021 年 12 月 17 日上证指数(代码:000001)每日收盘价的数据(见图 9-10),分析上证指数每日收盘价序列 close 的集群效应。

在 EViews 中打开上证指数每日收盘价序列 close 的时序图(见图 9-11),发现该序列随着时间的递增有明显的波动,具有显著的非平稳特征。同时发现中国股市在 2007 年 10 月和 2015 年 6 月出现了两个高点,分别超过 6000 点和 5000 点。

对序列 close 进行一阶差分变换,提取趋势信息后得到新的序列 dclose,打开它的时序图见图 9-12,可以看到,上证指数序列具有典型的集群效应。在 2007—2008 年、2015—2016 年期间,上证指数处于大幅度的波动时期;在 1993 年、1996—1997 年、2001—2002 年、2018—2019 年及 2020 年期间,上证指数处于较大幅度的波动时期;其余时间段出现了较小幅度的波动。

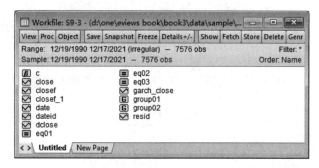

图 9-10　S9-3.WF1 工作文件窗口

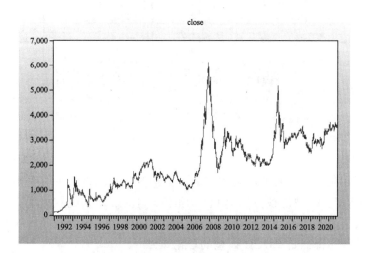

图 9-11　上证指数每日收盘价序列 close 的时序图

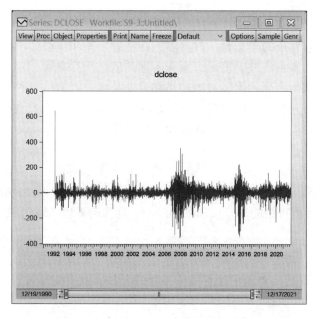

图 9-12　序列 close 一阶差分后的时序图

在图 9-12 的下方有一个时间进度条，拉动进度条，可以考查短期的上证指数序列的波动情况，选取 2013 年 1 月 4 日至 2016 年 12 月 30 日期间的上证指数（见图 9-13），可以看出，在 2015 年前后的这段时间内，上证指数同样具有明显的集群效应。

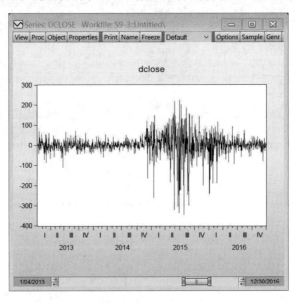

图 9-13　短期内上证指数一阶差分后序列的时序图

由于时间序列在某一个时期内有集中的波动幅度，这就带来了两个问题：一是原来基于方差齐性的 ARMA 模型建模方法，其波动范围是平均的，不能预测现实中波动幅度较大的区间；二是数据在短期内的波动有一定的规律性，说明在这个区间内序列值之间是有相关性的。集群效应的特征是 ARCH 模型的理论基础。

9.2.2　ARCH 模型

罗伯特·恩格尔教授的设想是，时间序列存在异方差和集群效应，集群效应表示序列存在交替的大幅波动和小幅波动情况，意味着序列值之间存在着一定的规律，能够找出它们之间的相关性。因为序列的大幅波动和小幅波动是由异方差引起的，它们之间又具有相关性，所以可以通过方差来建立模型。一个完整的 ARCH 模型由三部分组成：条件均值模型，条件方差和条件误差分布。ARCH 模型可以表达如下：

$$h_t = \omega + \sum_{i=1}^{q} \alpha_i \varepsilon_{t-i}^2 \tag{9-4}$$

式（9-4）的模型结构是一个 q 阶自回归条件异方差模型，记作 ARCH(q)。方程右边的求和项可以看作根据过去的误差项建立的一个 q 阶移动平均（MA）模型。误差项表达为

$$\varepsilon_t = \sqrt{h_t} e_t \tag{9-5}$$

在式（9-5）中，$e_t \sim N(0,1)$。

由于 ARCH 过程是一个弱平稳且持续不断的无条件方差变动过程，因此其表达为

$$\sigma^2 = \frac{\omega}{1 - \sum\limits_{i=1}^{q} \alpha_i} \tag{9-6}$$

9.2.3　GARCH 模型

ARCH 模型需要较为严格的参数约束条件，同时对序列的信息提取也不够充分，长期的预测效果有时候不够理想。

1986 年，罗伯特·恩格尔教授的学生 Bollerslev 在 ARCH 模型基础上，提出了可以更加普遍应用的广义自回归条件异方差模型（Generalized AutoRegressive Conditional Heteroskedastic Model），即 GARCH 模型。GARCH 模型可以理解为 p 阶自回归模型和 q 阶移动平均模型的结合，记作 GARCH (p, q)。GARCH 模型同样可以分为三部分：均值模型、异方差分布假定和条件异方差模型。它们的表达式分别如下：

$$x_t = f(t, x_{t-1}, x_{t-2}, \cdots) + \varepsilon_t \tag{9-7}$$

$$\varepsilon_t = \sqrt{h_t} e_t, \quad e_t \sim N(0,1) \tag{9-8}$$

$$h_t = \omega + \sum_{j=1}^{p} \beta_j h_{t-j} + \sum_{i=1}^{q} \alpha_i \varepsilon_{t-i}^2 \tag{9-9}$$

Bollerslev 最早提出的 GARCH 为 GARCH(1,1)模型，其结构简单，参数少，对序列的信息提取充分，可以进行中长期预测，是常见的 GARCH 模型，可以表达为

$$h_t = \omega + \beta h_{t-1} + \alpha (r_{t-1} - m_{t-1})^2 = \omega + \beta h_{t-1} + \alpha h_{t-1} \varepsilon_{t-1}^2 \tag{9-10}$$

令 $\sigma^2 = h_t$，模型也可以表达为

$$\sigma^2 = \omega + \sum_{j=1}^{p} \beta_j h_{t-j} + \sum_{i=1}^{q} \alpha_i \varepsilon_{t-i}^2 \tag{9-11}$$

9.3　GARCH 模型的拟合

GARCH 模型的拟合步骤主要有：构建均值模型，对残差序列进行异方差检验，拟合 GARCH 模型，模型的检验和优化，利用模型进行预测。

【例 9-4】工作文件 S9-3.WF1 存储的是 1990 年 12 月 19 日至 2021 年 12 月 17 日上证指数（代码：000001）每日收盘价的数据（见图 9-10）。要求对上证指数每日收盘价序列 close 建立 GARCH（1,1）和 ARCH（4）模型。

针对这个案例，可以分成以下几个步骤来建立 GARCH 模型。

1. 建立均值模型

均值模型也称作均值方程或水平模型，均值模型可以是经典的回归模型，也可以是其他模型。在金融数据分析中，最常用的均值模型是 ARIMA 模型。下面建立一个 ARIMA 模型。

（1）对序列进行平稳性检验。

在 EViews 中对序列 close 进行单位根检验，ADF 检验一般适用于同方差序列的检验，

对于可能存在异方差的序列，可以选择 Phillips-Perron 检验（P-P 检验）。

根据图 9-10 显示，原序列 close 是一个非平稳的时间序列。经过一阶差分，得到新序列 dclose，图 9-12 为差分后序列的时序图。

打开序列 dclose，依次选择 View | Unit Root Tests | Standard Unit Root，弹出标准单位根检验的对话框，在 Test type 选项组中选择 Phillips-Perron，其他为默认选择，单击 OK 按钮，得到图 9-14 所示的单位根 P-P 检验结果。原假设是序列存在一个单位根，t-统计量检验的伴随概率为 0.0001，远远小于设定的显著性水平 0.05，因此拒绝原假设，认为差分后的序列为平稳序列。

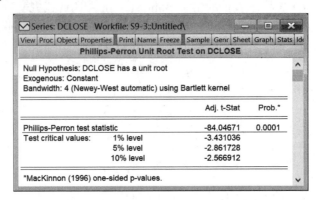

图 9-14　序列 dclose 的单位根 P-P 检验结果

（2）对差分后的残差序列进行纯随机性检验。

前面讲过，纯随机性检验通常有两种方法：一是检验样本的自相关系数，纯随机序列的自相关系数接近于 0；二是 LB（Ljung-Box）统计量检验，也称作 Q-统计量检验，如果它的伴随概率小于设定的显著性水平，则为非纯随机性序列，反之为纯随机性序列。

纯随机性检验的 LB 统计量检验的前提是序列满足方差齐性假定。当序列存在异方差情况时，通过 LB 统计量进行白噪声检验的结果可能不准确。在条件异方差场景下，LB 统计量的检验结果只能作为参考，不能只观察 LB 统计量的伴随概率 P-值，还需要检验自相关系数的大小。如果 LB 检验统计量的 P-值很小但自相关系数也非常小，那么可以认为差分后序列近似为白噪声序列。

打开序列 dclose，单击 View | Correlogram，得到如图 9-15 所示的序列相关图。从图 9-15 中可以看出，LB 检验的伴随概率 P-值均非常小，接近于 0，根据传统的白噪声检验，该序列为非白噪声序列。进一步观察发现，滞后各阶的自相关系数值（AC）均非常小，也就是序列值之间的相关性很弱，一直到滞后 24 阶，自相关系数均小于 0.1，最大的是滞后 4 阶的自相关系数，为 0.064。因此，经过综合考虑，认为差分后序列近似为白噪声序列。

（3）建立均值模型。

对上证指数建立均值模型。根据图 9-15 所示的结果，自相关系数和偏相关系数没有明显的特征，可以认为是拖尾，建立 ARIMA(0,1,0) 模型，即

$$x_t = x_{t-1} + \varepsilon_t \tag{9-12}$$

这是一个随机游走（Random Walk）模型，是股票价格指数的常见模型。这个模型同时可以看作一个由滞后一期来解释的回归模型。

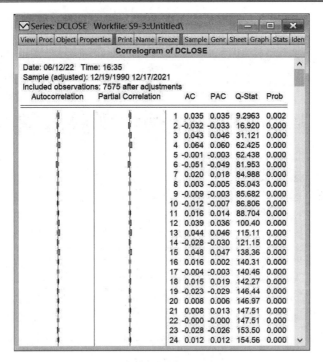

图 9-15　差分后的序列相关图

在 EViews 中单击 Quick | Estimate Equation，弹出如图 9-16 所示的 Equation Estimation 对话框，在 Equation specification 中输入 dclose c dclose(-1)，中间用空格间隔，Method 使用默认的 LS 选项，单击"确定"按钮，得到如图 9-17 所示的输出结果。

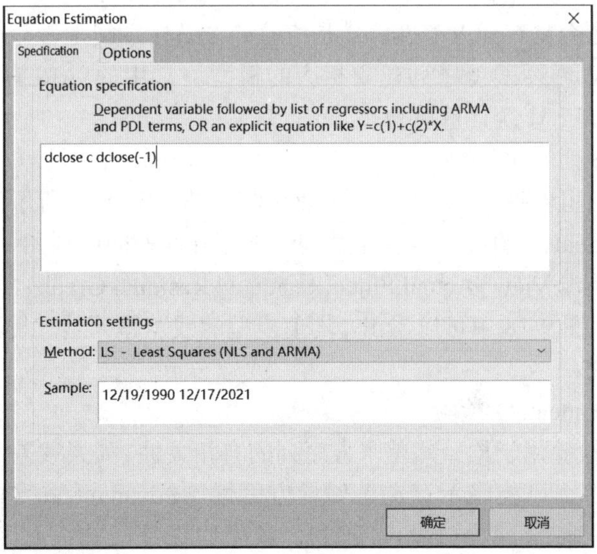

图 9-16　Equation Estimation 对话框

从图 9-17 所示的输出结果中可以看出，常数项 C 的 t-检验值的伴随概率 P-值为 0.3362，大于 0.05，没有通过显著性检验，可以选择保留，也可以不保留；dclose(-1)系数的 t-检验值的伴随概率 P-值为 0.0023，小于 0.05，通过了参数显著性检验。本例的均值模型的

形式为

$$x_t = 0.449 + 0.035x_{t-1} + \varepsilon_t \qquad (9\text{-}13)$$

或

$$x_t = 0.035x_{t-1} + \varepsilon_t \qquad (9\text{-}14)$$

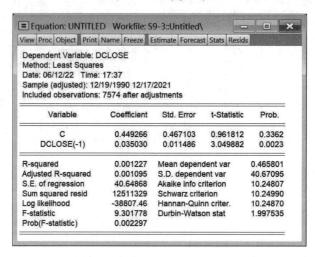

图 9-17　模型估计的输出结果

2. ARCH检验

ARCH 检验也称作 ARCH 效应检验，即检验残差序列是否具有条件异方差特征。如果序列的波动具有条件异方差属性，那么可以考虑建立 GARCH 模型。ARCH 检验包含两部分：一是检验序列是否具有异方差性；二是检验异方差性之间是否存在相关关系，只有存在相关关系，才可以通过残差序列建立相应的模型。常用的 ARCH 检验有两种方法：Portmanteau Q-检验和 LM 统计量检验。

（1）打开残差序列的序列图。

有两种基本方法可以打开残差序列的序列图：一是在图 9-17 所示的输出结果窗口中单击 Proc | Make Residuals，直接生成残差序列，再打开残差的序列图；二是在图 9-17 所示的输出结果窗口中单击 View | Actual,Fitted,Residual | Residual Graph，得到图 9-18 所示的残差序列的序列图。从图 9-18 中可以看出，均值模型的残差序列具有集群效应，即大的波动和小的波动交替出现。

（2）进行 Portmanteau Q-检验。

Portmanteau Q-检验用于检验残差平方序列的自相关性。如果残差序列存在自相关性并且具有集群效应，那么可能暗示存在条件异方差性。Portmanteau Q-检验的原假设是残差序列不存在自相关性（即为白噪声序列），备择假设是残差平方序列存在自相关性。

在图 9-17 所示的模型输出结果窗口中，依次选择 View | Residual Diagnostics | Correlogram Q-Squared Residuals，得到如图 9-19 所示的残差序列的 Q-检验结果。Q-检验一直到滞后 24 阶的伴随概率 P-值均接近于 0，远远小于设定的显著性水平 0.05，拒绝白噪声序列的原假设，显示残差序列存在显著的自相关性（可能存在条件异方差性）。

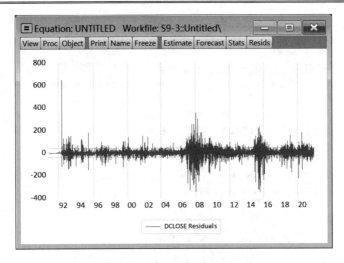

图 9-18　残差序列的序列图

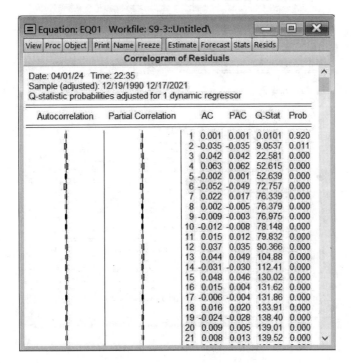

图 9-19　残差序列的 Q-检验结果

（3）进行异方差检验。

罗伯特·恩格尔教授在 1982 年提出了一种重要的 ARCH 检验方法，即拉格朗日乘子检验（Lagrange Multiplier Test），也称为 ARCH-LM 检验。该检验用于对序列进行高阶自相关检验。ARCH-LM 检验的原假设是残差平方序列为白噪声序列（直到 P 阶不存在 ARCH 效应），备择假设是残差平方序列具有自相关性（存在 ARCH 效应）。

在进行异方差检验时，直接对均值模型的残差进行分析。在图 9-17 所示的模型输出结果窗口中，依次选择 View|Residual Diagnostics|Heteroskedasticity tests，弹出 Heteroskedasticity Tests 对话框，如图 9-20 所示。在 Test type 列表框中选择 ARCH 选项（也

可以选择 White 选项），在 Number of lags 文本框
中输入滞后期阶数。一般情况下，滞后期阶数可
以选择原序列的时间周期的倍数，如月度数据可
以填入 12 的倍数。此外，该检验是对残差平方序
列建立 AR(p)模型，也可以考察偏相关系数图。
在本例中，可以根据偏相关系数图确定滞后期阶
数。单击 OK 按钮，即可得到异方差检验的输出
结果，如图 9-21 所示。

在 EViews 中，异方差检验主要通过 F-统计
量和 Chi-Square 统计量的伴随概率来进行评估。
如果这些统计量的伴随概率远远小于设定的显著

图 9-20　Heteroskedasticity Tests 对话框

性水平 0.05，则可以认为均值模型的残差序列具有显著的 ARCH 效应。

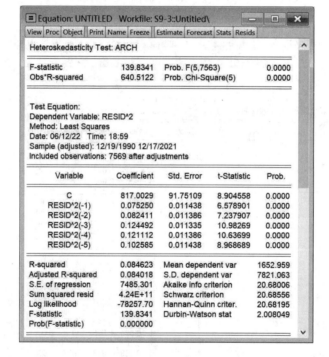

图 9-21　Heteroskedasticity Test 的 ARCH 效应检验

3．拟合GARCH模型

GARCH 模型的参数估计一般使用条件最小二乘法或极大似然估计法。拟合 GARCH
模型，最重要的是对模型进行定阶，一般可以选择低阶的 GARCH 模型或高阶的 ARCH 模
型。波勒斯勒夫在 1986 年提出的是 GARCH(1,1)模型也是经常被使用的经典 GARCH 模型。
本例先建立 GARCH(1,1)模型。

单击 Quick | Estimate Equation，弹出 Equation Estimation 对话框，在 Estimation settings
的 Method 下拉列表框中选择 ARCH-Autoregressive Conditional Heteroskedasticity，弹出
图 9-22 所示的拟合 GARCH 模型对话框。

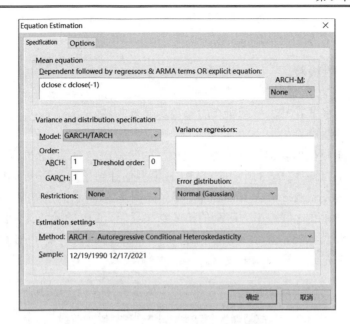

图 9-22　拟合 GARCH 模型对话框

选择 Specification 选项卡，在 Mean equation（均值方程）的文本框中输入 dclose c dclose(-1)，中间用空格间隔；Model 选择 GARCH/TARCH；在 ARCH、GARCH 和 Threshold order 的文本框中分别填入 1、1、0，其中，ARCH 用于设置模型的移动平均项，GARCH 用于设置模型的自回归项；单击"确定"按钮，得到如图 9-23 所示的 GARCH 模型的估计结果。

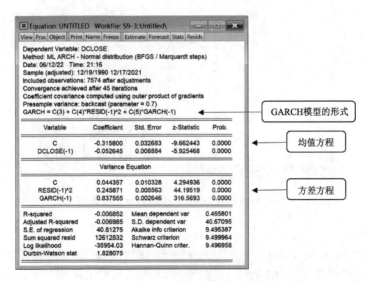

图 9-23　GARCH 模型的估计结果

在图 9-23 中包含拟合 GARCH 模型的均值方程和方差方程。这两个方程的表达式如下：

$$x_t = -0.316 - 0.053x_{t-1} + \varepsilon_t \tag{9-15}$$

$$h_t = 0.044 + 0.246\varepsilon_{t-1}^2 + 0.838h_{t-1} \tag{9-16}$$

4．模型检验

（1）参数显著性检验。

从图 9-23 中可以看出，模型所有参数的 t-检验统计量的伴随概率 P-值均接近 0，远远小于设定的显著性水平 0.05，显示所有的参数均显著非零。

（2）模型显著性检验。

如果 GARCH 模型拟合得较好，则方差模型的残差应当通过 LB 检验，即残差序列应当是一个白噪声序列。在图 9-23 所示的 GARCH 模型估计结果对话框中单击 View | Residual Diagnostics | Correlogram Squared Residuals，得到如图 9-24 所示的残差平方序列的 LB 白噪声检验结果，根据标准化残差平方序列的检验结果显示，LB 检验统计量的 P-值均远远大于设定的显著性水平 0.05，显示残差序列是一个白噪声序列，说明 GARCH(1,1)模型对波动信息的提取非常充分，模型显著成立。

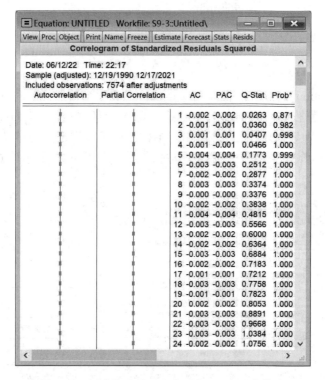

图 9-24　标准化残差平方序列的 LB 白噪声检验

（3）分布检验。

GARCH 模型的残差一般应当服从正态分布，拟合后的模型需要进行分布检验。对 GARCH(1,1)模型的残差进行 JB 检验，在图 9-23 所示的 GARCH 模型估计结果窗口中单击 View | Residual Diagnostics | Histogram-Normality Test，得到如图 9-25 所示的 GARCH 模型残差的正态分布检验结果。JB 统计量为 2119861，它的伴随概率接近于 0，说明残差序列与正态分布有显著差异。

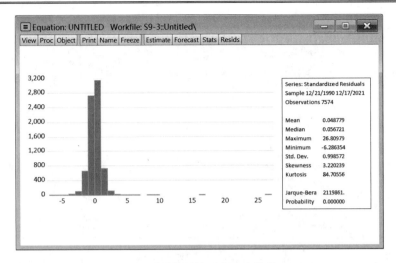

图 9-25　模型的正态分布检验

另外一种检验残差序列分布的方法，是画出残差序列的 QQ（Quantile-Quantile）图，进而观察残差序列的真实分位点（Quantile）偏离正态参考线的情况。首先，生成模型的残差序列，单击 Proc | Make Residual Series，弹出 Make Residuals 对话框，在 Residual type 中选择 Ordinary，单击 OK 按钮会生成一个默认名为 resid01 残差序列。然后打开序列 resid01，单击 View | Graph，在 Graph Options 选项中选择 Graph Type | Basic type | Quantile-quantile/Theoretical，得到如图 9-26 所示的残差序列的 QQ 图。如果数据是正态分布，那么应当比较均匀地分散在直线两侧，图 9-26 显示的残差序列的真实分位点偏离了正态参考线。

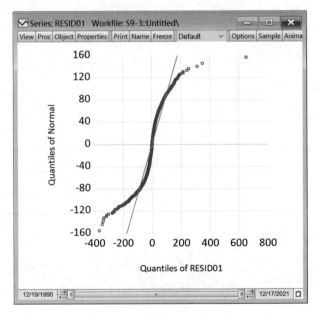

图 9-26　残差序列的 QQ 图

（4）模型的优化选择。

模型的优化是指拟合多个模型，从中选出较优的一个模型。本例进行 ARCH(4)模型的拟合，均值方程仍然设定为 dclse dclose(-1)；在 ARCH、GARCH 和 Threshold order 的文本框中分别输入 4、0、0。单击"确定"按钮，得到如图 9-27 所示的 ARCH(4)模型的估计结果。

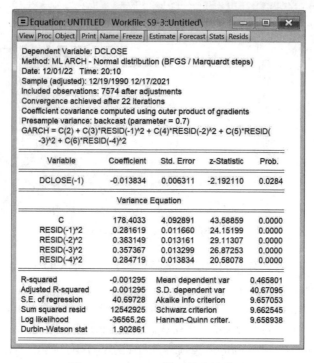

图 9-27　ARCH(4)模型的估计结果

经检验（过程省略），ARCH(4)模型通过了参数显著性检验和模型显著性检验。根据图 9-27 所示的估计结果，ARCH(4)模型的均值方程和方差方程如下：

$$x_t = -0.014x_{t-1} + \varepsilon_t \tag{9-17}$$

$$h_t = 178.403 + 0.282\varepsilon_{t-1}^2 + 0.383\varepsilon_{t-2}^2 + 0.357\varepsilon_{t-3}^2 + 0.285\varepsilon_{t-4}^2 \tag{9-18}$$

对比 ARCH(4)和 GARCH(1,1)模型的 AIC 和 SC 的值（见表 9-1）可以发现，GARCH(1,1)模型更优。

表 9-1　模型的比较

模　　型	AIC	SC
ARCH(4)	9.657053	9.662545
GARCH(1,1)	9.495387	9.499964

5．预测

在 EViews 软件中，通过模型进行预测的方法是通用的。在模型结果的输出界面单击主菜单中的 Proc | Forecast，或者单击模型输出窗口中的 Forecast，均弹出一个预测对话框。

在本例中，因为处理的是差分后的序列，如果直接进行预测，那么得到的是差分后的预测结果。为了得到原序列 close 的预测值，在 Equation Estimation 对话框的均值模型内可以直接输入原序列进行拟合（见图 9-28），单击"确定"按钮，得到如图 9-29 所示的输出结果。

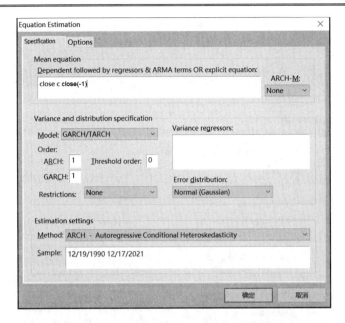

图 9-28　以原序列进行 ARCH(1,1)模型拟合

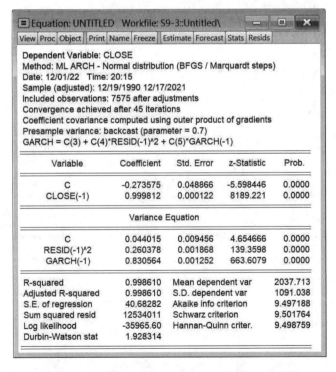

图 9-29　以原序列进行 ARCH(1,1)模型拟合的结果

　　在模型输出结果对话框中，单击 Forecast，弹出如图 9-30 所示的 Forecast 对话框。在 Forecast name 文本框中输入预测序列名称，也可以用默认值 closef；在 S.E.(optional)文本框中输入预测标准误差序列名称；在 GARCH (optional)文本框中输入条件方差序列的名称，也就是 GARCH 项。在 Method 选项组中可以选择 Dynamic forecast（动态预测）或 Static forecast（静态预测）两种方式。其中，静态预测以真实数据为基础，对下一期进行预测。Forecast sample 是预测样本，如果使用默认值，则进行样本内预测；如果修改样本区间，可以对未来值进行预测。本例使用默认值进行样本内预测。单击 OK 按钮，得到如图 9-31 所示的 Static forecast 预测结果。

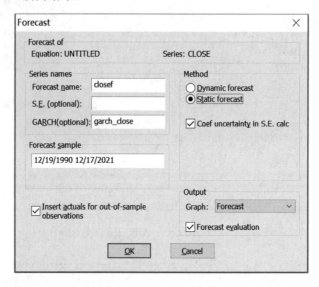

图 9-30　Forecast 对话框

在图 9-31 中，左上方为预测序列 closef 的序列图，左下方为预测序列的方差图，右侧为预测序列 closef 的基本统计量。

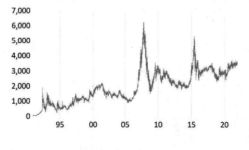

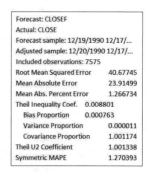

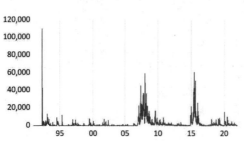

图 9-31　Static forecast 预测结果

对序列 close 和 closef 建立序列组，并输出如图 9-32 所示的两个序列的对比图。可以发现，预测序列 closef 的值与原序列 close 高度重合，说明拟合的 ARCH(1,1)模型有效性和准确性都较高。

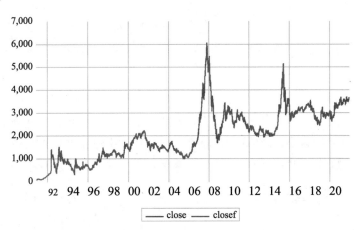

图 9-32　Static forecast 预测序列与原序列对比

在图 9-30 所示的对话框中，对模型进行 Dynamic forecast 预测，得到一个预测序列 closeef_1，同时对预测序列和原序列建立序列组，得到如图 9-33 所示的序列对比图。

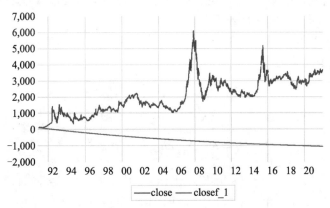

图 9-33　Dynamicc forecast 预测序列与原序列对比

对比图 9-32 和图 9-33 可以发现，Static forecast 使用了上一期值进行预测，比 Dynamic forecast 更准确，而 Dynamic forecast 则更容易看出序列的发展趋势。

9.4　GARCH 的衍生模型

除了标准 GARCH 模型之外，实践中还出现了大量的 GARCH 衍生模型，这些模型适合更多的分析场景。GARCH 模型的衍生模型主要有以下几类，下面具体介绍。

9.4.1　IGARCH 模型

IGARCH 模型全称为 Integrated GARCH 模型，即整体 GARCH 模型，也称作方差无穷 GARCH 模型。

对于方差模型：

$$h_t = \omega + \sum_{j=1}^{p} \beta_j h_{t-j} + \sum_{i=1}^{q} \alpha_i \varepsilon_{t-i}^2 \qquad (9\text{-}19)$$

其中：

$$\sum_{j=1}^{p} \beta_j h_{t-j} + \sum_{i=1}^{q} \alpha_i \varepsilon_{t-i}^2 = 1 \qquad (9\text{-}20)$$

可见，IGARCH 模型是一个增加了约束条件的 GARCH 模型，适用于具有单位根特征的条件异方差，如带有漂移项的随机游走模型。在各类文献中，IGARCH 模型出现的频率较低。在 EViews 软件中对 IGARCH 模型的操作，和标准 GARCH 模型是一样的。

9.4.2　GARCH-M 模型

在金融领域，一部分投资者更关注投资的风险性，他们关注资产的收益率与资产价格波动之间的关系。投资人希望在承担较大投资风险的情况下，能够获得更大的风险溢价。风险越高，风险溢价越大，获得的风险收益就越高。

将风险溢价引入标准 GARCH 模型内，建立序列的均值与波动性之间的关系，在均值模型内加入波动项即 GARCH-M 模型。

GARCH-M 模型可以用以下 3 个等式来表达，和标准 GARCH 模型相比，均值模型增加了 $\delta\sqrt{h_t}$ 项，代表风险波动。

$$x_t = f(t, x_{t-1}, x_{t-2}, \cdots) + \delta\sqrt{h_t} + \varepsilon_t \qquad (9\text{-}21)$$

$$\varepsilon_t = \sqrt{h_t}\, e_t, \quad e_t \sim N(0,1) \qquad (9\text{-}22)$$

$$h_t = \omega + \sum_{j=1}^{p} \beta_j h_{t-j} + \sum_{i=1}^{q} \alpha_i \varepsilon_{t-i}^2 \qquad (9\text{-}23)$$

在 EViews 软件操作中，建立标准 GARCH(1,1)模型时，通常会同时选择 GARCH-M 项。打开图 9-22 所示的模型估计对话框，在 GARCH-M 下拉列表框中有 None（不选）、Std. Dev. （条件标准差）、Variance（条件方差）和 Log(Var)（条件方差的对数）4 个选项，一般选择 Std. Dev.选项。

9.4.3　TGARCH 模型

TGARCH，即门限 GARCH 模型，是 Threshold ARCH 或 Threshold GARCH 的简称。Threshold 是门限、阈值的意思，可以理解为当事物达到一个临界值时，发生突变的情况。在经济和金融领域，可以理解为当一个变量或参数达到某个值时，另一个变量或参数发生结构性变化的情况。例如，在研究收入和性别关系的时候，性别作为虚拟变量（男性=1，女性=0）就是一个典型的门限，性别变量不同时，模型的结构也完全不同。

TGARCH 模型可以表达如下：

$$h_t = \omega + \sum_{j=1}^{p} \beta_j h_{t-j} + \sum_{i=1}^{q} \alpha_i \varepsilon_{t-i}^2 + \sum_{k=1}^{r} \gamma_k \varepsilon_{t-k}^2 I_{t-k} \qquad (9\text{-}24)$$

其中，

$$\begin{cases} I_t = 1, \varepsilon_t < 0 \\ I_t = 0, \varepsilon_t \geqslant 0 \end{cases}$$

以资本市场上的利空和利好消息为例：

❑ 利空消息：当 $\varepsilon_t < 0$ 时，影响 $\alpha_i + \gamma_i$，如果 $\gamma_i > 0$，利空消息增加了波动，同时存在杠杆效应（leverage effect），金融产品的下跌幅度超过上涨带来的波动。

❑ 利好消息：当 $\varepsilon_t \geqslant 0$ 时，只影响 α_i，这时候就是 GARCH 模型。

❑ 当 $\gamma_i \neq 0$ 时，消息对金融市场的影响是非对称的（Asymmetric）。

可以看出，GARCH 模型是 TGARCH 模型的特殊形式，这时候 Threshold（门限）为 0。在 EViews 软件中，当对 TGARCH 模型进行估计时，在图 9-22 中 Threshold order 右侧的文本框中输入阶数，表示建立的是 TGARCH 模型。

9.4.4　EGARCH 模型

EGARCH 模型是 Exponential GARCH 模型的缩写，即指数 GARCH 模型。在 EGARCH 模型中，条件方差模型的表达如下：

$$\log(h_t) = \omega + \sum_{j=1}^{p} \beta_j \log(h_{t-j}) + \sum_{i=1}^{q} \alpha_i \left| \frac{\varepsilon_{t-i}}{\sigma_{t-i}} \right| + \sum_{k=1}^{r} \gamma_k \frac{\varepsilon_{t-k}}{\sigma_{t-k}} \tag{9-25}$$

在式（9-25）中，等号左边的条件方差是对数形式，意味着杠杆效应是指数形式的，预测方差则是非负的。

在 EViews 软件中，对 EGARCH 模型进行估计，在图 9-22 中所示的 Model 下拉列表框中选择 EGARCH，然后输入 ARCH、GARCH 和 Asymmetry order（非对称项）的阶数。

9.5　上机练习

1. 工作文件 E9-1.WF1 存储的是 1991—2021 年深圳成指（代码：399001）的大盘走势数据（见图 9-34），序列 close 为每日收盘价。

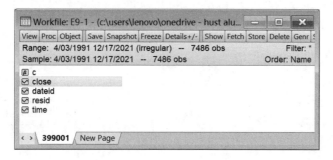

图 9-34　E9-1.WF1 工作文件窗口

（1）将样本区间更改为 2019—2021 年，考查是否存在集群效应。

（2）研究 2019—2021 年的深圳成指的走势，对其拟合 ARIMA 模型。

（3）研究 2019—2021 年的深圳成指的波动特征，如果存在条件异方差，分别拟合

ARCH 和 GARCH 模型。

2. 工作文件 E9-2.WF1 存储的是 1985—2004 年原油价格数据（见图 9-35），序列 x 为当日每桶原油的收盘价格（美元）。

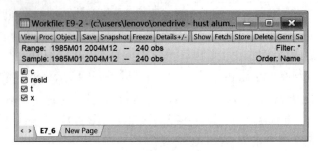

图 9-35　E9-2.WF1 工作文件窗口

（1）研究原油价格的走势，对石油价格进行 ARIMA 模型拟合。

（2）研究原油价格的波动特征，如果存在条件异方差，则拟合适当的条件异方差模型。

第 10 章　向量自回归模型

在经济模型中，很多变量既是因变量，也是自变量。传统的解决方法是建立联立方程组，确定内生变量和外生变量。计量经济学家 Sims 认为，如果变量之间存在相互作用的关系，那么不应当区分内生变量和外生变量，应当把所有变量看作内生的，每个方程也应当具有相同的回归量。对此他提出了向量自回归模型（Vector Auto-regression Mode，VAR 模型）。VAR 模型是时间序列分析的重要工具。

基于 VAR 模型的研究，不注重对估计参数的解释，而是通过脉冲响应函数、方差分解和格兰杰因果检验等变量之间的相关关系进行分析。向量自回归模型通常用于预测有相互影响的时间序列系统，以及分析随机扰动项对变量的动态影响。相比联立方程组的建模方法，向量自回归模型更简单，预测结果也更准确。

10.1　VAR 模型的特征

在 VAR 模型中，所有的变量都是内生变量，是通过分析内生变量间动态关系的动态模型。因为它不具有任何约束条件，所以又称作无约束 VAR 模型。

一个 n 维 p 阶的标准 VAR 模型可以写作：

$$Y_t = A_0 + A_1 Y_{t-1} + A_2 Y_{t-2} + \cdots + A_p Y_{t-p} + \varepsilon_t \tag{10-1}$$

其中，Y 是 n 维的内生变量向量，A 是对应的系数矩阵，P 表示内生变量滞后的阶数。

VAR 模型不以经济理论为研究基础，形式简单，它对每个方程都运用一般的 OLS 估计方法，在建模时只需要考虑两个方面：

❑ 判断变量间是否有相互关系，不区分外生变量和内生变量。

❑ 判断模型的滞后阶数。

VAR 模型也有不足的方面：

❑ 缺乏经济理论基础。模型只考虑变量间的关系，参数没有任何约束条件。

❑ 损失了自由度。VAR 模型需要估计的参数较多，假设一个 VAR 模型有 3 个变量，并且每个方程中包含每个变量的九阶滞后项，最后至少有 27 个参数需要估计。当样本容量不够大的时候，大量的参数估计会消耗过多的自由度，导致估计结果不准确。

❑ VAR 模型不以经济理论为基础，缺乏经济理论的支撑，使参数的经济学意义难以解释。

10.2　VAR 模型的估计

VAR 模型是一个模型族，有多种形式的 VAR 模型。本章学习建立 Standard VAR（标准 VAR 模型），即无约束条件的 VAR 模型（Unrestricted VAR）的方法。标准 VAR 模型研究的一般是平稳序列之间的关系，而在非平稳时间序列直接建模，可能会产生伪回归的问题。在建立 VAR 模型前，需要对序列进行平稳性检验，如果是非平稳序列，则需要进行差分转换。

针对非平稳时间序列的 VAR 分析，需要找出它们之间是否存在协整关系。在这种情形下建立 Vector Error Correction 模型，即向量误差修正模型（VEC 模型）。对于 VEC 模型，将在第 11 章学习。

建立 VAR 模型的步骤如下：

（1）对时间序列进行平稳性分析：单位根检验。

（2）VAR 模型估计：设定滞后阶数，参数估计和分析。

（3）VAR 模型的检验：稳定性检验和格兰杰作因果关系检验。

（4）脉冲响应函数分析。

（5）方差分解分析。

【例 10-1】工作文件 S10-1.WF1 存储的是 1959 年第 1 季度至 1997 年第 1 季度的居民收入（inc）和消费支出（cs）的数据（见图 10-1），试对其建立 VAR 模型。

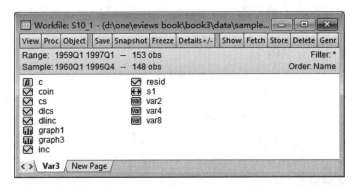

图 10-1　S10-1.WF1 工作文件窗口

在本例中，对于居民的收入和消费支出，可以分为以下几个步骤来建立 VAR 模型。

1．对序列inc和序列cs进行平稳性分析

（1）对 inc 和 cs 建立序列组，画出它们的序列图（见图 10-2）。可以看出，这两组序列都具有明显的时间趋势，因此可以考虑先对序列进行对数化处理，消除部分趋势因素。继续考查对数化处理后的序列 linc 和 lcs，可以看出，仍然是非平稳的序列。

（2）对序列 linc 和 lcs 分别进行一阶差分处理，得到差分后的序列 dlinc 和 dlcs，画出它们的序列图（见图 10-3），可以看出，它们可能是平稳的时间序列。

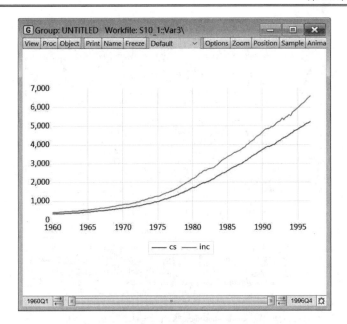

图 10-2　序列 inc 和 cs

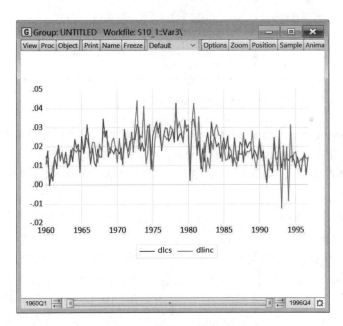

图 10-3　序列 dlinc 和 dlcs

（3）对序列 dlinc 和 dlcs 进行单位根检验，发现它们是平稳的时间序列（见图 10-4 和图 10-5）。

2．VAR模型估计

单击 EViews 主菜单中的 Quick | Estimate VAR，或者在命令窗口中直接输入 VAR 后按 Enter 键，弹出如图 10-6 所示的 VAR Specification 对话框。该对话框中有两个选项卡：Basics 和 VAR Restrictions。

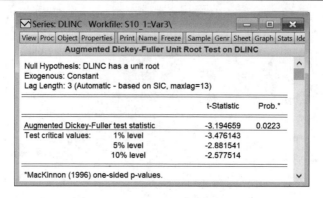

图 10-4　序列 dlinc 的单位根检验结果

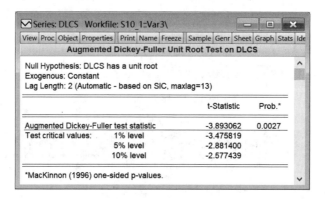

图 10-5　序列 dlcs 的单位根检验结果

（1）在 Basics 选项卡中有多个设定项，VAR type 用于设定模型的类型，包括 Standard VAR（标准 VAR 模型）、Vector Error Correction（向量误差修正模型，VEC 模型）、Bayesian VAR（贝叶斯 VAR 模型）、Switching VAR（转换 VAR 模型）和 Mixed Frequency（混合时间频率模型）。

如果选择 Standard VAR 模型，那么在 Estimation sample（设定样本范围）中默认选择工作文件的样本范围。

Endogenous variables 用于设定内生变量，在文本框中输入模型的内生变量，中间以空格间隔。Exogenous variables 用于设定外生变量，可以使用默认的 c 作为外生变量，即 VAR 模型的截距项，一般模型都包含截距项；对于有时间趋势的变量，可以将时间趋势设定为外生变量，在文本框中继续输入"@trend()"，在括号内输入样本的零期时间点（当期的前一期时间点）。例如在本例中，样本起点为 1960 年第 1 季度，可以输入"@trend(1959:4)"，即 1959 年第 4 季度。

Lag Intervals for Endogenous 用于设定模型内生变量的滞后期阶数，第一个数字为最低滞后期，第二个数字为最高滞后期，中间以空格间隔。在 EViews 中，不能通过软件自动得出最优滞后期，需要操作者尝试不同的滞后期，在本例中，可以尝试滞后期"1 2""1 4"和"1 8"等 VAR 模型。根据模型优化的原则，依据 AIC 和 SC 信息准则，判断在不同模型中 AIC 和 SC 值的大小，从而找出较优的模型。在本案例中，滞后期为"1 2"的模型的 AIC 和 SC 值最小，因此选择该模型。

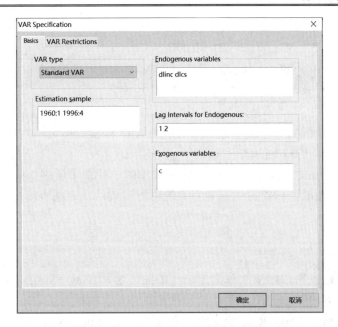

图 10-6　VAR Specification 对话框

　　在 VAR Specification 对话框中设置完毕后，单击"确定"按钮，得到图 10-7 和图 10-8 所示的估计结果。

图 10-7 的内容：

Vector Autoregression Estimates

	DLINC	DLCS
DLINC(-1)	-0.102873 (0.09770) [-1.05297]	0.090351 (0.08929) [1.01187]
DLINC(-2)	0.098938 (0.09457) [1.04617]	0.092103 (0.08643) [1.06558]
DLCS(-1)	0.437510 (0.10675) [4.09863]	0.172856 (0.09756) [1.77179]
DLCS(-2)	0.253940 (0.11238) [2.25973]	0.237850 (0.10271) [2.31582]
C	0.005993 (0.00203) [2.95497]	0.007639 (0.00185) [4.12121]

Vector Autoregression Estimates
Date: 06/29/22   Time: 16:54
Sample (adjusted): 1960Q3 1996Q4
Included observations: 146 after adjustments
Standard errors in ( ) & t-statistics in [ ]

图 10-8 的内容：

	DLINC	DLCS
R-squared	0.262477	0.225942
Adj. R-squared	0.241554	0.203983
Sum sq. resids	0.008367	0.006989
S.E. equation	0.007703	0.007040
F-statistic	12.54511	10.28922
Log likelihood	505.8329	518.9692
Akaike AIC	-6.860724	-7.040674
Schwarz SC	-6.758546	-6.938496
Mean dependent	0.018995	0.018873
S.D. dependent	0.008845	0.007891

Determinant resid covariance (dof adj.)	2.12E-09
Determinant resid covariance	1.98E-09
Log likelihood	1048.589
Akaike information criterion	-14.22725
Schwarz criterion	-14.02289
Number of coefficients	10

图 10-7　VAR 模型估计结果 1　　　　　　图 10-8　VAR 模型估计结果 2

　　在图 10-7 中，上半部分是基本信息，下半部分是模型的参数。本例有两个变量，因此有两个 VAR 方程。每一列代表 VAR 模型的一个方程，对应的每一行代表该方程包含的回归量，每个回归量仅包含以 3 个数值，其中，第一行为参数估计值；圆括号"( )"内为标准误差；方括号"[ ]"内为 t-统计量的值。两个方程如下：

$$
\begin{aligned}
\text{dlinc} = -\ &0.1029 \times \text{dlinc}(-1) + 0.09894 \times \text{dlinc}(-2) + 0.4375 \times \text{dlinc}(-1) \\
&+ 0.2539 \times \text{dlinc}(-2) + 0.006
\end{aligned} \tag{10-2}
$$

$$
\begin{aligned}
\text{dlinc} = \ &0.09035 \times \text{dlinc}(-1) + 0.0921 \times \text{dlinc} + 0.1729 \times \text{dlinc}(-1) \\
&+ 0.2379 \times \text{dlinc}(-2) + 0.0076
\end{aligned} \tag{10-3}
$$

在图 10-8 中，上半部分是两个回归方程的检验统计量和检验结果，下半部分是 VAR 模型的整体检验量，判断整个模型最优滞后期的 AIC 和 SC 准则的值就在这一部分中。在本案例中，滞后期为"1 2"的模型最优。

（2）在 VAR Restrictions 选项卡中对 VAR 模型的一些基本项进行线性约束。VAR 模型一般保留了所有的系数，但有时候需要对系数进行约束，从而减少模型中参数的数量，提高模型的预测精度。

3．残差图

在 VAR 模型输出窗口中依次单击 View | Residuals 和 View | Structural Residuals，可以输出 VAR 模型残差表和残差图，并且检验残差的协方差和相关系数矩阵。

也可以单击 Proc | Make Residuals 或者 Proc | Make Structural Residuals，在工作文件中生成模型的残差序列。

4．模型诊断

在模型输出结果窗口中，选择 View 菜单下的 Lag Structure（滞后期结构）和 Residual Tests（残差检验），都可以完成对 VAR 模型适用性的诊断。如图 10-9 所示，Lag Structure 的子菜单包括 AR Roots Table（AR 特征根表）、AR Roots Graph（AR 特征根图）、Granger Causality/Block Exogeneity Tests（格兰杰因果检验）、Lag Exclusion Tests（滞后期排队检验）和 Lag Length Criteria（滞后期选择准则）5 项。

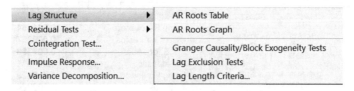

图 10-9　Lag Structure 子菜单

对于一个时间序列，可以通过线性差分方程得到它的特征方程。特征方程的非零根即为特征根。平稳序列的每个特征根的绝对值都应当小于 1，如果把这些特征根标注在坐标轴上，则它们都应当在半径为 1 的单位圆内。如果有一个特征根大于或等于 1，即它们落在单位圆上或圆外，则序列就是非平稳的，这时候 VAR 模型需要重新估计。关于特征根的相关内容，可以参考计量经济学和时间序列分析的相关资料。

在 EViews 软件中，如果 AR 特征根的模（Modulus）小于 1，并且落在单位圆内，那么 VAR 模型是平稳的（Stationary）。

1）AR Roots Table（AR 特征根表）

通过 EViews 中的 AR 特征根表观察 AR 特征根模是否小于 1，来判断模型是否平稳。在图 10-9 中，依次单击 View | Lag Structure | AR Roots Table，得到如图 10-10 所示的 VAR

Stability Condition Check（VAR 稳定性条件检测）结果。其中，Root 列为特征根，Modulus 列为特征根的模。在本例中，滞后期长度为 2，同时有 2 个内生变量，它们的乘积即为特征根数量，因此有 4 个特征根。从图 10-7 中可以看出，4 个特征根的绝对值均小于 1，它们的模在单位圆内，说明 VAR 模型是稳定的。

2）AR Roots Graph（AR 特征根图）

也可以通过 EViews 的 AR 特征根图更直观地观察 AR 特征是否在单位圆内，从而判断模型的平稳性。在图 10-9 中，依次单击 View | Lag Structure | AR Roots Graph，得到如图 10-11 所示的 Inverse Roots of AR Characteristic Polynomial（AR 特征方程的逆根）的 AR 特征根图。图中显示了 4 个特征根，均在单位圆内，和图 10-10 所示的结果是一样的，说明 VAR 模型是稳定的。

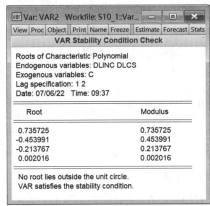
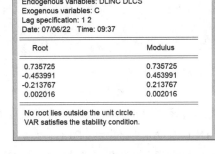
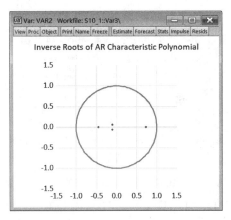

图 10-10　VAR Stability Condition Check 结果　　　　图 10-11　AR 特征根和单位圆

3）滞后期数判断

前面说过，可以尝试不同的滞后期，再根据 AIC 和 SC 信息准则来判断最优滞后期。本例也可以在模型诊断模块内使用同样的方法来判断滞后期的阶数。在图 10-9 中依次单击 View | Lag Structure | Lag Length Criteria，弹出 Lag Specification 对话框，在其中输入滞后 4 期，得到图 10-12 所示的 VAR Lag Order Selection Criteria 输出结果。其中，第一列 Lag 是滞后期的阶数，其他列包括不同信息准则的值，可以选择带"*"号最多的滞后期阶数即为最优滞后期，本例的滞后 2 期为最优滞后期。值得注意的是，输入不同的阶数，得到的结果是不同的。

4）格兰杰因果关系检验

因为 VAR 模型没有以经济理论为基础，标准 VAR 模型的参数也是无约束条件的，因此变量之间的因果关系不明确，每个变量都可能是其他变量的成因。为了解决这个问题，需要进行格兰杰因果检验，帮助我们理解变量之间的因果关系。

这里，格兰杰因果关系并不是通常理解的因果关系，并非具有一定逻辑关系的因果关系，而是指一个变量预测另一个变量的能力，可以理解为统计学意义上的因果关系。格兰杰因果关系检验是指两两变量之间的因果关系检验（Pairwise Granger Causality Tests）。

如果将 y_t 的过去值作为解释变量（其他项不变）可以更好地预测 x_t，那么 y_t 称作 x_t 的格兰杰原因。格兰杰因果检验的原假设是：序列 y_t 不是序列 x_t 的格兰杰原因；备择假设是：序列 y_t 是序列 x_t 的格兰杰原因。在 EViews 中，通过卡方统计量的伴随概率 P-值来判断是否存在格兰杰因果关系：如果 P-值大于设定的显著性水平 0.05，则不拒绝原假设；反之则拒绝原假设。

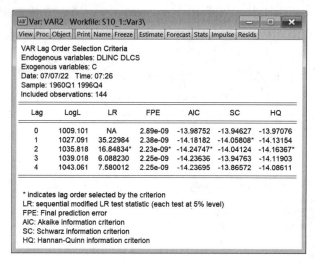

图 10-12　VAR Lag Order Selection Criteria 输出结果

在本例中，在图 10-12 所示的窗口中单击 View | Lag Structure | Granger Causality | Block Exogeneity Tests，得到如图 10-13 所示的 VAR 格兰杰因果检验的结果。当 DLCS 为解释变量、DLINC 为被解释变量时，它的卡方检验值的伴随概率 P-值为 0.0000，小于 0.05，拒绝原假设，因此 DLCS 是 DLINC 的格兰杰原因。当 DLINC 为解释变量、DLCS 为被解释变量时，它的卡方检验值的伴随概率 P-值为 0.3838，大于 0.05，不拒绝原假设，因此 DLINC 不是 DLCS 的格兰杰原因。

图 10-13　VAR 模型的格兰杰因果检验结果

5）残差检验

模型诊断模块还包括残差检验（Residual Tests），即对 VAR 模型残差的各种属性的检验（见图 10-14），包括 Correlograms（相关图）、Portmanteau Autocorrelation Test（旅行箱残差自相关 Q-统计量检验）、Autocorrelation LM Test（自相关 LM 检验）、Normality Test（残差正态分布检验）、White Heteroskedasticity(No Cross Terms)（怀特异方差检验-无交叉项）和 White Heteroskedasticity(With Cross Terms)（怀特异方差检验-含交叉项）。

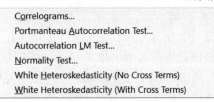

图 10-14　VAR 模型的残差检验

6）协整检验

在图 10-13 所示的窗口中单击 View | Cointegration Test，弹出协整检验对话框。Cointegration Test（协整检验）实际上就是 Johansen 协整检验和 VEC 模型的估计，放在第 11 章介绍。

5．脉冲响应分析

由于 VAR 模型方程组的方程个数和参数值都比较多，因此对 VAR 模型的分析，更多的是借助脉冲响应函数和方差分析等工具。

脉冲响应（Impulse Responses）或脉冲响应函数 IRF（Impulse Responses Function）分析是借助物理学的概念对金融时间序列进行分析和解释的。脉冲响应分析理论认为，对于 i 期的变量冲击（Shock），并不仅仅是对 i 期变量的冲击，这个冲击还会通过动态滞后期结构的传导，对 VAR 模型其他的内生变量造成冲击。脉冲响应函数追踪每次的冲击，带给内生变量当期和未来新的影响。

在 VAR 模型的输出结果中打开一个 VAR 对象，单击 View | Impulse Response，弹出如图 10-15 所示的 Impulse Response 对话框，该对话框包含两个选项卡。

图 10-15　Impulse Response 对话框

（1）在 Display 选项卡中对脉冲响应函数进行基本的设定（见图 10-15）。在 Display information 选项组中设定 Impulses（脉冲）和 Responses（响应），一般包括所有的变量。在 Response standard errors（响应标准误）选项组中包括多种估计方法，一般使用默认的 Analytic(asymptotic)渐近法。Horizon length 用于设置显示多少期的冲击影响。例如，设置为 10，则显示冲击对第 1 期的影响，同时显示其余 9 期的影响。Accumulated Responses 是累积效应复选框，如果勾选，则在输出结果中会显示冲击的累积效应。

（2）Impulse Definition 选项卡见图 10-16。其中，Decomposition Method 选项组用于选择残差协方差矩阵的分解方法。EViews 软件默认选项为 Cholesky-dof adjusted，表示对残差进行 Cholesky 正交分解后的一个标准冲击，并经过了自由度的调整；Cholesky-no dof adjustment 选项表示对残差进行 Cholesky 正交分解后的一个标准冲击，但没有经过自由度的调整；Residual-one unit 选项表示对残差进行一个单位的冲击，但没有进行任何分解；Residual-one std. deviation 选项表示对残差进行一个标准差的冲击，对残差进行标准化处理不受单位的影响；Generalized Impulses 选项表示广义正交冲击，对排序没有影响；User Specified 选项表示由用户自定义设置。

Cholesky Ordering 文本框用于输入冲击变量的顺序。只有选择了 Cholesky-dof adjusted 和 Cholesky-no dof adjustment 选项，才能在该文本框中输入变量。

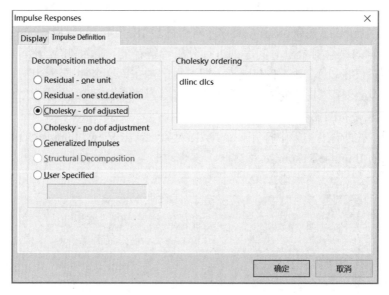

图 10-16　Impulse Responses 选项卡对话框

（3）脉冲响应函数的输出。设置完毕后，单击"确定"按钮，输出如图 10-17 所示的结果。在图 10-17 左侧，Variables 为变量的信息，包括冲击变量和响应变量，以及冲击变量的顺序；Output Views 为结果输出的形式，可以是表格（Table）、多图（Multiple graphs）或者组合图（Combined graphs）。

本例有两个变量，一共有 4 张图：两个变量的相互冲击和响应，两个变量对自身的冲击和响应，一共产生 10 期冲击和响应。

左上方的图为变量 DLINC（收入）对自身冲击的响应，收入在第 1 期对自身的冲击影响最大，从第 2 期开始大幅降低，在第 3 期有一个小幅反弹，从第 4 期开始，冲击就逐步减弱，到第 10 期的时候，收入对自身冲击的影响已经很小了。左下方的图为变量 DLCS（消费）对变量 DLINC（收入）冲击的响应，可以看出，它和左上方的图的趋势十分相似。右上方的图为变量 DLINC（收入）对变量 DLCS（消费）冲击的响应，第 1 期冲击的响应不明显，第 2 期的响应较大，从第 3 期开始逐渐减弱。右下方的图为变量 DLCS（消费）对自身冲击的响应，它的走势与左上方的图也十分相似。

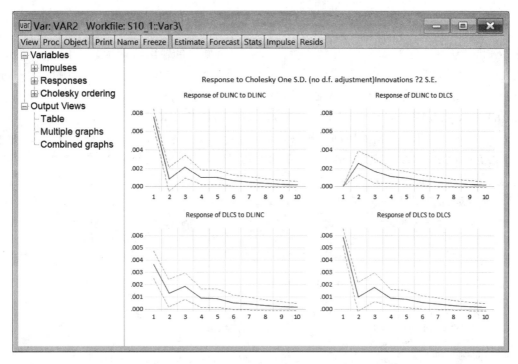

图 10-17　脉冲响应函数的输出结果

6．方差分解分析

在 VAR 模型中，方差分解（Variance Decomposition）也是重要的分析工具。方差分解是指在 VAR 模型估计基础上，对预测误差进行方差分解，分析预测误差的方差由哪些变量冲击所引起，以及这些变量对冲击的贡献度。在 VAR 对象窗口中单击 View | Variance Decomposition，弹出如图 10-18 所示的对话框。在对话框中可以进行以下的设定：

❑ Display information 选项组用于设定方差分解的变量和期数。在 Decompositions of 文本框中输入变量名称，默认为包含所有变量；在 Periods 文本框中输入需要方差分解的期数即可。

图 10-18　VAR Variance Decompositions 窗口

❏ Factorization 选项组用于选择方差分解的方法。默认使用 Cholesky 分解方法（Cholesky Decomposition)进行方差分解，Structural Decomposition 为结构分解方法。

❏ Cholesky ordering 用于设置变量的顺序，使用 Cholesky 分解，需要在方差分析时设定内生变量的排序。

❏ Standard errors 用于设置是否显示分解后方差所占百分比的标准误，一般使用默认选项 None。

单击 OK 按钮，得到如图 10-19 所示的方差分解的输出结果。本例对两个变量都进行方差分析，因此出现了 4 幅分解图。图的左边和脉冲响应的输出结果（见图 10-17）类似，Variables 是变量信息，Output Views 是结果输出的形式。在图 10-19 中，左上方的图 Percent DLINC variance due to DLINC 显示的是 DLINC（收入）变动方差由自身带来的贡献率；右上方的图 Percent DLINC variance due to DLCS 显示的是 DLINC（收入）变动方差由 DLCS（消费）带来的贡献率。随着时间的推移（期数的增加），收入对自身影响的贡献率逐渐下降，第 5 期以后，大约稳定在 84%左右；而消费对收入影响的贡献率逐渐上升，第 5 期以后，大约稳定在 16%左右，二者相加为 100%。左下方的图和右下方的图代表收入对消费的冲击，以及消费对自身的冲击，二者相加也为 100%。

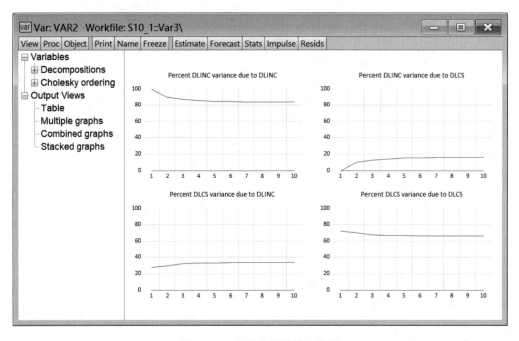

图 10-19　方差分解的输出结果

单击 Combined graphs，得到如图 10-20 所示的方差分解的组合图，这个图更为直观。在图 10-20 中，下方的图为 DLCS（消费）的方差分解图，可以看出，从第 5 期开始，消费对自身影响的贡献率（解释）稳定在 33%～34%之间，收入对消费影响的贡献率（解释）稳定在 66%～67%之间。单击图左边的 Table，可以获得每一期方差分解的精确数值（见图 10-21）。

Variance Decomposition using Cholesky (d.f. adjusted) Factors

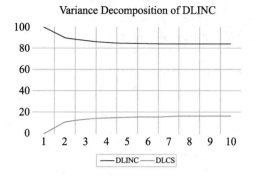

Variance Decomposition of DLINC

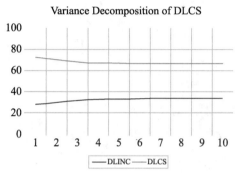

Variance Decomposition of DLCS

Variance Decomposition of DLCS:			
Period	S.E.	DLINC	DLCS
1	0.007040	27.80865	72.19135
2	0.007241	29.70582	70.29418
3	0.007708	32.28329	67.71671
4	0.007822	32.73992	67.26008
5	0.007921	33.23229	66.76771
6	0.007961	33.39455	66.60545
7	0.007987	33.51206	66.48794
8	0.008000	33.56433	66.43567
9	0.008007	33.59603	66.40397
10	0.008011	33.61194	66.38806
Cholesky Ordering:　DLINC DLCS			

图 10-20　方差分解输出结果的组合图　　　　图 10-21　DLCS 方差分解的值

10.3　上 机 练 习

1. 工作文件 E10-1.WF1 存储的是 2018 年 1 月至 2021 年 2 月中国居民消费价格指数和食品价格增长率的数据（见图 10-22），其中，序列 cpi 是中国居民消费价格指数（%），序列 zzl 是食品价格增长率（%）。

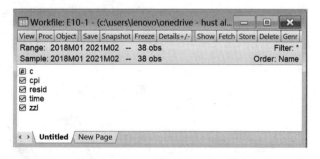

图 10-22　E10-1.WF1 工作文件窗口

（1）画出序列 cpi 和 zzl 的序列图，观察它们之间的关系。

（2）对序列 cpi 和 zzl 进行单位根检验，确定是否为平稳时间序列，如果不平稳，则对这两个序列进行差分平稳化处理。

（3）对序列 cpi 和 zzl 建立双变量 VAR 模型，并选择最优滞后阶数。

（4）建立双变量模型后，绘制两个变量的脉冲响应函数，并分析它们之间的关系。

2. 工作文件 E10-2.WF1 存储的是 1961 至 2020 年货物运输量与公路货运量的数据（见图 10-23），其中，序列 freight 为货物运输量（万吨），序列 highway 为公路货运量（万吨）。

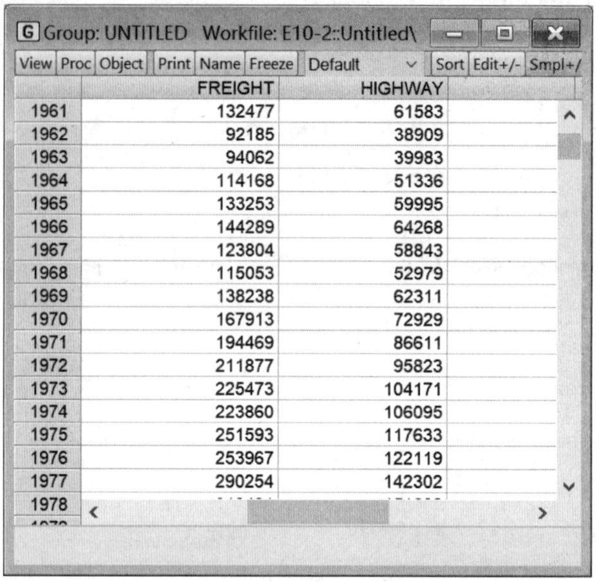

	FREIGHT	HIGHWAY
1961	132477	61583
1962	92185	38909
1963	94062	39983
1964	114168	51336
1965	133253	59995
1966	144289	64268
1967	123804	58843
1968	115053	52979
1969	138238	62311
1970	167913	72929
1971	194469	86611
1972	211877	95823
1973	225473	104171
1974	223860	106095
1975	251593	117633
1976	253967	122119
1977	290254	142302
1978		

图 10-23　货物运输量与公路货运量

（1）画出序列 freight 和 highway 的序列图，观察它们之间的关系。

（2）对序列 freight 和 highway 进行单位根检验，确定是否为平稳时间序列，如果不平稳，则对这两个序列进行差分平稳化处理。

（3）对序列 freight 和 highway 建立双变量 VAR 模型，并选择最优滞后阶数。

（4）建立双变量模型后，绘制两个变量的脉冲响应函数，并分析它们之间的关系。

第 11 章　协整相关模型

经典时间序列分析主要考虑单变量的模型，模型的拟合建立在平稳序列的基础上。大部分的经济和金融数据是非平稳的时间序列，在多变量场合下，使用传统的时间序列分析方法容易产生伪回归问题。基于此，格兰杰提出了协整理论，针对不平稳的时间序列，试图解决多个时间序列之间的短期非均衡状态，从而找出变量之间的长期均衡关系。在多元时间序列的回归分析中，直到协整理论的提出，才解决了伪回归的问题。

11.1　单　　整

单整是时间序列分析中的重要概念，是处理伪回归问题的重要方式，单整和序列平稳性及单位根检验过程联系紧密。

11.1.1　单整的概念

在单位根检验过程中，如果检验结果显著拒绝了序列非平稳的原假设，则时间序列 $\{y_t\}$ 显著平稳，即不存在单位根。此时，称序列 $\{y_t\}$ 为零阶单整（Integration）序列，记作 $y_t \sim I(0)$。

在单位根检验过程中，如果原假设不能被显著拒绝，则时间序列 $\{y_t\}$ 存在单位根，为非平稳时间序列。此时的处理方法一般是对原序列进行差分，消除单位根，实现序列平稳。

如果原序列经过 1 阶差分后实现平稳，则说明原序列存在一个单位根，称原序列为 1 阶单整，记作 $y_t \sim I(1)$。如果原序列经过 d 阶差分实现平稳，则说明原序列存在 d 个单位根，称原序列为 d 阶单整序列，记作 $y_t \sim I(d)$。

11.1.2　单整的性质

单整作为时间序列分析的重要概念，衡量单个序列的平稳性，具有以下性质：
❑ 如果 $y_t \sim I(0)$，对于任意非零实数 a、b，有
$$a + by_t \sim I(0) \tag{11-1}$$
即零阶单整的序列，与一个非零实数相加或相乘，仍然是零阶单整序列。
❑ 如果 $y_t \sim I(d)$，对于任意非零实数 a、b，有
$$a + by_t \sim I(d) \tag{11-2}$$
即 d 阶单整的序列，与一个非零实数相加或相乘，仍然是 d 阶单整序列。
❑ 如果 $x_t \sim I(0)$，$y_t \sim I(0)$，对于任意非零实数 a、b，有

$$z_t = ax_t + by_t \sim I(0) \tag{11-3}$$

即两个零阶单整的序列，各自与一个非零实数相乘后的和，仍然是零阶单整序列。

❑ 如果 $x_t \sim I(d)$，$y_t \sim I(f)$，对于任意非零实数 a、b，有

$$z_t = ax_t + by_t \sim I(k) \tag{11-4}$$

即两个多阶单整的序列，各自与一个非零实数相乘后的和，仍然是多阶单整序列。

11.2　协　　整

现实中，经济和金融数据序列大多是不平稳的，对这些序列或它们的差分方程直接进行回归分析，容易产生伪回归问题。

罗伯特·恩格尔和格兰杰（1987 年）发现对于两个或两个以上的单整序列，显然在短期内它们的关系是不均衡的，但是它们之间却可能存在一种线性平稳的关系，这种序列间存在的长期均衡关系，称作协整（Cointegrated 或 Cointegration）。这种线性组合，称作协整方程（Cointegrating Equation，CE），它体现的是变量间的长期关系。

两个单整序列的线性组合一般也是单整的，但建立回归模型可能会产生伪回归问题。协整理论主要研究单整序列之间的线性组合的平稳性问题。

11.3　Engle-Granger 协整检验

早期，在罗伯特·恩格尔和格兰杰在提出协整理论时，并没有要求单整序列在线性组合后生成的序列一定是平稳的，只要求线性组合过程中单整阶数有降维即可。实践中，因为经济和金融领域的时间序列一般是一阶单整，经过线性组合，降维后即为零阶单整序列，所以协整关系的研究就成为对线性组合后生成序列的平稳性研究。

罗伯特·恩格尔和格兰杰提出的协整检验方法称作 Engle-Granger 检验（简称 EG 检验法或 EG 二步检验法），通过对单整序列线性组合生成新序列，再对新序列进行平稳性检验。在 EViews 操作过程中，EG 检验法主要有以下几步：

（1）对序列进行平稳性检验（ADF 单位根检验），如果是平稳时间序列（零阶单整），则直接进行回归，不需要进行协整检验。如果两个序列是一阶单整，则进行下一步操作。

（2）对原序列拟合协整回归（Cointegrating Regression）方程，估计长期均衡关系。

（3）对拟合的协整回归方程进行平稳性检验，即对方程的残差进行检验，如果所有的回归方程的残差均平稳，则说明序列之间存在协整关系。

【例 11-1】文件 S11-1.WF1 存储的是 1949 年第 1 季度至 1989 年第 3 季度的居民可支配收入对数序列（ly）和消费支出对数序列（lc）的数据（见图 11-1），对其进行协整检验并建立协整方程。

本例使用 EG 检验法对序列建立协整方法，通过 EG 检验法可以很容易地理解协整分析的基本理论。有两种方法进行操作，下面具体介绍。

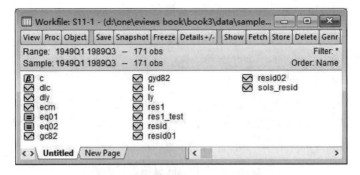

图 11-1　S11-1.WF1 工作文件窗口

1．单方程协整检验

在 EViews 中直接对两个序列进行单方程协整检验（Single Equation Cointegration Test），判定它们之间是否存在协整关系。步骤是：先对两个序列建立序列组，接着单击 View | Cointegration Test | Single Equation Cointegration Test，弹出 Cointegration Test Specification

对话框（见图 11-2），在 Test method 的下拉列表框中选择 Engle-Granger 或 Philips-Ouliaris，前一种方法即 EG 检验法。单击 OK 按钮，得到如图 11-3 所示的结果。原假设序列间不存在协整关系，如图 11-3 所示，序列 lc 和 ly 分别在协整回归中作为因变量，它们的 t-统计量（tau-statistic）用于检验协整关系，伴随概率均小于显著性水平 0.05，拒绝原假设，说明两个序列间存在协整关系。z-统计量在这里检验序列作为被解释变量时协整回归的残差，原假设是存在单位根，伴随概率均小于 0.05，可以认为在 5%

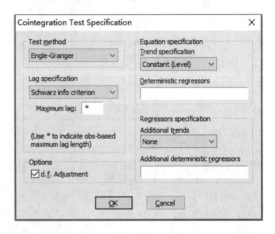

图 11-2　Cointegration Test Specification 对话框

的水平残差不存在单位根，代表协整回归后变量之间的关系是均衡的。

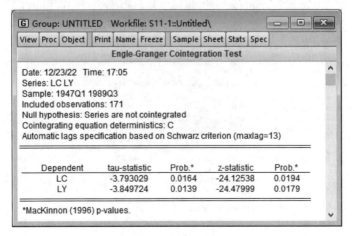

图 11-3　单方程协整检验结果

2. 传统的EG检验法

EG 检验法的标准步骤是先建立协整方程，再对方程进行协整检验。以下是具体的操作步骤。

（1）建立序列 ly 和 lc 的时序图，判断它们之间短期和长期的均衡关系。对序列 ly 和 lc 建立序列组，然后打开序列图（见图 11-4）。序列 lc 和 ly 具有明显的时间趋势，从图形判断是非平稳的时间序列，但是它们有共同的长期趋势，可能存在协整关系。

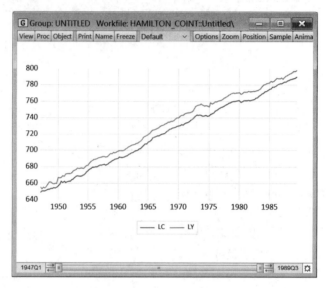

图 11-4　ly 和 lc 的序列图

（2）对序列 ly 和 lc 进行平稳性检验。分别对序列 ly 和 lc 进行单位根检验，从图 11-4 中可以看出，这两个序列均带漂移项和具有线性趋势，单位根检验时选择 Trend and intercept 选项。经过检验，这两个序列均未通过单位根检验。

分别对序列 ly 和 lc 进行 1 阶差分，得到 dly 和 dlc 两个序列。对序列 dly 和 dlc 进行单位根检验，得到如图 11-5 和图 11-6 所示的单位根检验结果，t-统计量的伴随概率均小于设定的显著性水平 0.05，通过单位根检验。由此可以说明，序列 ly 和 lc 均为 1 阶单整序列，可以试着建立协整模型。

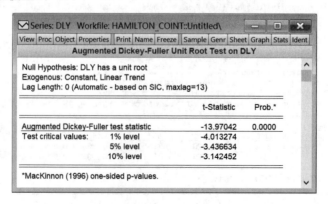

图 11-5　序列 ly 的 1 阶差分序列单位根检验结果

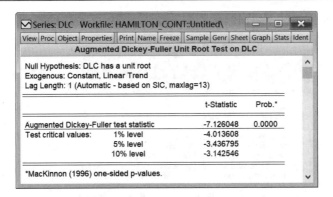

图 11-6　序列 lc 的 1 阶差分序列单位根检验结果

（3）对原序列拟合协整回归方程。选择 Object | New Object | Equation 或 Quick | Estimate Equation，在 Method 的下拉列表框中选择 COINTREG - Cointegrating Regression，得到如图 11-7 所示的 Equation Estimation 对话框。在该对话框中的操作分为 3 步：首先，在上面的 Equation specification 和 Cointegrating regressors specification 选项组中设置方程的特征；其次，在 Nonstationary estimation settings 下拉列表框中选择使用的协整方程估计方法，EViews 提供了 Fully-modified OLS (FMOLS)、Dynamic OLS (DOLS) 和 Canonical Cointegrating Regression (CCR) 3 种方法；最后，在 Sample 文本框中输入样本范围，单击"确定"按钮。

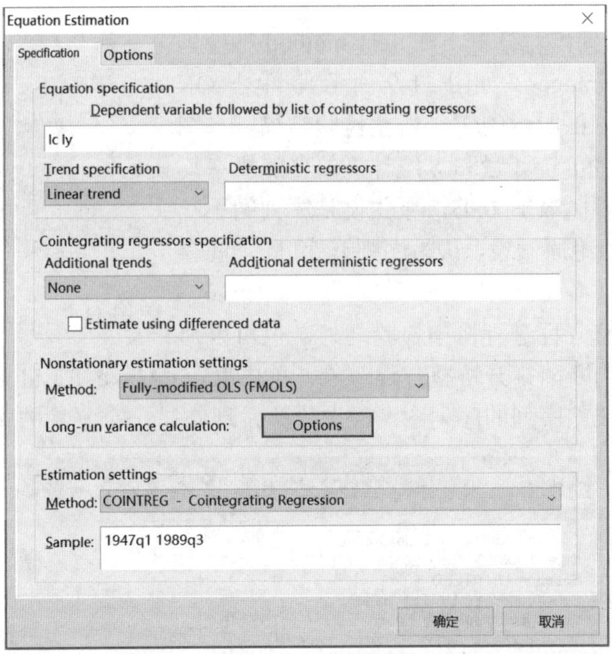

图 11-7　Equation Estimation 对话框

这里在 Dependent variable followed by list of cointegrating regressors 下方的文本框中输入回归量 lc ly，中间以空格间隔，lc 为因变量；在 Trend specification 下拉列表框中选择 Linear trend；Method 选择默认的 FMOLS 方法。单击"确定"按钮，得到如图 11-8 所示的协整回归估计结果。估计模型包括漂移项和时间线性趋势项，因此结果中包括 C 和

@TREND。协整方程可以表示如下：

$$lc = 207.937 + 0.274t + +0.67ly + \varepsilon_t \tag{11-5}$$

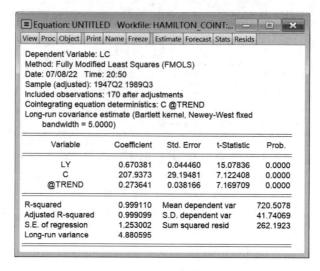

图 11-8　协整回归的估计结果

（4）对协整回归方程进行协整检验，即对方程的残差进行平稳性检验。打开协整方程对象，单击 View | Cointegration Test，弹出对话框，在 Test method 下拉列表框中选择 Engle-Granger（如图 11-9 所示），单击 OK 按钮，得到如图 11-10 所示的 EG 协整检验结果。在图 11-10 中，EG 检验的 t-统计量和 z-统计量的伴随概率均远远小于设定的显著性水平 0.05，原假设是序列间不存在协整关系，因此拒绝原假设，认为序列 ly 和 lc 之间存在协整关系。

图 11-9　Cointegration Test 对话框

除了直接对协整方程进行协整检验之外，也可以通过方程的残差进行判断。打开协整方程对象，单击 Proc | Make Residual Series，生成方程的残差序列。打开残差序列的序列图，经过检验发现它是一个平稳的序列（见图 11-11）。

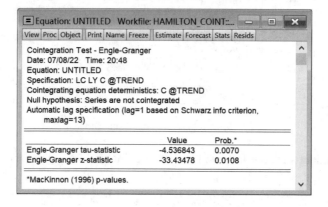

图 11-10　EG 协整检验的结果

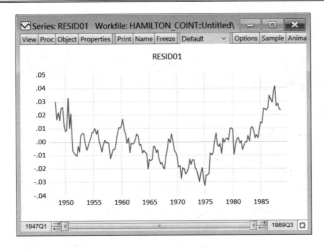

图 11-11 协整方程的残差序列图

11.4 Johansen 协整检验

EG 协整检验操作简单，容易理解，但它解决的是单方程的协整问题。当模型存在两个以上的变量时，可能会出现多重均衡关系，即多个协整向量，EG 检验方法无法解决这个问题，此时可以使用 Johansen 协整检验的方法。

Johansen 协整检验针对的是非平稳时间序列，因此检验之前需要对每个序列进行单位根检验。在 EViews 中建立并打开序列组，选择 View | Cointegration Test | Johansen System Cointegration Test，或者在一个 VAR 对象窗口中选择 View | Cointegration Test，弹出 Johansen Cointegration Test 对话框。在 Cointegration Test Specification 选项卡中设置 Johansen 协整检验的内容。通过 VAR 模型进入 Johansen 协整检验。此外，在 Johansen Cointegration Test 对话框中除了 Cointegration Test Specification 选项卡之外，还有一个 VEC Restrictions 选项卡。

【例 11-2】文件 S11-2.WF1 存储的是 1974 年第 1 季度至 1987 年第 3 季度丹麦的经济数据（见图 11-12），其中，lpy 是价格的对数序列，lrm 是真实货币余额的对数序列，lry 是居民收入的对数序列，ibo 是国债长期利率的对数序列，ide 是存款利率（短期利率）的对数序列。对 lrm、lpy、ibo 和 ide 序列进行 Johansen 协整检验。

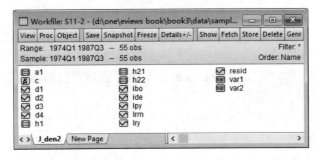

图 11-12 S11-2.WF1 工作文件窗口

本例的数据来自于 Johansen 和 Juselius 在 1990 年发表的一篇论文检验步骤如下。

1．对序列进行单位根检验

分别打开 lrm、lry、ibo 和 ide 这 4 个序列的序列图（略），发现所有序列均没有明显的线性时间趋势，但均包含确定性项（截距项）。经过单位根检验得出，序列 lrm、lry、ibo 和 ide 均为 1 阶差分后平稳（带漂移项），即 1 阶单整 I(1)序列，满足进一步进行协整检验的条件。

2．Johansen协整检验的设置

（1）建立序列组并打开检验窗口。

在序列组内，序列的不同顺序对协整检验的结果会产生影响，按 lrm、lpy、ibo 和 ide 的顺序建立序列组。打开 Johansen Cointegration Test 对话框，如图 11-13 所示。

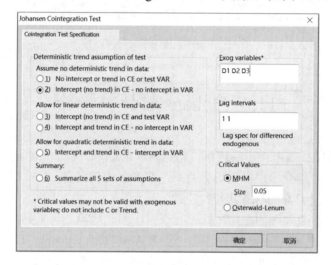

图 11-13　Johansen Cointegration Test 对话框

（2）进行 Deterministic trend assumption of test（确定性趋势）设定。

Deterministic trend assumption of test 选项组用于设定数据是否包含确定性趋势（Deterministic Trend）和截距项（Intercept），具体选项如下：

- ❑ No intercept or trend in CE or test VAR：协整方程或 VAR 模型既不包含截距项，也不包含确定性趋势项（时间趋势项、线性时间趋势项）。

- ❑ Intercept (no trend) in CE-no intercept in VAR：协整方程包含截距项，不包含时间趋势项；VAR 模型不包含截距项。

- ❑ Intercept (no trend) in CE and test VAR：协整方程和 VAR 模型包含截距项，但不包含时间趋势项。

- ❑ Intercept and trend in CE-no intercept in VAR：协整方程包含截距项和时间趋势项，VAR 模型不包含截距项。

- ❑ Intercept and trend in CE-intercept in VAR：协整方程包含截距项和时间趋势项，VAR 模型包含截距项。

- ❑ Summarize all 5 sets of assumptions：输出上面 5 种设定的全部结果。当不能确定协整方程和 VAR 模型的截距项和时间趋势项时，则输出所有结果待进一步确定。

实践中，第 1 种和第 5 情况非常罕见，大部分情况下使用默认的第 2 种情况。如果所

有序列都出现 0 均值，则选择第 1 种情况。如果所有的序列都具有随机的时间趋势特征，则可以选择第 3 种情况。如果序列的时间趋势呈现非常平稳的特征，那么可以选择第 4 种情况。第 5 种情况可能对已有的样本有较好的解释能力，但是预测样本的结果往往十分不合情理。本例选择第 2 种情况。

（3）Exog variables（外生变量）设定。

一般情况下不设定外生变量。图 11-13 对话框的左下方明确指出，如果在协整检验中加入了外生变量，那么临界值（Critical Values）对变量是无效的，要尽量避免加入截距项 C 或时间趋势项 Trend。

如果设置外生变量，最常见的是把季节虚拟变量（Seasonal Dummy Variables）设定为确定性项。本例的工作文件中已经设置了 4 个季节虚拟变量：D1、D2、D3 和 D4。采用中心季节虚拟变量的设置方法，将每个季度的虚拟变量设置为 0.75，其余季度均设置为-0.25，4 个季度虚拟变量分别设置为 D1、D2、D3 和 D4。

（4）Lag intervals（滞后期）设定。

在图 11-13 的 Lag intervals 文本框中输入两个数字确定滞后期，第一个数字为滞后期开始数字，第二个数字为滞后期结束的数字，中间以空隔间隔。

不同的滞后期对协整检验的结果影响较大，Johansen 协整检验一般是和 VEC 模型一起使用，而 VEC 模型可以看作 VAR 模型的一阶差分形式，因此要在 VAR 最优滞后期的基础上减 1。如果 VAR 估计的滞后期为 3，则 Johansen 检验的滞后期设置为"1 2"；如果 VAR 估计的滞后期为 1，则 Johansen 检验的滞后期设置为"0 0"。

EViews 不能自动检测模型最优的滞后阶数，打开 VAR 对象，单击 View | Lag structure | Lag Length Criteria，选定最高滞后期，然后逐次降阶，一直到 AIC 和 SC 的值达到最小，即为 VAR 估计的最优滞后阶数 m，$m-1$ 即为 Johansen 检验的设定滞后期。

（5）Critical Values（临界值）设定。

在临界值中选项，默认选项是 MHM，即 MacKinnon-Haug-Michelis (1999) p-values，使用 5%的临界值。也可以选择 Osterwald-Lenum，同时使用 5%和 1%的水平临界值。

3．Johansen协整检验结果解释

1）基本信息

在图 11-13 中设置完毕后，单击"确定"按钮，得到 Johansen 协整检验的结果。图 11-14 为输出结果的表头部分，即检验的基本信息，包括：操作的时间（Date 和 Time），调整后的样本（Sample），观察值的数量（observations），趋势假定（Trend assumption），序列名称和顺序（Series），外生变量（Exogenous series），临界值估计不包含外生变量的提示（Warning），以及滞后期设置（Lag intervals）。

Johansen Cointegration Test

Date: 07/11/22　Time: 17:08
Sample (adjusted): 1974Q3 1987Q3
Included observations: 53 after adjustments
Trend assumption: No deterministic trend (restricted constant)
Series: LRM LRY IBO IDE
Exogenous series: D1 D2 D3
Warning: Critical values assume no exogenous series
Lags interval (in first differences): 1 to 1

图 11-14　Johansen 协整检验输出结果的表头

2）协整关系的数量

表头部分下面显示的是协整关系的数量。EViews 提供了两种检验方法：迹统计量检验方法（Trace test）和最大特征根检验方法（Maximum Eigenvalue test）。

图 11-15 为迹统计量检验方法的输出结果，左边第 1 列（Hypothesized No. of CE(s)）为协整方程个数的原假设，第 2 列（Eigenvalue）为排序后的特征值，第 3 列（Trace Statistic）为迹统计量的值，第 4 列（Critical Value）为 0.05 水平上的临界值，第 5 列（Prob.）为迹统计量的伴随概率。第一行原假设为不存在协整关系（None），对应的迹统计量的伴随概率为 0.1282，大于显著性水平 0.05，不拒绝原假设，表明不存在协整关系。表格下方显示 Trace test indicates no cointegration at the 0.05 level，说明在 0.05 的水平上，通过迹统计量检验，4 个序列之间不存在协整关系。

Unrestricted Cointegration Rank Test (Trace)

Hypothesized No. of CE(s)	Eigenvalue	Trace Statistic	0.05 Critical Value	Prob.**
None	0.433165	49.14436	54.07904	0.1282
At most 1	0.177584	19.05691	35.19275	0.7836
At most 2	0.112791	8.694964	20.26184	0.7644
At most 3	0.043411	2.352233	9.164546	0.7071

Trace test indicates no cointegration at the 0.05 level
* denotes rejection of the hypothesis at the 0.05 level
**MacKinnon-Haug-Michelis (1999) p-values

图 11-15　Trace test 协整检验结果

图 11-16 为最大特征值检验方法的输出结果，左边第 1 列（Hypothesized No. of CE(s)）为协整方程个数的原假设，第 2 列（Eigenvalue）为排序后的特征值，第 3 列（Max-Eigen Statistic）为最大特征值，第 4 列（Critical Value）为 0.05 水平上的临界值，第 5 列（Prob.）为最大特征值的伴随概率。第一行原假设为不存在协整关系（None），对应的最大特征值统计量的伴随概率为 0.0319，小于显著性水平 0.05，拒绝原假设，表明存在协整关系。表格下方则显示 Max-eigenvalue test indicates 1 cointegration eqn(s) at the 0.05 level，说明在 0.05 的水平上，通过最大特征值检验，4 个序列之间存在 1 个协整关系。

在本例中，迹统计量检验和最大特征值检验的结果产生了矛盾，对于这种情况，建议检查模型估计的协整矢量，并根据协整关系的可解释性做出选择。在这里，我们认为上述 4 个序列间存在 1 个协整关系。

Unrestricted Cointegration Rank Test (Maximum Eigenvalue)

Hypothesized No. of CE(s)	Eigenvalue	Max-Eigen Statistic	0.05 Critical Value	Prob.**
None *	0.433165	30.08745	28.58808	0.0319
At most 1	0.177584	10.36195	22.29962	0.8059
At most 2	0.112791	6.342731	15.89210	0.7486
At most 3	0.043411	2.352233	9.164546	0.7071

Max-eigenvalue test indicates 1 cointegrating eqn(s) at the 0.05 level
* denotes rejection of the hypothesis at the 0.05 level
**MacKinnon-Haug-Michelis (1999) p-values

图 11-16　Maximum Eigenvalue test 协整检验结果

3）协整关系表达式

图 11-17 是协整检验结果中无约束的参数（系数）估计值，第 1 列是第 1 个协整矢量，第 2 列是第 2 个协整矢量，以此类推。

Unrestricted Cointegrating Coefficients (normalized by b'*S11*b=I):

LRM	LRY	IBO	IDE	C
-21.97409	22.69811	-114.4173	92.64010	133.1615
14.65598	-20.05089	3.561148	100.2632	-62.59345
7.946552	-25.64080	4.277513	-44.87727	62.74888
1.024493	-1.929761	24.99712	-14.64825	-2.318655

Unrestricted Adjustment Coefficients (alpha):

D(LRM)	0.009691	-0.000329	0.004406	0.001980
D(LRY)	-0.005234	0.001348	0.006284	0.001082
D(IBO)	-0.001055	-0.000723	0.000438	-0.001536
D(IDE)	-0.001338	-0.002063	-0.000354	-4.65E-05

图 11-17　无约束的参数估计值

图 11-18 是对数最大似然值的协整方程，表达如下：

$$lrm=1.0329*lry - 5.207*ibo+4.216*ide+6.06 \tag{11-6}$$

从上述协整关系式中可以看出，lrm 和 lry、ide 存在正相关的长期均衡关系，lry 每增长 1%，lrm 就增长 1.0329%；ide 每增长 1%，lrm 就增长 4.216%。lrm 和 ibo 存在负相关的长期均衡关系，ibo 每增长 1%，lrm 则下降 5.207%。

图 11-18 下方为调整系数值（Adjustment coefficients），表示 VEC 模型中变量动态偏离协整关系的速度。如果调整系数值为负数，则表明偏离非均衡的误差得到了修正；如果调整系数值为正数，则表明偏离非均衡的误差没有得到修正。在本例中，d(lrm)的值为负数，表明协整关系有效。

1 Cointegrating Equation(s):	Log likelihood	669.1154		
Normalized cointegrating coefficients (standard error in parentheses)				
LRM	LRY	IBO	IDE	C
1.000000	-1.032949	5.206919	-4.215880	-6.059932
	(0.13897)	(0.55060)	(1.09082)	(0.86239)
Adjustment coefficients (standard error in parentheses)				
D(LRM)	-0.212955			
	(0.06435)			
D(LRY)	0.115022			
	(0.06739)			
D(IBO)	0.023177			
	(0.02547)			
D(IDE)	0.029411			
	(0.01717)			

图 11-18　对数最大似然值的协整方程

11.5　误差修正模型

当两个变量存在协整关系时，说明它们存在长期均衡关系，但在短期内必定是不均衡的，此时可以通过在模型中增加一个误差修正项来解释它们的短期波动关系。这个模型就是误差修正（Error Correction Model，ECM）模型，它经常作为协整模型的补充模型出现。

前面讲过，VAR 模型是无约束条件的，如果 VAR 模型包含协整约束条件，就是向量误差修正（Vector Error Correction，VEC）模型。

11.5.1　ECM 模型

协整模型解释了序列之间的长期均衡关系，ECM 模型则解释了两个序列间的短期波动关系。假设两个非平稳序列 $\{y_t\}$ 和 $\{x_t\}$ 具有协整关系，即：

$$y_t = \beta x_t + \varepsilon_t \tag{11-7}$$

则回归残差序列为平稳序列：

$$\varepsilon_t = y_t - \beta x_t \sim I(0) \tag{11-8}$$

经过推导和整理，得到如下 ECM 模型：

$$\Delta y_t = \beta_0 \Delta x_t + \beta_1 \mathrm{ECM}_{t-1} + \varepsilon_t \tag{11-9}$$

其中：Δy_t 是被解释变量（响应序列）的当期波动；Δx_t 是解释变量（输入序列）的当期波动；β_1 为误差修正系数，代表误差修正项对当期波动的修正力度；ECM_{t-1} 为上期误差；ε_t 为当期纯随机波动。

从 ECM 模型可以看出，响应序列的当期波动主要受三个方面的短期波动影响，即输入序列的当期波动、上一期的误差和当期纯随机波动。

【例 11-3】文件 S11-1.WF1 存储的是 1947 年第 1 季度至 1989 年第 3 季度的居民可支配收入对数序列（ly）和消费支出对数序列（lc）的数据（见图 11-1），对其构造 ECM 模型。

在 11.3 节，我们已经通过 EG 检验法证明了居民可支配收入对数序列（ly）和消费支出对数序列（lc）具有协整关系，我们根据以下步骤构造 ECM 模型。

1．建立序列lc和ly的回归模型

在这里，我们建立不包含截距项和时间趋势项的模型，利用最小二乘法构造如下回归模型（见图 11-19）：

$$lc = 0.9874ly + \varepsilon_t \tag{11-10}$$

这个协整回归模型解释了消费支出与收入之间的长期均衡关系。从模型中得到回归系数为 0.9874。

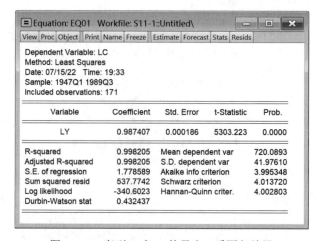

图 11-19　序列 lc 和 ly 的最小二乘回归结果

2．建立ECM项

得到回归系数后，建立 ECM 项。在 EViews 工作文件窗口中单击 Genr，在弹出的 Generate Series by Equation 对话框中输入 ecm=lc(-1)-0.9874*ly(-1)，得到 ECM_{t-1} 项的序列（等式左边只需要输入 ECM 即可）：

$$\text{ECM}_{t-1} = \text{lc}(-1) - 0.9874\text{ly}(-1) \tag{11-11}$$

3．建立ECM模型

为了研究支出和消费的短期波动特征，可以利用差分序列 $\{\Delta lc\}$、$\{\Delta ly\}$ 及前一期的误差序列 $\{\text{ECM}_{t-1}\}$，构建 ECM 模型。

$$\Delta \text{lc}_t = \beta_0 \Delta \text{ly}_t + \beta_1 \text{ECM}_{t-1} + \varepsilon_t \tag{11-12}$$

在 EViews 中对序列 lc 和 ly 进行差分运算，得到差分后的序列 dlc 和 dly。利用最小二乘法，对 dlc、dly 和 ECM_{t-1} 建立模型（见图 11-20）。注意，这里 EViews 工作文件中的 ECM 项就是前期的 ECM_{t-1} 项，建立模型时，直接使用 ECM 序列即可，不需要输入 ECM（-1）。如果不包含截距项，则不需要输出 C。单击"确定"按钮，得到如图 11-21 所示的输出结果，其中 dlc 可以用 Δlc 表示，dly 可以用 Δly 表示，二者均表示差分后的原序列。则本案例的 ECM 模型为：

$$\Delta \text{lc} = 0.6382 + 0.2257\Delta \text{ly} - 0.0775\text{ECM}_{t-1} + \varepsilon_t \tag{11-13}$$

图 11-20　利用最小二乘法建立 ECM 模型

4．模型的显著性检验

从图 11-21 的结果中可以看出，F-统计量为 9.0125，伴随概率为 0.000192，远远小于设定的显著性水平 0.05，说明 dlc 和 dly 存在显著线性相关关系。参数检验结果显示 dly(β_0) 和 ECM(β_1) 的 t-统计量的伴随概率均小于 0.05，表明二者的系数均显著非零，说明可支配收入（dly）的当期波动对消费支出（dlc）的当期波动有显著影响（β_0），它们之间为正相关关系，每增加 1 单位的对数收入，就会增加 0.2257 单位的对数消费支出。上期误差（ECM）对消费支出（dlc）的当期波动也有显著的影响，它们之间为负相关关系，它和消费支出的单位调整比例为-0.0775。

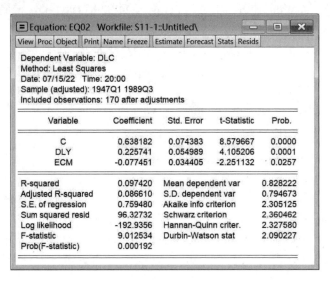

图 11-21　ECM 模型的输出结果

11.5.2　VEC 模型

上节的 ECM 模型针对的是单个方程，如果推广到 VAR 模型组，则要考虑采用 VEC 模型。VAR 模型是研究平稳时间序列变量的一般性分析框架：如果时间序列是平稳的，则直接进行 VAR 模型分析；如果时间序列不平稳，则对变量进行 1 阶差分，对差分后平稳的序列进行 VAR 模型分析。

假如时间序列是非平稳的，我们仍然希望利用 VAR 模型的框架进行分析，那么就需要给 VAR 模型定义一个约束条件，这个约束条件就是序列之间存在协整关系。此时的模型称作向量误差修正（Vector Error Correction，VEC）模型，也称作 VECM（Vector Error Correction Model，VEC Model）。因为建立 VEC 模型的前提是变量间存在协整关系，所以 VEC 模型研究变量间的长期均衡关系。VEC 模型可以表达为：

$$\Delta y_t = a_0 + b_m ECM_{t-1} + a_1 \Delta y_{t-1} + a_2 \Delta y_{t-2} + \cdots + a_p \Delta y_{t-p} + \varepsilon_t \qquad (11\text{-}14)$$

在式（11-14）中，变量为差分后的变量，A 为系数矩阵。ECM_{t-1} 项即为误差修正项，误差修正项是变量之间距离长期均衡的差异，前面的系数反映变量误差修正的速度。如果有 m 个协整关系，则可以有 m 个误差修正项。

VEC 模型是协整约束的模型，至少需要存在一个协整关系才可以建立 VEC 模型。因此在建立 VEC 模型前，需要进行 Johansen 协整检验。如果 Johansen 协整检验的结果显示变量之间不存在协整关系，则不能建立 VEC 模型。

【例 11-4】文件 S11-2.WF1 存储的是 1974 年第 1 季度至 1987 年第 3 季度丹麦的经济数据（见图 11-12），其中，lpy 是价格的对数序列，lrm 是真实货币余额的对数序列，lry 是居民收入的对数序列，ibo 是国债长期利率的对数序列，ide 是存款利率（短期利率）的对数序列。为了研究它们的长期关系，对 lrm、lpy、ibo 和 ide 序列建立误差修正（VEC）模型。

VEC 模型研究的是非平稳变量之间的长期均衡关系，首先需要进行协整检验，然后建立模型。对多个变量之间的协整检验，EViews 采用的是 Johansen 协整检验。具体步骤如下。

1．对变量之间进行Johansen协整检验

这一步前面已经做过，经过单位根检验，序列 lrm、lpy、ibo 和 ide 均为 1 阶差分后平稳（带漂移项），即 1 阶单整 I(1)序列，满足进一步进行协整检验的条件。经过 Johansen 协整检验，变量之间存在一个协整关系，可以进一步建立 VEC 模型。

2．设置VEC模型

选择 Quick | Estimate VAR，弹出 VAR Specification 对话框，其中有 Basics、Cointegration 和 VEC Restrictions 3 个选项卡。

（1）选择 Basics 选项卡，在 Basics 选项卡的 VAR type 下拉列表框中选择 Vector Error Correction，即 VEC 模型。VEC 模型是 VAR 模型的特殊形式。Basics 选项卡的其他选项和 VAR 模型的设置是一样的（见图 11-22），在其中设置内生变量和它们的滞后期、外生变量和样本区间。其中，滞后期是指差分后变量的滞后期。为了简化，本例不设置外生变量。

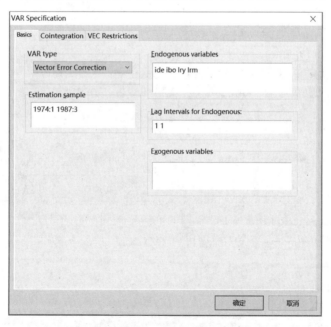

图 11-22　VAR Specification 对话框

（2）选择 Cointegration 选项卡，对协整关系式进行设定。建立 VEC 模型的第一步是进行 Johansen 协整检验，因此，该选项卡的信息均来自 Johansen 检验的结果。Number of cointegrating 是指协整关系的数量，Deterministic Trend Specification 是对确定项和趋势项的设定。本例假定存在一个协整关系，选择有线性时间趋势和截距项（见图 11-23）。

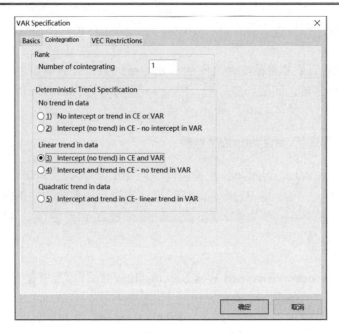

图 11-23　Cointegration 选项卡

（3）在 VEC Restrictions 选项卡中对协整矢量和 VEC 模型参数进行设置，一般使用默认选项即可。当勾选 Impose Restrictions 复选框时，将会激活对协整约束的调整。Optimization 选项用于设置迭代条件（见图 11-24）。

图 11-24　VEC Restrictions 选项卡

3. 输出VEC模型

在图 11-24 中，单击"确定"按钮，得到如图 11-25、图 11-26 和图 11-27 所示的 VEC

模型输出结果。根据图 11-25 所示的输出结果，可以得到协整关系式如下：

$$ECM_{t-1} = IDE - 1.2994IBO + 0.2344LRY - 0.2402LRM + 1.5418 \qquad (11\text{-}15)$$

Var: VAR2　Workfile: S11-2::J_den2\

View | Proc | Object | Print | Name | Freeze | Estimate | Forecast | Stats | Impulse | Resids

Vector Error Correction Estimates

Vector Error Correction Estimates
Date: 07/16/22　Time: 17:27
Sample (adjusted): 1974Q3 1987Q3
Included observations: 53 after adjustments
Standard errors in ( ) & t-statistics in [ ]

Cointegrating Eq:	CointEq1
IDE(-1)	1.000000
IBO(-1)	-1.299378 (0.16492) [-7.87879]
LRY(-1)	0.234395 (0.07546) [3.10615]
LRM(-1)	-0.240243 (0.05450) [-4.40842]
C	1.541777

图 11-25　协整关系估计结果

Var: VAR2　Workfile: S11-2::J_den2\

View | Proc | Object | Print | Name | Freeze | Estimate | Forecast | Stats | Impulse | Resids

Vector Error Correction Estimates

Error Correction:	D(IDE)	D(IBO)	D(LRY)	D(LRM)
CointEq1	-0.083084 (0.06559) [-1.26671]	0.016242 (0.09848) [0.16493]	-0.155964 (0.26997) [-0.57772]	1.171601 (0.31336) [3.73889]
D(IDE(-1))	0.133979 (0.12954) [1.03425]	0.045036 (0.19450) [0.23154]	-0.792515 (0.53319) [-1.48636]	-1.365951 (0.61888) [-2.20713]
D(IBO(-1))	0.294132 (0.10513) [2.79789]	0.385608 (0.15784) [2.44301]	-0.167095 (0.43269) [-0.38617]	0.111449 (0.50223) [0.22191]
D(LRY(-1))	0.033478 (0.03641) [0.91937]	0.148606 (0.05467) [2.71806]	-0.019068 (0.14988) [-0.12723]	0.079759 (0.17397) [0.45848]
D(LRM(-1))	0.024003 (0.02992) [0.80228]	0.010221 (0.04492) [0.22753]	0.258051 (0.12314) [2.09557]	-0.236567 (0.14293) [-1.65511]
C	-0.000417 (0.00082) [-0.51041]	-0.001354 (0.00123) [-1.10408]	0.001031 (0.00336) [0.30684]	0.008956 (0.00390) [2.29534]

图 11-26　VEC 模型的估计结果

根据图 11-26 所示的输出结果，VEC 模型的估计结果见式（11-6），其中 ECM_{t-1} 项即式（11-15）。

$$
\begin{bmatrix} \Delta \mathrm{IDE}_{t-1} \\ \Delta \mathrm{IBO}_{t-1} \\ \Delta \mathrm{LRY}_{t-1} \\ \Delta \mathrm{LRM}_{t-1} \end{bmatrix} = \begin{bmatrix} -0.0004 \\ -0.0014 \\ 0.001 \\ 0.009 \end{bmatrix} + \begin{bmatrix} -0.083 \\ 0.0162 \\ -0.156 \\ 1.1716 \end{bmatrix} ECM_{t-1} +
$$

$$
\begin{bmatrix} 0.134 & 0.2941 & 0.0335 & 0.024 \\ 0.045 & 0.3856 & 0.1486 & 0.01 \\ -0.7925 & -0.167 & -0.0191 & 0.2581 \\ -1.366 & 0.1114 & 0.0798 & -0.2366 \end{bmatrix} \begin{bmatrix} \Delta \mathrm{IDE}_{t-1} \\ \Delta \mathrm{IBO}_{t-1} \\ \Delta \mathrm{LRY}_{t-1} \\ \Delta \mathrm{LRM}_{t-1} \end{bmatrix}
$$

(11-16)

图 11-27 所示为 VEC 模型的检验统计量，上半部分对应图 11-26 所示的每个方程的检验统计量，下半部分为 VEC 模型的总体检验统计量。

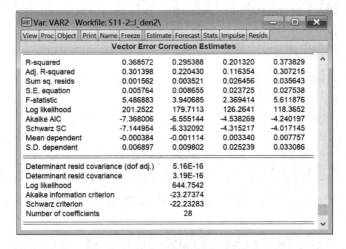

图 11-27　VEC 模型的检验统计量

11.6　自回归分布滞后模型

早在 20 世纪，计量经济学家就推出了自回归分布滞后（Autoregressive Distributed Lag，ARDL）模型，但是直到近 20 年，随着对经济变量之间协整关系研究的展开，ARDL 模型才普遍受到关注。ARDL 模型研究不同滞后期的被解释变量和解释变量，因此应用广泛。ARDL 模型可以研究短期关系，如果研究长期均衡关系，则需要进行协整检验，结果包含协整方程。在 EViews 中，通过标准最小二乘法和 ARDL 方法进行 ARDL 建模。

11.6.1　ARDL 模型的原理

ARDL 模型研究的是自变量和因变量的线性非同期相关关系。大部分时间序列模型研究的是自变量和因变量的同期关系。在实际工作中，一些变量不适合转换为同期模型，或者其本身就是为了研究不同期变量之间的关系，这个时候，ARDL 模型就有优势了，ARDL 模型中的自变量和因变量均包含滞后项，并且滞后项是不同期的。常见的非同期经济变量组合如 I(0)和 I(1)组合。

如果 y_t 是因变量，有 k 个解释变量 $x_1, x_2, \cdots, x_K$，通用的 ARDL 模型可以表达如下：

$$y_t = a_0 + a_1 t + \sum_{i=1}^{p} \psi_i y_{t-i} + \sum_{j=1}^{k} \sum_{l_j=0}^{q_j} \beta_{j,l_j} x_{j,t-l_j} + \varepsilon_t \qquad (11\text{-}17)$$

式（11-17）也可以写为：

$$\psi(L) y_t = a_0 + a_1 t + \sum_{j=1}^{k} \beta_j(L) x_{j,t} + \varepsilon_t \qquad (11\text{-}18)$$

11.6.2　ARDL 模型估计

ARDL 模型的回归变量包含解释变量和被解释变量的滞后项，因此在 EViews 软件中，可以直接通过 OLS 估计来建立 ARDL 模型。

此外，也可以直接通过 EViews 软件的 ARDL 估计方法建立 ARDL 模型，过程更为简单。在主菜单中依次选择 Quick | Estimate Equation（或者在工作文件窗口中通过建立一个新的 Object 来建立方程式），弹出 Equation Estimation 对话框，默认选择 Specification 选项卡，Estimation settings 的 Method 下拉列表框中选择 ARDL-Auto-regressive Distributed Lag Models，界面转换为 ARDL 估计对话框。然后继续设置被解释变量和解释变量、滞后项的期数，以及修正回归量（Fixed regressors）。在 Options 选项卡中设置滞后期的判断准则，一般直接使用默认的 AIC 准则。

【例 11-5】文件 S11-3.WF1 存储的是 1950 年第 1 季度至 2000 年第 4 季度美国的宏观经济数据（见图 11-28）。其中，序列 realcons 是实际消费水平，序列 realgdp 是实际 GDP。用 realcons 的对数序列作为被解释变量，realgdp 的对数序列作为解释变量，建立 ARDL 模型。

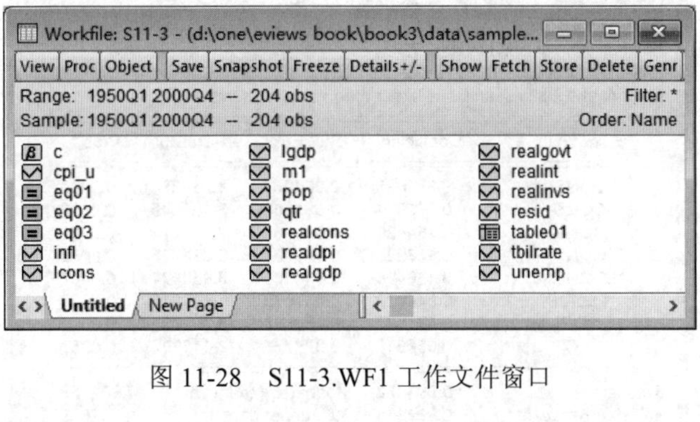

图 11-28　S11-3.WF1 工作文件窗口

本例来自 William H. Greene 的 *Econometric Analysis*（《计量经济分析》）第 6 版的经典案例，这里进行了简化。

（1）建立序列 realcons 的对数序列 lcons 及序列 realgdp 的对数序列 lgdp。

（2）打开 Equation Estimation 对话框。在 Estimation settings 下方的 Method 下拉列表框中选择 ARDL-Auto-regressive Distributed Lag Models；在 Dynamic Specification 下方的文本框中输入被解释变量 lcons 和解释变量 lgdp；滞后期设置为 2 年，因为是季度数据，在 Max lags 下拉列表框中选择滞后 8 期；其他使用默认项（见图 11-29）。单击"确定"按钮，得

到如图 11-30 所示的 ARDL 估计的输出结果。

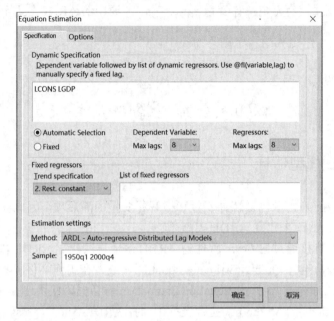

图 11-29　ARDL 估计对话框

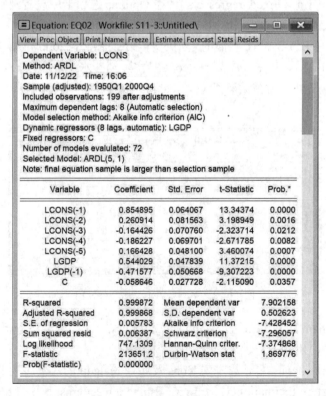

图 11-30　ARDL 估计结果

从图 11-30 中可以看出，为了研究 lcons 和 lgdp 在 2 年内的关系，EViews 软件给出了一个 ARDL(5,1)模型，即包含滞后 5 期的被解释变量 lcons，以及滞后 1 期的解释变量 lgdp。

从调整的 R 方以及 F-统计量的伴随概率来看，模型的线性关系显著；同时，模型所有参数的统计量的伴随概率均小于 0.05，说明所有参数均显著非零。

在原案例中，Greene 设置了修正回归量，在图 11-29 所示的对话框中，在 Fixed regressors 选项组右边的文本框中输入@expand(@quarter, @droplast)，即将季度作为虚拟变量，在拟合模型中包含季度虚拟变量作为解释变量（见图 11-31）。

```
Dependent Variable: LCONS
Method: ARDL
Date: 11/12/22   Time: 16:21
Sample (adjusted): 1950Q1 2000Q4
Included observations: 199 after adjustments
Maximum dependent lags: 8 (Automatic selection)
Model selection method: Akaike info criterion (AIC)
Dynamic regressors (8 lags, automatic): LGDP
Fixed regressors: @EXPAND(@QUARTER,@DROPLAST) C
Number of models evalualed: 72
Selected Model: ARDL(5, 1)
Note: final equation sample is larger than selection sample
```

Variable	Coefficient	Std. Error	t-Statistic	Prob.*
LCONS(-1)	0.854510	0.064428	13.26300	0.0000
LCONS(-2)	0.258776	0.082121	3.151153	0.0019
LCONS(-3)	-0.156598	0.071521	-2.189542	0.0298
LCONS(-4)	-0.194069	0.070465	-2.754106	0.0065
LCONS(-5)	0.169457	0.048486	3.494951	0.0006
LGDP	0.547615	0.048246	11.35042	0.0000
LGDP(-1)	-0.475684	0.051091	-9.310547	0.0000
@QUARTER=1	-0.000348	0.001176	-0.295813	0.7677
@QUARTER=2	-0.000451	0.001165	-0.386775	0.6994
@QUARTER=3	0.000854	0.001171	0.729123	0.4668
C	-0.058209	0.027842	-2.090705	0.0379

R-squared	0.999873	Mean dependent var		7.902158
Adjusted R-squared	0.999867	S.D. dependent var		0.502623
S.E. of regression	0.005805	Akaike info criterion		-7.406420
Sum squared resid	0.006336	Schwarz criterion		-7.224378
Log likelihood	747.9388	Hannan-Quinn criter.		-7.332743
F-statistic	148407.0	Durbin-Watson stat		1.865392
Prob(F-statistic)	0.000000			

图 11-31　加入季度虚拟变量的 ARDL 估计结果

11.6.3　OLS 估计

ARDL 模型实际上是包含解释变量和被解释变量滞后项的线性回归方程，因此在 EViews 软件中，也可以直接通过 OLS 估计来建立 ARDL 模型。但是使用 OLS 估计不如 ARDL 估计便捷，需要多次尝试，以去除不显著的解释变量。

以前面的例 11-5 为例，通过 OLS 估计建立 ARDL 模型，这里对 ARDL(5,1)模型进行估计，打开 OLS 估计对话框（见图 11-32），在 Equation specification 下方的文本框中输入 lcons lcons(-1) lcons(-2) lcons(-3) lcons(-4) lcons(-5) lgdp lgdp(-1) c，中间以空格间隔，其他使用默认选项。单击"确定"按钮，得到如图 11-33 所示的 ARDL 模型估计结果。

从图 11-33 所示的估计结果可以看出，拟合的模型和系数均显著，参数和估计量的值与图 11-30 中使用 ARDL 估计的结果完全一样。

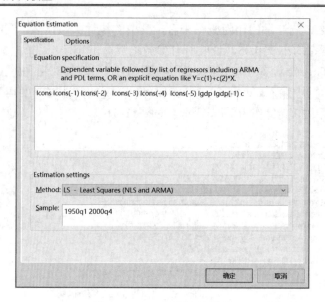

图 11-32　OLS 估计对话框

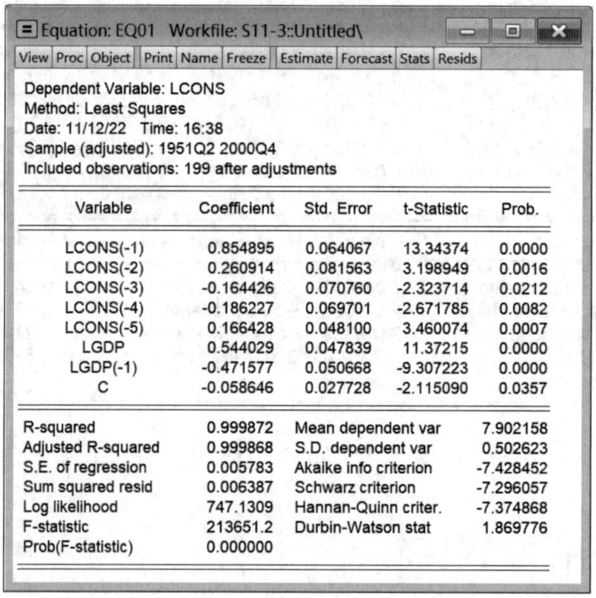

图 11-33　OLS 估计的 ARDL 模型结果

11.7　模型总结

在学习和实践中经常会遇到各种问题,如原序列平稳或差分后平稳应当建立什么模型,非同阶单整的序列组应当如何选择模型等,针对这些问题,笔者总结如下:

❑ 要树立模型只是研究工具的这个观点,建立模型本身不是目的,建立模型是为了研究和解释经济和金融数据的波动情况,从而达到预测的目的。

❑ 模型要尽量简捷、精巧，避免复杂、冗长的模型，过于复杂的模型往往会出现不可控因素。

❑ 建立模型要考虑技术上的因素，要尽量使用能够获得的数据。

❑ 明确研究目的。例如，本章主要研究变量之间是长期关系还是短期关系，一些短期看似不相关的变量，从长期来看，它们之间的关系仍然可以找到规律。

➤ 如果序列为同阶单整，如 I(1) 和 I(1) 组合且存在协整关系，则可以采用 VEC 模型，这时候主要考察变量间的长期关系。

➤ 如果序列之间不存在协整关系，原序列或差分变换后为平稳序列，则采用 VAR 模型，一般来讲，这时候考察的是变量间的短期关系。

➤ 如果只是希望估计回归系数，那么进行标准 OLS 估计，对变量直接进行分析，这时候只需要考虑回归后的残差是否平稳，不需要考虑变量是否同阶单整。

➤ 如果是要找到一组变量之间的长期关系，并且序列不是同阶单整，常见的是 I(0) 和 I(1) 组合，可以考虑采用 ARDL 模型。

11.8　上机练习

1. 工作文件 E11-1.WF1 存储的是 1980—2020 年中国经济的宏观数据（见图 11-34），其中，序列 GDP 为国内生产总值，序列 INCOME 为人均可支配收入，序列 INVESTMENT 是全社会固定资产投资。

（1）画出序列 GDP 和 INVESTMENT 的时序图，并判断它们之间是否存在协整关系。

（2）如果序列 GDP 和 INVESTMENT 存在协整关系，写出它们的协整方程。

	GDP	INCOME	INVESTMENT
1980	4587.6	247	910.9
1981	4933.7	279	961.0
1982	5380.5	326	1230.0
1983	6043.8	365	1430.0
1984	7314.2	424	1833.0
1985	9123.6	479	2543.0
1986	10375.4	541	3121.0
1987	12166.6	599	3792.0
1988	15174.4	709	4754.0
1989	17188.4	804	4410.0
1990	18923.3	904	4517.0
1991			

图 11-34　E11-1.WF1 工作文件窗口

2. 工作文件 E11-2.WF1 存储的是 1978—2016 年浙江省的部分数据（见图 11-35），其中，序列 gdp 为浙江省 GDP 生产总值，序列 y 为浙江省省级一般预算总收入。

（1）对序列 gdp 和 y 进行平稳性检验，如果不平稳，则进行协整检验。

（2）如果序列 gdp 和 y 存在协整关系，则建立 ECM 模型。

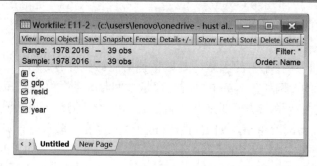

图 11-35　E11-2.WF1 工作文件窗口

3．工作文件 E11-3.WF1 存储的是 1990—2021 年中国城镇居民收入和支出的数据（见图 11-36），其中，序列 cons 为中国城镇居民人均消费支出（元），序列 inco 为中国城镇居民人均可支配收入（元）。

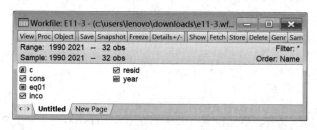

图 11-36　E11-3.WF1 工作文件窗口

（1）变量 cons 为被解释变量，变量 inco 为解释变量，使用 ARDL 估计方法建立模型。

（2）运用 OLS 估计对 cons 和 inco 这两个变量建立 ARDL 模型。

第4篇
EViews 的其他模型

EViews 除了在经典回归分析和时间序列分析中得到广泛应用之外，EViews 还可以方便地对其他模型进行分析，这些模型的基本思想也是基于回归分析方法实现的，包括混频回归分析（Midas Regression）、离散和受限因变量模型（Discrete and Limited Dependent Variable Models）、排序因变量模型（Ordered Dependent Variable Models）、审查回归模型（Censored Regression Models）、Truncated Regression Models（截断回归模型）、赫克曼选择模型（Heckman Selection Model）、广义线性模型（Generalized Linear Models）、平滑转换模型（Smooth Transition Regression）、离散门限回归模型（Discrete Threshold Regression），以及面板和混合数据分析（Panel and Pooled Data）等。

▶▶ 第 12 章 离散和受限因变量模型

▶▶ 第 13 章 混合数据与面板数据分析

第 12 章 离散和受限因变量模型

经济和金融模型一般都假定因变量是连续的（Continuous）和不受限的（Unrestricted）。在实际工作中，经常会遇到只包含有限数值的因变量，这样的值称作离散值。当因变量的数量受限时，样本则不能代表总体的特征。研究这类离散和受限因变量的模型，称作离散和受限因变量模型（Discrete and Limited Dependent Variable Models），根据因变量的性质，大体可以分为三类：

- ❑ 定性的变量（离散或分类变量）；
- ❑ 审查或截断的变量；
- ❑ 整数值的变量。

本章将介绍几种常用的定性和受限因变量模型，包括二元选择模型、排序因变量模型、审查回归模型和截断回归模型。

12.1 二元因变量模型

二元因变量模型（Binary Dependent Variable Models）又称作二元选择模型、二元离散选择模型。在这类模型中，因变量 y 只有两个值：可能是虚拟变量，代表一个事件发生或不发生；在两个交替选择中选一个。例如，对就业情况建立一个计量模型，就业状态是因变量 y，只有"就业""未就业"两种，不存在中间值，而个体的其他变量，如年龄、性别、教育年限、工作经验，种族和婚姻状态等为自变量 x。

12.1.1 二元因变量的原理

在二元因变量模型中，因变量只有 1 或 0 两种选择，不适用于简单线性回归分析，因为在一个简单线性回归模型中，y 的值不可能恰好拟合在 0 和 1 之间。实际上，建立二元因变量模型的目的，是研究因变量 y 出现 1 或 0 两种选择的概率，可以分别写为：

$$\Pr(y_i = 1|x_i, \beta) = 1 - F(-x_i'\beta) \tag{12-1}$$

$$\Pr(y_i = 0|x_i, \beta) = F(-x_i'\beta) \tag{12-2}$$

F 是一个连续的、严格增长的值，它的响应介于 0 和 1 之间，从而决定了模型的形式。二元因变量模型经常表达为潜在变量形式（Latent Variables Specification）。假定有一个潜在变量 y_i^* 和自变量 x_i 存在线性关系，那么：

$$y_i^* = x_i'\beta + \varepsilon_i \tag{12-3}$$

其中，ε_i 是随机扰动项，因变量的观察值取决于 y_i^* 是否达到门限值：

$$y_i = \begin{cases} 1, & y_i^* > 0 \\ 0, & y_i^* \leqslant 0 \end{cases} \qquad (12\text{-}4)$$

门限值在这里设定为 0，但是只选择门限值是不恰当的，因此在 x_i 中需要包含一个常数项，则：

$$\Pr(y_i^* = |x_i, \beta) = \Pr(y_i^* > 0) = \Pr(x_i'\beta + \varepsilon_i > 0) = 1 - F_\varepsilon(-x_i'\beta) \qquad (12\text{-}5)$$

这里，F_ε 是 ε 的累积分布函数。F_ε 有 3 种分布形式，即 probit（Standard Normal，标准正态分布）、logit（Logistic 分布或逻辑分布）和 gompit（Extreme Value，极值分布）。

在 EViews 中，要求将 y 设置为 0-1 的变量值，当 y=1 时，y 成为简单的概率值：

$$E(y_i|x_i, \beta) = 1 \cdot \Pr(y_i = 1|x_i, \beta) + 0 \cdot \Pr(y_i = 0|x_i, \beta) = \Pr(y_i = 1|x_i, \beta) \qquad (12\text{-}6)$$

以回归模型表达二元因变量模型，则：

$$y_i = (1 - F(-x_i'\beta)) + \varepsilon_i \qquad (12\text{-}7)$$

其中，ε_i 是误差项，代表二元因变量 y_i 与它的条件均值的偏离，即：

$$E(\varepsilon_i|x_i, \beta) = 0$$
$$\text{Var}(\varepsilon_i|x_i, \beta) = F(-x_i'\beta)(1 - F(-x_i'\beta)) \qquad (12\text{-}8)$$

12.1.2　二元因变量模型的操作

在 EViews 中估计二元因变量模型，选择 Object | New Object，在子菜单中选择建立 Equation，或者直接选择 Quick | Estimate Equation，弹出 Equation Estimation 对话框。在 Specification 选项卡的 Method 下拉列表框中选择 BINARY-Binary Choice(Logit, Probit, Extreme Value)，然后进行模型的设置（见图 12-1）。

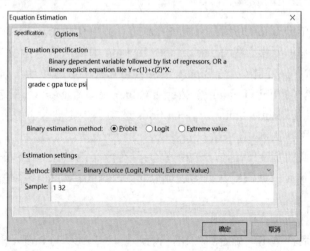

图 12-1　Binary 模型的 Equation Estimation 对话框

【例 12-1】文件 S12-1.WF1 存储的是评估新教学方法 PSI（个性化教学体系）的数据（见图 12-2）。因变量为 grade（分数），通过分数对教学方法效果进行评估，表明每位学生的"中级宏观经济学"课程成绩是否高于"经济学原理"课程的成绩，高于为 1

（方法有效），低于为 0（方法无效）。自变量有 3 个，分别为：gpa（学生成绩的平均绩点），tuce（学生初始对经济学知识了解程度的模拟考试成绩，代表初始成绩），psi（学生是否采用了新的教学方法，是一个虚拟变量，如果采用新的教学方法则为 1，如果未采用新的教学方法则为 0）。对数据建立二元因变量模型，从而对新教学方法的效果进行评估。

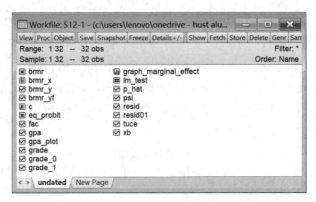

图 12-2　S12-1.WF1 工作文件窗口

这个经典案例来自 William H.Green 的《计量经济分析》第 6 版（*Econometric Analysis*, 6th Edition），在很多教科书中被引用。建立二元因变量模型的步骤如下：

1．确定因变量和自变量，建立模型的表达式

在本例中，grade 是因变量 *y*，gpa、tuce 和 psi 是自变量 *x*，回归模型的形式如下：

$$grade = \beta_0 + \beta_1 gpa + \beta_0 tuce + \beta_3 psi + \varepsilon_i \tag{12-9}$$

2．二元因变量模型的设置

打开 Equation Estimation 对话框（见图 12-1），其中有两个选项卡，在 Specification 选项卡中设置模型的基本要素。在 Equation specification 中依次输入因变量和自变量：grade c gpa tuce psi，中间以空格间隔；在 Binary estimation method 选项组中选择二元因变量模型的估计方法，可以选择 Probit、Logit 或 Extreme Value 方法；在 Method 中选择 BINARY-Binary Choice(Logit, Probit, Extreme Value)。在 Options 选项卡中主要设置系数协方差、模型的优化方法等，一般使用默认选项。

二元因变量模型的 3 种估计方法的区别主要在分布函数假定上：Probit 模型假定数据为标准正态分布，Logit 模型假定数据为逻辑分布，Extreme Value 模型假定数据为极值分布。

3．模型的估计结果

模型设置完毕后，单击"确定"按钮，得到图 12-3 所示的 Probit 模型的估计结果。其中，上方是模型估计的基本信息，因变量为 grade，估计方法为 ML-Binary Probit，ML 是 Maximum Likelihood（最大似然法）的缩写。接下来是模型的系数（Coefficient），其中，自变量 tuce 的 z-统计量的观察值的伴随概率为 0.5375，远远大于设定的显著性水平 0.05，说明 tuce 的系数不显著，可以在模型中保留，也说明 tuce（学生初始了解的经济学知识）对成绩的影响不大。其余自变量的系数均十分显著，表示它们对成绩的影响较大。

单击 View | Representations，可以得到模型的估计方程和预测方程。在 EViews 中一般用 C 代表变量的系数，C(1)代表第一个变量的系数（包括常数项），以此类推。模型的估计方程如下：

$$I\_grade = C(1) + C(2)*gpa + C(3)*tuce + C(4)*psi \qquad (12\text{-}10)$$

即：

$$grade = -7.4523 + 1.6258*gpa + 0.0517*tuce + 1.4263*psi \qquad (12\text{-}11)$$

预测模型如下，其中，@CNORM(-x) 为累计正态分布的概率密度函数。

$$grade = 1 - @CNORM(-(-7.4523 + 1.6258*gpa + \\ 0.0517*tuce + 1.4263*psi)) \qquad (12\text{-}12)$$

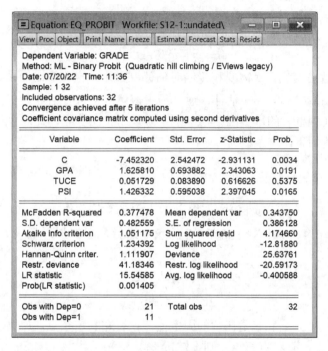

图 12-3　Probit 模型估计结果

4．模型的显著性检验

在图 12-3 中，下方是模型估计的各种统计量，其中，LR 统计量用于检验模型整体是否显著有效。在本例中，LR 统计量的伴随概率为 0.001405，远远小于设定的显著性水平 0.05，说明模型整体显著有效。

在图 12-1 中，在 Binary estimation method 选项中，可以选择 Logit 和 Extreme Value 模型估计，得到的结果和 Probit 模型估计大致相似。

12.2　审查回归模型

在某些情况下，只能获取部分因变量的值，尽管序列是连续的，但这些值不能准确反映真实情况。例如，在计量和统计实践中，经常对一些数据采用顶端编码的处理方式。例如，在调查个人收入状况时，出于保护隐私等原因，对超过某个上限的所有值采用标准化处理，以某个具体的值（如 5000 元）来代替所有超过这个值的数据。此外，在实践中还会遇到大量为 0 的数据，如失业人员的工作时间（工作时间为 0）、个人医疗保险支出（可能在一段时间内为 0）等，都对回归分析带来了困扰。

在 EViews 中，采用最大似然估计建立 Censored Regression Model（审查回归模型），对包含上述数据的序列进行分析。在审查回归模型中，当误差为正态分布时，也称作 Tobit 模型（Tobit Model），它属于受限因变量模型。

12.2.1　审查回归的原理

潜在变量回归模型：

$$y_i^* = x_i'\beta + \sigma\varepsilon_i \tag{12-13}$$

其中，y_i^* 是潜在变量；σ 需要和 β 同时估计，因此 σ 也称作比例系数，它在审查回归模型和截断回归模型中都需要被估计，通过最大似然函数进行估计。

在一个典型（规范）的审查回归模型中，误差是正态分布，此时也称作 Tobit 模型，观测数据的值表达如下：

$$y_i = \begin{cases} 0, & \text{if } y_i^* \leqslant 0 \\ y_i^*, & \text{if } y_i^* > 0 \end{cases} \tag{12-14}$$

在式（12-14）中，当 y_i^* 为负值时，方程为 0，此时的数据称作在 0 左审查（Left Censored），0 为左审查点。而在 EViews 中，允许在任意值中进行左右审查，即：

$$y_i = \begin{cases} \underline{c_i}, & \text{if } y_i^* \leqslant \underline{c_i} \\ y_i^*, & \text{if } \underline{c_i} < y_i^* \leqslant \overline{c_i} \\ \overline{c_i}, & \text{if } \overline{c_i} < y_i^* \end{cases} \tag{12-15}$$

在式（12-15）中，$\underline{c_i}$ 和 $\overline{c_i}$ 是任意的固定值，代表左右审查点。如果没有左审查点，则设定 $\underline{c_i} = -\infty$；如果没有右审查点，则设定 $\overline{c_i} = \infty$。

如前面所述，当 $\underline{c_i} = 0$ 且 $\overline{c_i} = \infty$，即左审查点为 0，没有右审查点（右审查点为无穷大）时，称作 Tobit 模型，它是审查回归模型的特殊形式，也是典型（规范）的审查回归模型。

参数 σ 和 β 通过以下最大对数似然函数估计：

$$\begin{aligned} \iota(\beta, \sigma) = &\sum_{i=1}^{N} \log f((y_i - x_i'\beta)/\sigma) \cdot 1(\underline{c_i} < y_i < \overline{c_i}) \\ &+ \sum_{i=1}^{N} \log(F((\underline{c_i} - x_i'\beta)/\sigma)) \cdot 1(y_i = \underline{c_i}) \\ &+ \sum_{i=1}^{N} \log(1 - F((\overline{c_i} - x_i'\beta)/\sigma)) \cdot 1(y_i = \overline{c_i}) \end{aligned} \tag{12-16}$$

12.2.2　审查回归模型的操作

在 EViews 中估计审查回归模型，选择 Object | New Object，在子菜单中选择建立 Equation，或者直接选择 Quick | Estimate Equation，弹出 Equation Estimation 对话框。在

Method 下拉列表框中选择 CENSORED-Censored or Truncated Data(including Tobit)，然后进行模型的设置（见图 12-4）。

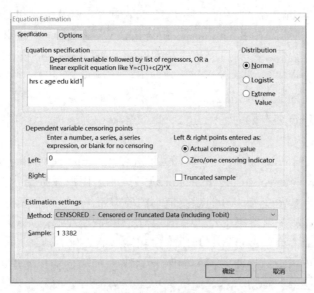

图 12-4　审查回归模型 Equation Estimation 对话框

【例 12-2】文件 S12-2.WF1 存储的是美国已婚女性（妻子）工作时间的影响因素数据，一共有 3382 条记录（见图 12-5）。相关变量为：hrs（因变量）表示妻子的年度工作小时数；age 表示妻子的年龄；edu 表示妻子的教育年限；inc 表示除妻子之外的家庭人员的收入；kid1 是家庭中 0~5 岁的孩子人数；kid2 是家庭中 6~13 岁的孩子人数；kid3 是家庭中 14~17 岁的孩子人数；mort（Mortgage）是家庭是否有房屋按揭贷款的虚拟变量；nonw（Non-white）表示是否为白人的虚拟变量；ownh（Home owner）表示是否为业主（拥有自己产权房屋）的虚拟变量；prof 表示丈夫是否为专业人士或经理人的虚拟变量；sales 表示丈夫是否为店员或文员的虚拟变量；urate 表示当地的失业率。要求对 hrs、age、edu 和 kid1 建立审查回归模型。

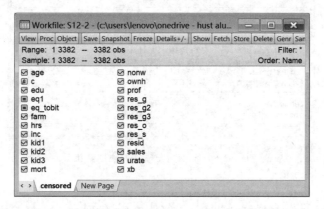

图 12-5　S12-2.WF1 工作文件窗口

本例的变量比较多，可以选择不同变量建立多种模型，很多教科书使用了其中的部分数据。hrs 作为因变量，有大量的数据为 0，表明妻子的年度工作时间（左审查）为 0，可以考虑建立审查回归模型。模型的线性回归方程如下：

$$\text{hrs}_i = \beta_1 + \beta_2 \text{age}_i + \beta_3 \text{edu}_I + \beta_4 \text{kidl}_i + \varepsilon_i \tag{12-17}$$

打开 Equation Estimation 对话框（见图 12-4），有 Specification 和 Options 两个选项卡。选择 Specification 选项卡，在 Equation specification 下方的文本框中依次输入因变量、常数项和自变量，可以是数值、序列或表达式，本例输入 hrs c age edu kid1，中间以空格间隔。Distribution 选项是选择函数分布方式，本例使用默认的 Normal（正态分布）。

在 Dependent variable censoring points 下方的文本框中输入左审查点和右审查点，本例只有左审查点，在 Left 文本框中输入 0，Right 文本框中为空白。这样的设置，说明模型是一个 Tobit 模型。

Left & right points entered as 选项组有两个选项，Actual censoring value 选项表示使用真实的审查点，Zero/one censoring indicator 选项表示由用户设置指示变量，指示变量为 1 的观察值需要审查，指示变量为 0 的观察值不需要审查。

Estimation settings 选项组用于设置模型的估计方法（Method）和样本区间（Sample）。

在 Options 选项卡中主要设置系数协方差和模型的优化方法等，一般使用默认选项。设置结束后，单击“确定”按钮，得到如图 12-6 所示的模型输出结果。

Equation: EQ_TOBIT　Workfile: S12-2::censored\

View | Proc | Object | Print | Name | Freeze | Estimate | Forecast | Stats | Resids

Dependent Variable: HRS
Method: ML - Censored Normal (TOBIT) (Quadratic hill climbing / EViews legacy)
Date: 07/21/22 Time: 20:54
Sample: 1 3382
Included observations: 3382
Left censoring (value) at zero
Convergence achieved after 5 iterations
Coefficient covariance matrix computed using second derivatives

Variable	Coefficient	Std. Error	z-Statistic	Prob.
C	1174.659	138.0968	8.506053	0.0000
AGE	-29.02319	1.925184	-15.07554	0.0000
EDU	88.50831	8.176598	10.82459	0.0000
KID1	-505.2947	28.45130	-17.75999	0.0000
Error Distribution				
SCALE:C(5)	1071.108	16.27554	65.81088	0.0000

Mean dependent var	1135.479	S.D. dependent var	892.5898
S.E. of regression	829.7289	Akaike info criterion	12.85028
Sum squared resid	2.32E+09	Schwarz criterion	12.85934
Log likelihood	-21724.83	Hannan-Quinn criter.	12.85352
Avg. log likelihood	-6.423663		
Left censored obs	895	Right censored obs	0
Uncensored obs	2487	Total obs	3382

图 12-6　审查回归模型的输出结果

在图 12-6 所示的模型估计输出结果中，上方是基本信息，因变量为 hrs，使用的是最大似然法（ML）建立的审查回归模型，本例是 Tobit 模型，左审查点为 0。输出结果下方是审查的基本信息，左审查的观测数据为 895 个，没有审查的观测数据为 2487 个，右审查的观测数据为 0 个，总的观察值为 3382 个。

中间部分为参数估计的结果，常数项和自变量系数的 z-统计量的伴随概率均接近于

0，远远小于设定的显著性水平 0.05，因此常数项和 3 个自变量均十分显著。模型可以表达如下：

$$\text{hrs} = 1174.659 - 29.0232 * \text{age} + 88.5083 * \text{edu} - 505.2947 * \text{kidl} \quad\quad (12\text{-}18)$$

从方程中可以看出，年龄、家庭中有年幼的孩子和工作时间为负相关，教育年限与工作时间为正相关，这几个自变量对工作时间的影响均很大。

图 12-6 的 Error Distribution 下方为比例系数的估计值，即 $\sigma = 1071.108$，再往下是模型的各种统计量。

单击 View | Representations，可以直接得到估计方程和预测方程的表达式。

12.3　截断回归模型

截断回归模型（Truncated Regression Models）和审查回归模型（包括 Tobit 模型）非常相似。先看以下回归方程：

$$y_i = x_i^{'}\beta + \varepsilon_i, i = 1, \cdots, n \quad\quad (12\text{-}19)$$

对于式（12-19）这个方程，它可以是审查回归模型，也可以是截断回归模型，二者的区别如下：

- ❑ 审查回归模型：可以获得所有观测样本 x_i 的值，但是只获得对应的部分 y_i 的值，也就是 y_i 是对应 x_i 某个区间的值。
- ❑ 截断回归模型：可以获得部分观测样本 x_i 和对应 y_i 的值，并且 y_i 的值是高于或低于一个门限值。在截断回归模型中，x_i 和 y_i 只是截取了某个区间的值，并且 x_i 的值对应有审查点的 y_i 的值。

12.3.1　截断回归的原理

普通的双限截断回归模型（向上和向下同时截断）可以表达为：

$$y_i^{*} = x_i^{'}\beta + \sigma\varepsilon_i \quad\quad (12\text{-}20)$$

只有当 $\underline{c_i} < y_i^{*} < \overline{c_i}$ 时，$y_i = y_i^{*}$。如果没有向下的截断，则 $\underline{c_i} = -\infty$；如果没有向上的截断，则 $\overline{c_i} = \infty$。

参数 σ 和 β 可以通过以下最大对数似然函数估计：

$$
\begin{aligned}
\iota(\beta,\sigma) = &\sum_{i=1}^{N} \log f((y_i - x_i^{'}\beta)/\sigma) \cdot 1(\underline{c_i} < y_i < \overline{c_i}) \\
&- \sum_{i=1}^{N} \log(F((\overline{c_i} - x_i^{'}\beta)/\sigma) - F((\underline{c_i} - x_i^{'}\beta)/\sigma))
\end{aligned}
\quad\quad (12\text{-}21)
$$

12.3.2　截断回归模型的操作

在 EViews 中估计截断回归模型，操作过程和审查回归模型一样，选择 Object | New Object，在子菜单中选择建立 Equation，或者直接选择 Quick | Estimate Equation，弹出 Equation Estimation 对话框。在 Method 下拉列表框中选择 CENSORED-Censored or

Truncated Data(including Tobit)，进行模型设置，设置时需要勾选 Truncated sample（截断样本）复选框（见图 12-7）。

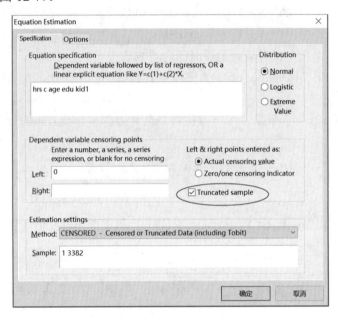

图 12-7　截断回归模型 Equation Estimation 对话框

【**例 12-3**】S12-2.WF1 工作文件用于研究对美国已婚女性（妻子）工作时间的影响因素（图 12-5），相关变量包括：hrs（因变量）表示妻子的年度工作小时数；age 表示妻子的年龄；edu 表示妻子的教育年限；kid1 是家庭中 0～5 岁的孩子人数，其余变量见例 12-2。请对 hrs、age、edu 和 kid1 建立截断回归模型。

本例有 3382 个样本，为了建立截断回归模型，需要对样本进行限制。建立模型时只采用 hrs（因变量）中非 0 的样本及其对应的自变量。剔除了 hrs 中为 0 的工作小时数的样本，即截断点为 0（向下截断），最终建立模型的样本为 2487 个。

模型的线性回归方程如下：

$$\text{hrs}_i = \beta_1 + \beta_2 \text{age}_i + \beta_3 \text{edu}_i + \beta_4 \text{kid1}_i + \varepsilon_i \qquad (12\text{-}22)$$

模型的设置过程和审查回归模型的操作基本相同。此外，在 Equation Estimation 对话框的 Specification 选项卡中勾选 Truncated sample 复选框（图 12-7）。在 Equation specification 文本框中依次输入因变量、常数项和自变量，可以是数值、序列或表达式，本例输入 hrs c age edu kid1，中间以空格间隔。Distribution 是函数分布选项，使用默认的 Normal（正态分布）选项即可。

设置结束后，单击"确定"按钮，得到如图 12-8 所示的模型输出结果。

在图 12-8 所示的模型估计输出结果中，图上方是基本信息，因变量为 hrs，使用的是最大似然法（ML）建立的 Tobit 模型。模型使用截断样本（Truncated sample），表明是截断回归模型。在图 12-8 中可以看到，最下方的左审查观察值和右审查观察值均为 0，未经审查的观察值为 2487 个。

中间部分为参数估计的结果，常数项和自变量系数的 Z 统计量的伴随概率均接近于 0，远远小于设定的显著性水平 0.05，因此常数项和 3 个自变量均十分显著。模型可以表达如下：

$$hrs = 1534.915 - 4.9947*age + 21.6718*edu - 265.0019*kid1 \qquad (12-23)$$

从式（12-23）所示的方程中可以看出，年龄、家庭中有年幼的孩子与工作时间为负相关，教育年限与工作时间为正相关，这几个自变量对工作时间的影响均很大。结论和审查回归模型是一致的。

在图 12-8 中，Error Distribution 下方为比例系数的估计值，即 $\sigma = 681.9777$，再往下是模型的各种统计量。

单击 View | Representations，可以直接得到估计方程和预测方程的表达式。

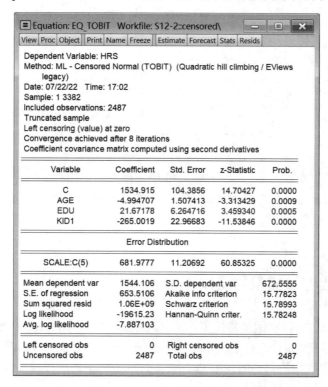

图 12-8　截断回归模型的输出结果

12.4　排序因变量模型

在排序因变量模型（Ordered Dependent Variable Models）中，因变量 y 是具有顺序或排名的分类变量。例如，个人的学历可以分为高中以下、高中、大专、大学本科、硕士及以上；满意度问卷调查可以分为十分满意、满意、基本满意和不满意。排序因变量模型也称作排序选择模型（Ordered Choice Models）或排序逻辑回归模型（Ordered Logistic Regression Models）。

12.4.1　排序因变量的原理

排序因变量模型可以看作二元选择模型的扩展。假定有一个潜在变量 y_i^* 和自变量 x_i

存在线性关系，那么模型可以写作：

$$y_i^* = x_i^{'} \beta + \varepsilon_i \qquad （12-24）$$

其中，ε_i 是独立且均匀分布的随机变量，因变量的观察值 y_i 根据以下规则从 y_i^* 获得：

$$y_i = \begin{cases} 0 & \text{if } y_i^* \leqslant \gamma_1 \\ 1 & \text{if } \gamma_1 < y_i^* \leqslant \gamma_2 \\ 2 & \text{if } \gamma_2 < y_i^* \leqslant \gamma_3 \\ \quad \cdots \cdots \\ M & \text{if } \gamma_M < y_i^* \end{cases} \qquad （12-25）$$

在式（12-25）中，γ_1，γ_2，…，γ_M，称作临界点（Limit Point）。如果 F 是 ε 的累积分布函数，则 y 的概率如下：

$$\Pr(y_i = 0 | x_i, \beta, \gamma) = F(\gamma_1 - x_i^{'}\beta)$$

$$\Pr(y_i = 1 | x_i, \beta, \gamma) = F(\gamma_2 - x_i^{'}\beta) - F(\gamma_1 - x_i^{'}\beta)$$

$$\Pr(y_i = 2 | x_i, \beta, \gamma) = F(\gamma_3 - x_i^{'}\beta) - F(\gamma_2 - x_i^{'}\beta)$$

$$\cdots$$

$$\Pr(y_i = M | x_i, \beta, \gamma) = 1 - F(\gamma_M - x_i^{'}\beta) \qquad （12-26）$$

作为门限值的 γ，它和参数 β 在最大似然函数中一起被估计：

$$\iota(\beta, \sigma) = \sum_{i=1}^{N} \sum_{j=0}^{M} \log(\Pr(y_i = j | x_i, \beta, \gamma)) \cdot 1(y_i = j) \qquad （12-27）$$

12.4.2　排序因变量模型的操作

在 EViews 中估计排序因变量模型，选择 Object | New Object，在子菜单中选择建立 Equation，或者直接选择 Quick | Estimate Equation，弹出 Equation Estimation 对话框，在 Method 的下拉列表框中选择 ORDERED-Ordered Choice，然后进行模型的设置（见图 12-9）。

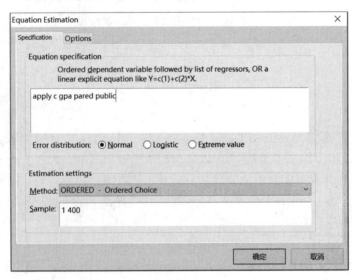

图 12-9　排序因变量模型 Equation Estimation 对话框

【例 12-4】S12-3.WF1 工作文件中的数据，是对大学高年级学生是否在毕业后申请入读研究生院的意向调查，一共有 400 个样本（见图 12-10）。其中，因变量 apply 是一个有顺序的分类变量，它包含 3 个选项：unlikely（不大可能）、somewhat likely（有可能）和 very likely（非常有可能）。自变量有 3 个：gpa（成绩平均绩点）、pared（父母是否大学或研究生毕业，是一个虚拟变量）和 public（被调查者目前就读的是公立还是私立大学或学院，也是一个虚拟变量）。要求对数据建立排序因变量模型并进行适当的分析。

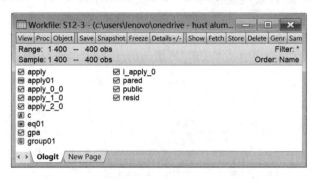

图 12-10　S12-3.WF1 工作文件窗口

本例中的因变量是有顺序的分类变量，可以建立排序因变量模型，apply 的 3 个选项分别对应 0、1 和 2。

确定因变量和自变量后，模型的线性回归方程如下：

$$\text{apply}_i = \beta_1 \text{gpa}_i + \beta_2 \text{pared}_i + \beta_3 \text{public}_i + \varepsilon_i \tag{12-28}$$

EViews 在估计排序因变量模型时不能区分常数项和临界点，因为在模型中是否设置常数项，结果是一样的，即在结果中没有截距项。

打开 Equation Estimation 对话框（见图 12-9），其中有两个选项卡。在 Specification 选项卡内设置模型的基本要素。在 Equation specification 的文本框中依次输入因变量和自变量 apply c gpa pared public，中间以空格间隔；在 Error distribution 选项组中选择误差的分布函数，可以选择 Normal（标准正态分布）、Logistic（逻辑分布）或 Extreme Value（极值分布）；在 Method 下拉列表框中选择 ORDERED-Ordered Choice。在 Options 选项卡中主要设置系数协方差和模型的优化方法等，一般使用默认选项。

在本例中，Error distribution 选择默认的标准正态分布（Normal），在早期的 EViews 版本中这个选项为 Probit。设置结束后，单击"确定"按钮，得到如图 12-11 所示的模型输出结果。

在图 12-11 中，上方为模型输出结果基本信息，其下是参数的估计值和渐近标准误差，以及对应的 z 统计量和它的显著性水平。

估计的模型如下：

$$\text{apply}_i = 0.3582 * \text{gpa}_i + 0.5981 * \text{pared}_i + 0.01 * \text{public}_i \tag{12-29}$$

可以看出，gpa 成绩和父母的学历，对学生毕业后选择申请入读研究生有较强的正相关；目前就读公立或私立学院，对学生的进一步选择影响不大，参数也不显著。

学生的 gpa 越高，父母（pared）的学历越高，潜在申请（apply）的取值越高，因变量取值为 2 的概率就越大，也就是申请入读研究生的意愿越强烈。

图 12-11 的中间部分为两个临界点：$\gamma_1 = 1.2968$，$\gamma_2 = 2.5029$。

图 12-11 的最下方为相关统计量，其中，LR 统计量用于检验模型的整体显著性。在本例中，LR 统计量的伴随概率为 0.000029，远远小于设定的显著性水平 0.05，说明模型整体十分显著。

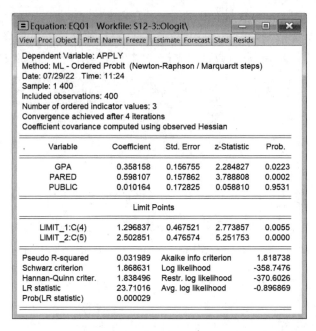

图 12-11　排序因变量模型 Equation Estimation 的输出结果

对于排序因变量模型预测，不能直接从输出结果中单击 Forecast 进行预测。需要单击 Proc | Make Model，建立一个包含方程系统的模型窗口，再继续单击模型窗口的 Solve 按钮，在本例中会出现 4 个新序列：i_apply_0 是潜在变量的拟合值；apply_0_0、apply_1_0 和 apply_2_0 分别是因变量 apply 取值为 0、1 和 2 时的拟合概率值。将这 4 个新序列建立序列组，结果如图 12-12 所示。其中，后 3 列的拟合概率值相加等于 1。

	I_APPLY_0	APPLY_0_0	APPLY_1_0	APPLY_2_0
	I_APPLY_0	APPLY_0_0	APPLY_1_0	APPLY_2_0
1	1.167596	0.551416	0.357687	0.090897
2	1.747796	0.326009	0.448883	0.225108
3	2.019416	0.234969	0.450637	0.314393
4	1.006425	0.614249	0.318479	0.067271
5	0.906141	0.651989	0.292846	0.055165
6	0.937794	0.640218	0.300997	0.058785
7	0.916886	0.648009	0.295617	0.056374
8	0.977773	0.625161	0.311219	0.063620
9	1.074475	0.587984	0.335424	0.076592
10	1.851662	0.289507	0.453031	0.257462
11	1.915550	0.268053	0.453447	0.278501
12	1.017170	0.610133	0.321185	0.068682
13	1.406982	0.456147	0.407285	0.136568
14	0.959865	0.631931	0.306652	0.061417
15	1.876733	0.280992	0.453389	0.265619
16				

图 12-12　模型预测结果

12.5　上　机　练　习

1. 在交通经济学中探讨的一个重要问题，是解释个体如何在自驾车上下班和乘坐公交车上下班之间做出选择。显然，很多因素会影响通勤工具的选择，如个人的性格爱好、年龄、收入和性别等。在工作文件 E12-1.WF1 中，只考虑通勤时间一个因素（见图 12-13）。其中，因变量为 auto（交通工具的选择），是一个虚拟变量，1 为选择自驾车通勤，0 为选择公交车通勤；变量 autotime 为自驾车的通勤时间；变量 bustime 为乘坐公交车的通勤时间；变量 dtime 为乘坐公交车通勤和自驾车通勤的时间差，即 dtime=bustime-autotime。经济学家认为，如果 dtime 的时间超过 30min，则个体更倾向于选择自驾车通勤。

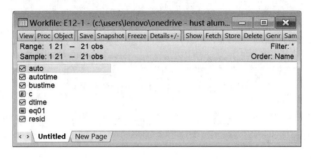

图 12-13　E12-1.WF1 工作文件窗口

（1）建立 Probit 模型，以 auto 为因变量，dtime 为自变量。

（2）建立 Logit 和 Extreme Value 模型，以 auto 为因变量，dtime 为自变量。

（3）解释模型估计的结果，并对相关参数进行解释。

2. 工作文件 E12-2.WF1 存储的是某学校对学生申请 GATE（Gifted and Talented Education）项目的评估数据（见图 12-14），该项目主要面向智力超群和学习优良的学生。其中，变量 achiv 为综合评估得分，只有达到 40 分，学生才可以进入该项目；langscore 变量为语言课程的成绩；变量 prog 为目前学生注册的情况，分别为 general、vocation 和 academic 等 3 种课程。

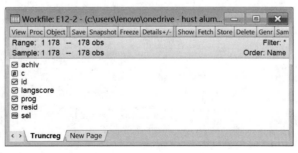

图 12-14　E12-2.WF1 工作文件窗口

（1）对数据进行描述性分析。

（2）分别建立审查回归模型（左审查点为 40）和截断回归模型，其中，achiv 为因变量，langscore 为自变量，并且对模型进行解释。

3．工作文件 E12-3.WF1 存储的是生物学的经典案例数据（见图 12-15），科学家对 62 种哺乳动物的危险程度从低到高进行了排序，1 为危险程度最低，5 为危险程度最高。其中：变量 danger 表示危险程度，是一个有顺序的变量；变量 body 为体重（公斤）；变量 brain 为大脑重量（克）；变量 sleep 为总睡眠时间（小时），变量 sleep1 和 sleep2 分别为沉睡与假寐时间，sleep=sleep1+sleep2；变量 life 为寿命（年）；变量 gest 为孕期（天）；变量 expo 为动物睡眠时的周围保护状态（分为 1～5 级，顺序变量）；变量 pred 为捕食指数（分为 1～5 级，顺序变量）。

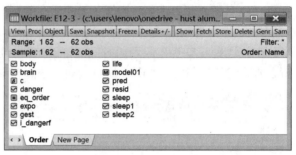

图 12-15　E12-2.WF1 工作文件窗口

（1）建立排序因变量模型，danger 为因变量，brain 和 sleep 为自变量。

（2）对模型结果进行解释。

第 13 章　混合数据与面板数据分析

数据有两种最基本的形式：一种按时间顺序排列，即时间序列（Time Series），是属于有结构的数据，如某地区 1995～2020 年的年度 GDP 值；另一种按空间排列，即横截面数据（Cross-section Data），属于无结构的数据，如 2010 年 30 个地区的年度 GDP 值，地区数据并无先后的区别。如果将二者结合，数据同时具有时间和空间属性，就是混合数据（Pooled Data）或面板（Panel Data），如 1995～2020 年，30 个地区的年度 GDP 值。混合数据或面板数据包含更多的信息，随着数据收集和处理水平的提高，对结合时间序列与截面的数据研究越来越广泛研究。

13.1　混合数据与面板数据的区别

混合数据（Pooled Data）与面板数据（Panel Data）都是时间序列与横截面数据的结合，在一些计量经济学教材中，面板数据被看作混合数据的特殊形式。在古扎拉蒂（Damodar N. Gujarati）的经典教材《计量经济学基础》一书中，他把经济数据分为 3 类，即：时间序列、截面数据和混合数据，而 Panel 数据则作为 Pooled 数据的特殊类型，是指对相同横截面单元（如国家、家庭或省份等）在时间轴上进行跟踪调查的数据。例如，对固定的家庭进行定期采访，获得的收入、支出的动态数据就是最常见的面板数据。在早期的 EViews 版本中只有对混合数据的分析，后来的版本中才增加了对面板数据的分析。

在 EViews 软件中，可以借助计算机科学对数据结构的定义，用堆叠数据（Stacked Data）和非堆叠数据（Unstacked Data）对二者进行区分。

混合数据也称作合并数据、混合时间序列（Pooled Time Series）或者时间序列横截面数据（Time Series Cross-Section Data），是非堆叠数据。可以理解为每个不同的横截面单元（Elements），根据时间范围分为不同的组。在软件操作中，它们的形态是不同名称的时间序列。以 2017—2019 年北京、天津和河北 3 个地区的货物出口额为例，表 13-1 是混合数据形式，每个地区都是单独的一列，可以看作 3 个时间序列。

表 13-1　3 个地区货物出口额（亿美元）

时　　间	北　　京	天　　津	河　　北
2017年	264.8	426.4	437.3
2018年	283.1	460.5	495.0
2019年	265.1	412.5	480.6

面板数据是堆叠数据，即多个横截面单元的数据是堆叠在一起的。可以理解为这些数据出现在同一个时间序列内，不同的横截面单元只是根据时间范围做了排序。以　2017—

2019 年北京、天津和河北 3 个地区的货物出口额为例，表 13-2 是面板数据形式，3 个地区的货物出口额是一列数据，可以看作 1 个时间序列，3 个地区的出口额数据是堆叠（Stacked）在一起的。

表 13-2　3 个地区的货物出口额（亿美元）

年　　份	地　　区	出　口　额
2017年	北京	264.8
2017年	北京	264.8
2017年	北京	265.1
2018年	天津	426.4
2018年	天津	460.5
2018年	天津	412.5
2019年	河北	437.3
2019年	河北	495.0
2019年	河北	480.6

在表 13-1 和表 13-2 中，样本量均为 9，只是数据的处理方法和展示形式不同。在 EViews 中，对于混合数据和面板数据，操作方法是不一样的。

13.2　混合数据的分析

混合数据，是指对时间序列和横截面数据进行混合的意思。对于混合数据，可以直接建立混合数据工作文件（Pool Workfile），也可以在已有的工作文件中，建立混合数据对象。

13.2.1　混合数据工作文件

在 EViews 中，对混合数据进行分析和操作前，需要先建立混合数据工作文件，它具有以下特点：

□ 一个混合数据工作文件就是一个普通的 EViews 工作文件，包含时间序列维度的数据。因为它包含多个时间序列，所以它的时间范围包括所有序列中最早的观察值和最后的观察值，可以直接选取其中需要分析的一个时间范围。例如，要分析所有地区的 GDP 值，A 地区的数据范围是 1990—2020 年，B 地区的数据范围是 1992—2022 年，那么建立工作文件的时间范围是 1990—2022 年。

□ 混合数据工作文件包含多个用户自定义的序列，即每个横截面单元都有独立的序列名称。例如，某个工作文件存储的是 10 个不同国家的 GDP 值，那么，在该工作文件中就有 10 个不同国家的 GDP 序列。在这里值得注意的是，横截面单元不能太多，如果有大量的横截面单元，为了避免出现大量独立的序列，显然只能建立面板数据。例如，某统计局对当地 5000 个家庭进行定期的收入和支出调查，每个家庭就是一个横截面单元，显然同时建立 5000 个不同序列是不现实的，只能将这 5000 个家庭建立堆叠数据，即建立面板数据。

❑ 混合数据工作文件必须包含一个以上的混合数据对象。这些对象的结构要符合用户
对序列的定义。

在 EViews 中，可以通过两种方法来建立混合数据工作文件。

❑ 直接建立一个新的时间序列工作文件，然后在工作文件中定义混合数据对象，接着
输入（导入）相应的数据。

❑ 直接建立一个堆叠数据结构的工作文件，然后对堆叠数据重新进行结构化操作，将
它们转化为混合数据对象。

图 13-1 是一个 Pool 工作文件，包含一个名为 isocode 的混合数据对象。

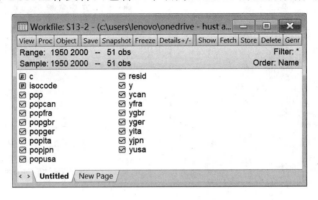

图 13-1　混合数据工作文件窗口

13.2.2　混合数据对象

在 EViews 中，混合数据对象是一个独立的对象文件，它具有 3 个特点：

❑ 混合数据对象包含工作文件中的一系列时间序列、横截面数据的定义和结构，它更
像一个处理混合数据的工具，具有类似 Group Object（组对象）的功能。

❑ 混合数据对象提供了对计量模型估计的过程和结果，从这个意义上来看，它类似
Equation Object（方程对象）。

❑ 混合数据对象本身并不包含数据，删除混合数据对象不影响原始序列中的数据，一
个工作文件中可以有多个混合数据对象。

不管用哪种方法建立 Pool 工作文件，都需要建立混合数据对象。建立该对象文件时要
注意两点：

❑ 要建立横截面单元的标识符（Cross-Section Identifiers），标识符可以看作不同横截
面单元的 ID（身份证明），如不同的国家、企业、家庭。

❑ 定义标识符组，将不同的 ID 建立组，有利于软件的自动识别和进一步操作。

【例 13-1】在 EViews 中建立一个 Pool 工作文件（见文件 S13-2.WF1），用来研究 1950—
2000 年美国、英国、加拿大、德国、法国、意大利和日本 7 个国家的人口总数和总产出（GDP）
的关系。其中，各国总产出是以美国的 GDP 为基数的相对数（美国为 100 或 100%）。

本例需要先建立一个不包含数据，具有 Pool 结构的 Pool 工作文件，然后，从一个 Excel
文件中导入数据。

1. 建立一个普通的时间序列工作文件

单击 File | New，弹出 Workfile Create 对话框。在 Workfile structure type 下拉列表框中选择 Dated-regular frequency，在 Date specification 的 Frequency 下拉列表框中选择 Annual，在 Start date 和 End date 文本框中分别输入 1950 和 2000（见图 13-2），单击 OK 按钮，弹出如图 13-3 所示的空白工作文件窗口。

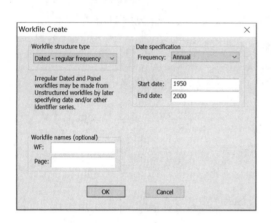

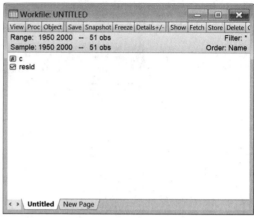

图 13-2　建立一个时间序列工作文件　　　　　图 13-3　工作文件窗口

2. 在工作文件窗口中建立一个空白的混合数据对象

单击 Object | New Object，在弹出的 New Object 对话框中选择 Pool，将 object 命名为 isocode（见图 13-4），单击 OK 按钮，弹出如图 13-5 所示的空白混合数据对象，此时工作文件中会出现一个名为 isocode 的混合数据对象。

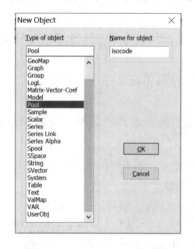

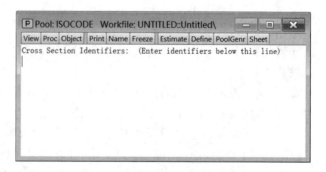

图 13-4　New Object 对话框　　　　　图 13-5　空白的混合数据对象

3. 在Pool文件中输入横截面单元的标识符

在空白的混合数据对象中输入 7 个国家的缩写（CAN、FRA、GBR、GER、ITA、JPN

和 USA，分别代表加拿大、法国、英国、德国、意大利、日本和美国）每个国家一行，每次输入一行后要按 Enter 键进行确认（见图 13-6）。为了便于识别，也有人习惯在国家缩写前加上一条下画线。设置标识符的原则是简明、清晰，有统一的识别规律。

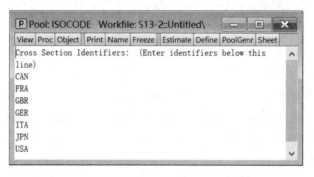

图 13-6　在混合数据对象中输入标识符

4．定义时间序列

在本例中，横截面为国家，共有 7 个横截面单元，它们都有"人口""总产出"两个时间序列，一共有 14 个时间序列。在图 13-6 所示的窗口中单击 Sheet，弹出 Series List 对话框，以 pop 代表总人口，y 代表总产出，在对话框中输入 pop? y?，中间以空格间隔。其中，问号"?"代表所有的横截面单元标识符（见图 13-7）。单击 OK 按钮，混合数据对象以数据堆叠的形式展示数据库（见图 13-8），序列内的数据是空白的。

图 13-7　定义时间序列

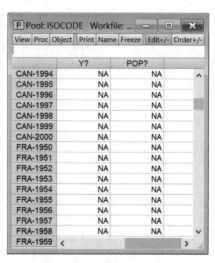

图 13-8　混合数据对象的数据库

5．输入数据

回到工作文件窗口（见图 13-1），此时的工作文件就是一个 Pool 工作文件。工作文件内除了有一个名为 isocode 的 pool 对象文件之外，还多出了 14 个时间序列，其中，7 个序列以 pop 开头，后面紧跟着横截面单元（国家）的标识符，另外 7 个序列以 y 开头，后面同样紧跟着横截面单元（国家）的标识符。在图 13-1 所示的窗口中可以对 14 个序列直接输入数据、复制数据或者导入数据。

本例以导入一个堆叠数据结构的 Excel 文件为例。打开 Pool 对象，选择 Proc | Import Pool Data，弹出 Open 对话框，选择 S13-1.xlsx 文档，按照 Excel 格式打开，弹出如图 13-9 所示的 Excel 文档导入对话框。

导入数据时需要注意几点：

❑ Excel 文档中的国家缩写名称和混合数据文件中的横截面单元标识符必须相同，即两个 ID 是一样的。

❑ Excel 文档中的国家缩写的名称和 Pool Subject 中横截面单元名称的顺序必须相同。

❑ Excel 文档中变量的时间区间和混合数据文件中横截面单元的时间区间必须一致。

❑ 导入数据对话框中的变量顺序和 Pool Subject 中的变量顺序（Series List）必须一致。

在图 13-9 所示的对话框中，Series order 表示在 Excel 文档中数据的排列方式，这里选择 In Columns（列排列、纵向排列）；Group observations 表示在 Excel 文档中数据的结构，By Cross-section 表示数据按横截面单元的顺序进行堆叠，By Date 表示数据按时间顺序对每组横截面单元进行堆叠，本例中的数据是 By Cross-section 结构；Upper-left data cell 文本框用于设置从 Excel 文档中的哪个单元开始读取数据，本例从 C 列第二行（C2）开始读取；在 Ordinary and Pool (specified with?) series to read 文本框中输入准备读取的序列名称，本例依照 Pool Subject 中的变量顺序输入 y? pop?，中间以空格间隔。

设置结束后，单击 OK 按钮完成数据的输入。打开工作文件中的 ycan 和 popcan 等序列（或直接打开 isocode 对象），发现数据已经读入，将文件另存为 S13-2.WF1 的工作文件。数据导入过程容易出现错漏，需要对照原始的 Excel 文档进行数据核对。

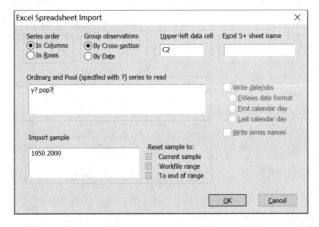

图 13-9　Excel Spreadsheet Import 对话框

13.2.3　混合数据的操作

在 EViews 中可以对混合数据进行操作，建立新的序列，进一步对数据进行描述性统计量的分析、单位根检验和协整检验。

1．建立新序列

【例 13-2】对工作文件 S13-2.WF1 中的 isocode 对象文件进行相应的混合数据操作，生成 7 个国家人口序列的对数序列，同时将对数序列进行 1 阶差分处理。

在混合数据中，可以通过 PoolGenr 按钮建立一个新的序列。考虑到序列可能存在时间趋势和单位根，对原序列进行对数化，并进行 1 阶差分处理。打开 isocode 文件，单击 PoolGenr 按钮，弹出如图 13-10 所示的 Generate Series by Equation 对话框，在 Enter equation 下方输入新序列的表达式 dpop?=d(log(pop?))，即生成 7 个国家的人口对数序列的 1 阶差分序列，它们的名称为 "dpop+国家缩写"。单击 OK 按钮返回到工作文件窗口，可以发现增加了 7 个新的序列（见图 13-1）。

2. 数据的描述性统计量分析

打开 Pool 文件，在文件窗口的工具栏中选择 View | Descriptive Statistics，弹出如图 13-11 所示的 Pool Descriptive Statistics 对话框。在文本框中输入打算进行描述性统计量分析的序列，默认是 Pool Object 中的所有序列。EViews 会计算出所有序列的均值、最小值、最大值、标准差、峰度、偏度及 Jarque-Bera 统计量。

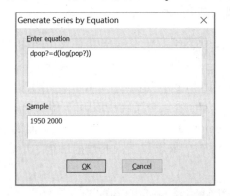

图 13-10　Generate Series by Equation 对话框　　　图 13-11　Pool Descriptive Statistics 对话框

在 Pool Descriptive Statistics 对话框中，右下角的 Sample 用于选择样本类型。其中：Individual 表示使用所有的样本观察值；Common 表示变量仅使用相同时间区间内的所有可获得的横截面观察值；Balanced 表示列表中变量所使用的观察值，必须同时为同一时间区间内，所有横截面单元和变量的有效观察值。

Data organization 用于设置描述性统计量的计算方法。其中：Stacked data 即堆叠式数据，用于显示列表中所有变量的联合统计量，是 EViews 的默认选项；Stacked-means removed 可以看作一种回归分析方法，通过从数据中移除堆叠均值，消除数据的异方差性，从而消除观察值之间的差异，提高回归模型的精确度和准确度；Cross section specific 用于显示完整时间区间内，所有横截面变量的描述性统计量；Time period specific 用于计算特定时间区间内的统计量，即显示每个时间区间内的统计量。

【例 13-3】计算工作文件 S13-2.WF1 中的 isocode 对象文件的描述统计量。

打开工作文件中的 isocode 对象文件，在图 13-11 所示的对话框中选择 Common 和 Stacked data，计算结果如图 13-12 所示，其中对 7 个国家的总产出和总人口分别进行了描述性统计量分析。图 13-12 中的数据分别以 GDP 和人口数量最高的国家（本案例中是美国）作为基数（100 或 100%），再分别将其余国家的数据和这个基数进行比较。例如，美国的 GDP 和人口数设为 100%，则其余 6 个国家的平均 GDP 大约是美国 GDP 的 74.45%。

		Y?	POP?
Mean	Mean	74.44678	84352.53
Median	Median	73.26517	57009.00
Maximum	Maximum	100.0000	275423.0
Minimum	Minimum	21.31474	13753.32
Std. Dev.	Std. Dev.	16.11309	62699.51
Skewness	Skewness	-0.531107	1.507911
Kurtosis	Kurtosis	4.020283	4.377668
Jarque-Bera	Jarque-Bera	30.46025	154.3621
Probability	Probability	0.000000	0.000000
Sum	Sum	25088.56	28426803
Sum Sq. Dev.	Sum Sq. Dev.	87236.29	1.32E+12
Observations	Observations	337	337
Cross sections	Cross sections	7	7

图 13-12　Stacked data 输出结果

如果选择 Common 和 Stacked means removed，仍然会显示总产出和总人口的描述性统计量，但结果中的均值 Mean 和中位数 Median 都是 0（见图 13-13）。这种数据描述的优点是消除了时间和空间同时对数据影响的差异，以总人口 pop 为例，Stacked 数据的标准差包括 6 个国家在 1950—2000 年间的差异，而美国数据的标准差仅反映该国在 1950—2000 年间的变化（不存在地区间差异）。Stacked-means removed 输出结果消除了地区之间的差异，仅计算了样本总体在 1950—2000 年之间的差异，对 6 个国家和美国的数据进行了更合理的对比。

		Y?	POP?
Mean	Mean	0.000000	0.000000
Median	Median	0.000000	705.4227
Maximum	Maximum	27.34045	59795.74
Minimum	Minimum	-40.63625	-63033.10
Std. Dev.	Std. Dev.	9.696387	15101.21
Skewness	Skewness	-1.292255	-0.153683
Kurtosis	Kurtosis	7.179413	8.618032
Jarque-Bera	Jarque-Bera	339.0667	444.5136
Probability	Probability	0.000000	0.000000
Sum	Sum	0.000000	0.000000
Sum Sq. Dev.	Sum Sq. Dev.	31590.69	7.66E+10
Observations	Observations	337	337
Cross sections	Cross sections	7	7

图 13-13　Stacked-means removed 输出结果

如果选择 Common 和 Cross section specific，分别显示 7 个国家的总产出和总人口的描述性统计量，相应出现 14 列的统计量（见图 13-14）。可以看出，其余 6 个国家的总产出是以美国的总产出为基数进行比较的。

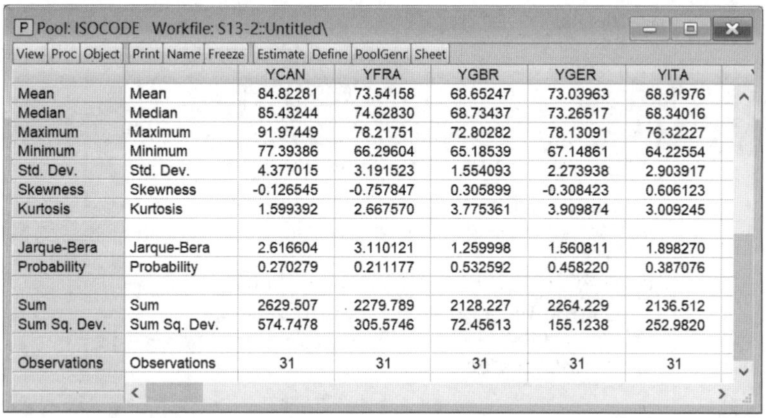

P Pool: ISOCODE　Workfile: S13-2::Untitled\

View | Proc | Object | Print | Name | Freeze | Estimate | Define | PoolGenr | Sheet

		YCAN	YFRA	YGBR	YGER	YITA
Mean	Mean	84.82281	73.54158	68.65247	73.03963	68.91976
Median	Median	85.43244	74.62830	68.73437	73.26517	68.34016
Maximum	Maximum	91.97449	78.21751	72.80282	78.13091	76.32227
Minimum	Minimum	77.39386	66.29604	65.18539	67.14861	64.22554
Std. Dev.	Std. Dev.	4.377015	3.191523	1.554093	2.273938	2.903917
Skewness	Skewness	-0.126545	-0.757847	0.305899	-0.308423	0.606123
Kurtosis	Kurtosis	1.599392	2.667570	3.775361	3.909874	3.009245
Jarque-Bera	Jarque-Bera	2.616604	3.110121	1.259998	1.560811	1.898270
Probability	Probability	0.270279	0.211177	0.532592	0.458220	0.387076
Sum	Sum	2629.507	2279.789	2128.227	2264.229	2136.512
Sum Sq. Dev.	Sum Sq. Dev.	574.7478	305.5746	72.45613	155.1238	252.9820
Observations	Observations	31	31	31	31	31

图 13-14　Cross section specific 输出结果

如果选择 Common 和 Time period specific，则显示结果是每个年度内，7 个国家的总产出和总人口的描述性统计量（见图 13-15）。

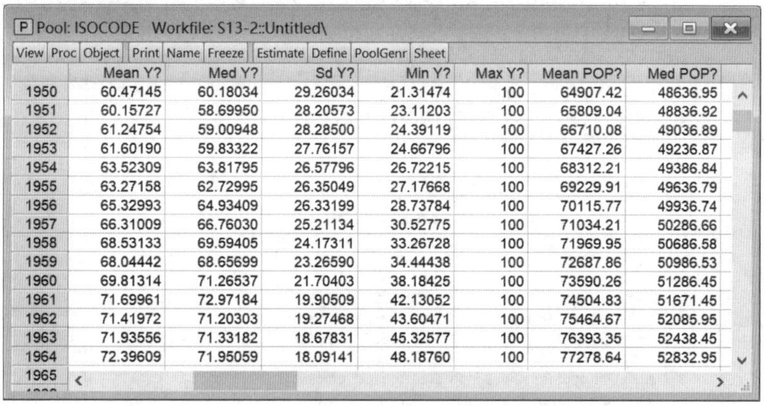

P Pool: ISOCODE　Workfile: S13-2::Untitled\

View | Proc | Object | Print | Name | Freeze | Estimate | Define | PoolGenr | Sheet

	Mean Y?	Med Y?	Sd Y?	Min Y?	Max Y?	Mean POP?	Med POP?
1950	60.47145	60.18034	29.26034	21.31474	100	64907.42	48636.95
1951	60.15727	58.69950	28.20573	23.11203	100	65809.04	48836.92
1952	61.24754	59.00948	28.28500	24.39119	100	66710.08	49036.89
1953	61.60190	59.83322	27.76157	24.66796	100	67427.26	49236.87
1954	63.52309	63.81795	26.57796	26.72215	100	68312.21	49386.84
1955	63.27158	62.72995	26.35049	27.17668	100	69229.91	49636.79
1956	65.32993	64.93409	26.33199	28.73784	100	70115.77	49936.74
1957	66.31009	66.76030	25.21134	30.52775	100	71034.21	50286.66
1958	68.53133	69.59405	24.17311	33.26728	100	71969.95	50686.58
1959	68.04442	68.65699	23.26590	34.44438	100	72687.86	50986.53
1960	69.81314	71.26537	21.70403	38.18425	100	73590.26	51286.45
1961	71.69961	72.97184	19.90509	42.13052	100	74504.83	51671.45
1962	71.41972	71.20303	19.27468	43.60471	100	75464.67	52085.95
1963	71.93556	71.33182	18.67831	45.32577	100	76393.35	52438.45
1964	72.39609	71.95059	18.09141	48.18760	100	77278.64	52832.95
1965							

图 13-15　Time period specific 输出结果

3．单位根检验

对 Pool 数据的单位根检验，即是对非独立横截面单元的单位根检验（Cross-sectionally Independent），打开一个混合数据对象，在菜单中选择 View | Unit Root Tests | Cross-sectionally Independent，弹出 Unit Root Test 对话框（见图 13-16），在 Pool series 下方的文本框中输入需要进行单位根检验的普通序列或 Pool 序列。Pool 数据的单位根检验和时间序列组的单位根检验很相似，后者不需要输入 Pool 序列组的名称。这部分内容可以参看第 3 章的相关内容。

【例 13-4】对工作文件 S13-2.WF1 中的 isocode 对象文件的 7 个国家的总产出进行单位根检验。

打开工作文件中的 isocode 对象文件，同时打开如图 13-16 所示的单位根检验对话框，在 Pool series 下方的文本框中输入 y?，其余选择默认值，得到如图 13-17 所示的单位根检验结果。如果对这 7 个国家的总产出"y?"建立序列组，并进行单位根检验，得到的结果是一样的。

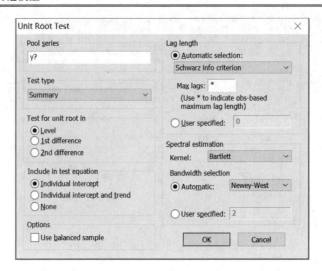

图 13-16　Unit Root Test 对话框

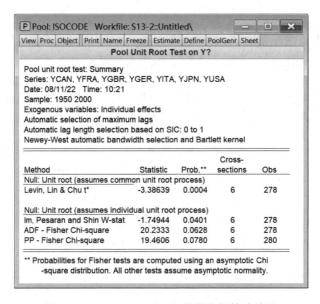

图 13-17　Pool Data（Y?）的单位根检验结果

　　原假设是存在一个单位根，从图 13-17 中可以看出，Levin, Lin & Chu t 和 Im, Pesaran and Shin W-stat 的检验结果显示 Pool 序列组不存在单位根；从 Im, Pesaran and Shin W-stat 及 ADF 和 PP 的检验的结果显示，P 值虽然略高于 0.05，但是仍处于接近显著性水平的范围内，因此支持序列平稳的结论。"POP?" 经过检验，可以看作差分（或对数分）后平稳。

　　4．协整检验

　　在 Pool 对象和 panel 工作文件中均可以进行协整检验，这是时间序列分析中 Engle-Granger 协整检验和 Johansen 协整检验在面板数据分析中的应用。

　　打开一个 Pool 对象，在工具栏中依次选择 Views | Cointegration Test，弹出如图 13-18 所示的 Panel Cointegration Test 协整检验对话框。在 Variables 下方的文本框中输入需要协整检验的 Pool 数据变量或者单个变量；在 Test type 下拉列表框中提供了 3 种检验方法，分

别是 Pedroni(Engle-Granger based)、Kao(Engle-Granger based)和 Fisher(combined Johansen)；
Lag length 选项组用于设置滞后期的选择方式；Deterministic trend specification 选项组包括
确定性（截距）和趋势性的选项。

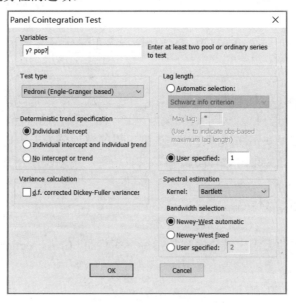

图 13-18　Panel Cointegration Test 对话框

【例 13-5】对工作文件 S13-2.WF1 中的 isocode 对象文件的 7 个国家的总产出和总人
口进行协整检验（使用 Pedroni 检验方法）。

打开工作文件中的 isocode 对象文件，同时打开如图 13-18 所示的协整检验对话框，在
Pool series 下方的文本框中输入 y? pop?，中间以空格间隔。在 Test type 下拉列表框中选择
Pedroni(Engle-Granger based)方法，其余选择默认值。单击 OK 按钮，得到如图 13-19 所示
的协整检验结果。

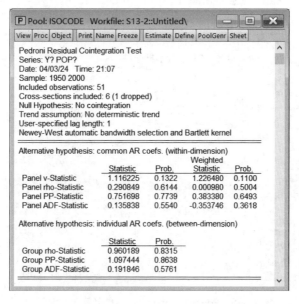

图 13-19　Pedroni 检验结果

从图 13-19 中可以看到，原假设不存在协整关系，备择假设假定所有横截面有共同的 AR 系数。Panel v 统计量、Panel rho 统计量、Panel PP 统计量和 Panel ADF 统计量的伴随概率均远远大于设定的显著性水平 0.05，不能拒绝原假设，即不存在协整关系。

13.3　混合数据模型的估计

对混合数据（Pool Data）进行模型估计，主要采用最小二乘法和工具变量法（二阶段最小二乘法）估计。前面讲过，对于线性模型来说，固定效应是指模型的常数项（截距项）。根据横截面单元的截距项不同，混合数据模型可以简单地分为无固定效应、固定效应和随机效应 3 种基本模型。如果考虑时间趋势效应和系数，还可以分为更多的模型类型。

13.3.1　无固定效应模型

混合数据模型中的无固定效应模型是指每个横截面（Cross-section）单元均具有不同的截距项。模型的形式如下：

$$y_{it} = \alpha_i + \sum_{i=1}^{k} \beta_i x_{it} + \mu_{it} \tag{13-1}$$

其中，α_i 表示在 i 个不同的横截面单元中具有 i 个不同的截距项，$\sum_{i=1}^{k} \beta_i x_{it}$ 表示自变量及其系数，μ_{it} 表示随机项。等式右边可以增加 AR 项，即因变量的滞后项。

【例 13-6】对工作文件 S13-2.WF1 中的 isocode 对象文件，以总产出 y 为因变量、人口 pop 为自变量，使用 LS 估计方法建立无固定效应（无固定截距效应）模型。

打开 Pool 对象文件 isocode，在菜单中选择 Estimate，弹出如图 13-20 所示的 Pool Estimation 对话框，该对话框包含 Specification 和 Options 两个选项卡。

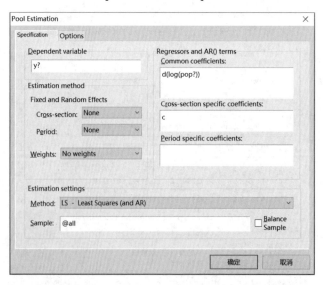

图 13-20　Pool Esti mation（无固定效应）对话框

选择 Specification 选项卡，Dependent variable 用于设置因变量，在其下方的文本框中输入因变量 y?；Regressors and AR() terms 用于设置自变量，在 Common coefficients 下方的文本框中输入自变量，前面已经判断过 pop 序列组中存在非平稳序列，因此输入人口序列对数化的 1 阶差分形式 d(log(pop?))，如果加入滞后一期的因变量（AR 项）作为自变量，则输入"y?(-1) d(log(pop?))"，多个自变量之间用空格间隔。

在 Cross-section specific coefficients 下方的文本框中输入 c，如果这里是空白的，那么就无法得到每个国家人口项的系数。

Estimation method 用于设置模型估计的形式，在 Fixed and Random Effects 下方的下拉列表框中均选择默认项 None，即横截面单元 pop 没有固定效应或随机效应；Period 下拉列表框用于设置时间效应，分为无时间效应、固定时间效应和随机时间效应；Weights 用于设置权重。

Estimation settings 选项组用于设置模型的估计方法和样本区间：在 Method 下拉列表框中有两种估计方法，LS-Least Squares(and AR)即普通最小二乘法；TSLS-Two-Stage Least Squares(and AR)即 2 阶最小二乘法。Sample 用于设置时间区间，一般输入起始和终止时间，本例因为部分国家的数据有缺失，因此输入@all 表示对所有的样本进行估计。

设置结束后，单击"确定"按钮，得到如图 13-21 所示的估计结果。

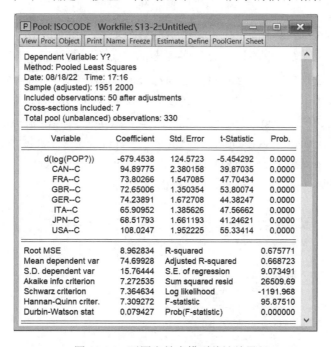

图 13-21　无固定效应模型估计结果

在图 13-21 所示的模型估计的输出结果中，上方是模型和估计方法的基本信息，中间是自变量和它的系数，以及不同国家的截距项，CAN-C 表示加拿大的截距项，从它们的伴随概率 P-值可以看出，自变量的系数和各个国家的截距项均显著。输出结果的下方是检验统计量。模型的估计结果如下：

$$Y_i = -679.4538 * D(\text{LOG}(\text{POP}_i)) + C_i \tag{13-2}$$

其中，C_i 为各个国家估计模型的截距项，i 是横截面单元（国家）。选择 View|

Representations，可以得到所有的模型，加拿大等 7 个国家的总人口与总产出模型如下（注意：原图 13-21 中的数据是四舍五入的数据）：

$$YCAN = -679.453795534 \times D(LOG(POPCAN)) + 94.8977467507$$
$$YFRA = -679.453795534 \times D(LOG(POPFRA)) + 73.8026638534$$
$$YGBR = -679.453795534 \times D(LOG(POPGBR)) + 72.6500635544$$
$$YGER = -679.453795534 \times D(LOG(POPGER)) + 74.2389065213$$
$$YITA = -679.453795534 \times D(LOG(POPITA)) + 65.9095246526$$
$$YJPN = -679.453795534 \times D(LOG(POPJPN)) + 68.5179315901$$
$$YUSA = -679.453795534 \times D(LOG(POPUSA)) + 108.024706244$$

从估计模型中可以看出，在经济发达国家，总人口和总产出之间是负相关的关系。

13.3.2　固定效应模型

混合数据模型中的固定效应模型是指，模型中每个横截面单元除了共同拥有一个固定截距项外还有一个不同的截距项。模型的形式如下：

$$y_{it} = \overline{\alpha} + \alpha_i + \sum_{i=1}^{k} \beta_i x_{it} + \mu_{it} \tag{13-3}$$

其中，$\alpha_i = \overline{\alpha} + \alpha_i$，即无固定效应模型中的截距项 α_i 分解为 $\overline{\alpha}$ 和 α_i，$\overline{\alpha}$ 为横截面单元共同的固定效应（共同的截距项），α_i 为各横截面单元不同的效应（不同的截距项）。

【例 13-7】对工作文件 S13-2.WF1 中的 isocode 对象文件，以总产出 y 为因变量、人口 pop 为自变量，使用 LS 估计方法建立固定效应（固定截距效应）模型。

打开 pool 对象文件 isocode，在菜单中选择 Estimate，弹出如图 13-22 所示的 Pool Estimation 对话框。选择 Specification 选项卡，在 Dependent variable 下方的文本框中输入因变量 y?；在 Regressors and AR() terms 的 Common coefficients 下方的文本框中输入 d(log(pop?))或 c d(log(pop?))，两种设置的结果是一样的。

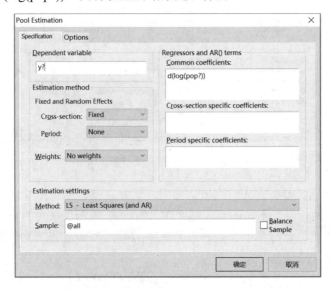

图 13-22　Pool Estimation（固定效应）对话框

　　Estimation method 用于设置模型估计的形式，在 Fixed and Random Effects 下方的 Cross-section 下拉列表框中选择 Fixed（固定效应），其余均选择默认项。

　　单击"确定"按钮，得到如图 13-23 所示的估计结果。

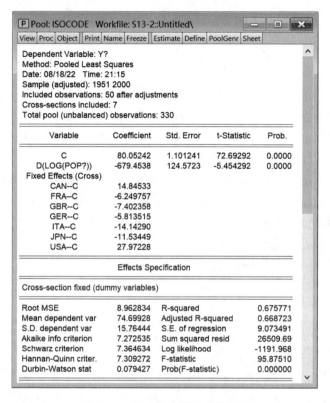

图 13-23　固定效应模型估计结果

　　在图 13-23 所示的模型估计输出结果中，上方是模型和估计方法的基本信息，中间是自变量和它的系数，C 为各个国家估计模型的固定截距项，Fixed Effects(Cross)下方为各个国家的截距项，CAN-c 代表加拿大的截距项。输出结果的下方是检验统计量。模型的估计结果如下：

$$Y_i = C_i + 80.0524 - 679.4538 \times D(\text{LOG}(\text{POP}_i)) \tag{13-4}$$

　　其中，C_i 为各个国家估计模型的不同效应（截距项），i 是横截面单元（国家）。选择 View | Representations，可以得到所有的模型，加拿大等 7 个国家的总人口与总产出的固定效应模型如下（注意，图 13-23 中的数据是四舍五入后的数据）：

YCAN = 14.8453254541 + 80.0524212966 − 679.453795534×D(LOG(POPCAN))

YFRA = −6.24975744325 + 80.0524212966 − 679.453795534×D(LOG(POPFRA))

YGBR = −7.40235774224 + 80.0524212966 − 679.453795534×D(LOG(POPGBR))

YGER = −5.81351477531 + 80.0524212966 − 679.453795534×D(LOG(POPGER))

YITA = −14.142896644 + 80.0524212966 − 679.453795534×D(LOG(POPITA))

YJPN = −11.5344897065 + 80.0524212966 − 679.453795534×D(LOG(POPJPN))

YUSA = 27.972284947 + 80.0524212966 − 679.453795534×D(LOG(POPUSA))

13.3.3　随机效应模型

混合数据模型中的随机效应模型是指模型中每个横截面单元除了共同拥有一个固定截距项外，各自还有一个不同的随机效应项（Random Effects term）。模型形式如下：

$$y_{it} = \alpha + \sum_{i=1}^{k} \beta_i x_{it} + \mu_{it} + \gamma_i \qquad (13\text{-}5)$$

其中，α 为共同的截距项，γ_i 为横截面单元各自的随机项。

【例 13-8】对工作文件 S13-2.WF1 中的 isocode 对象文件，以总产出 y 为因变量、人口 pop 为自变量，使用 LS 估计方法，建立随机效应（随机截距效应）模型。

打开 Pool 对象文件 isocode，在菜单中选择 Estimate，弹出如图 13-24 所示的 Pool Estimation 对话框。在 Specification 选项卡中的操作是：在 Dependent variable 下方的文本框中输入因变量 y?；在 Regressors and AR() terms 选项组的 Common coefficients 文本框中输入 d(log(pop?))或 c d(log(pop?))，两种设置的结果是一样的。

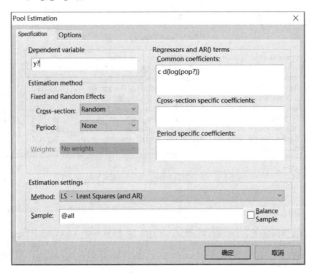

图 13-24　Pool Estimation（随机效应）对话框

Estimation method 选项组用于设置模型估计的形式，在 Fixed and Random Effects 下方的 Cross-section 下拉列表框中选择 Random（随机效应），其余均选择默认项。在这里，如果 Period 也选择 Random 选项，那么右下方的 Balance Sample（平衡样本）复选框必须打勾。

单击"确定"按钮，得到如图 13-25 所示的估计结果。

在图 13-25 所示的随机模型的输出结果中，上方是模型和估计方法的基本信息。输出结果下方是自变量和它的系数及随机效应，c 为各个国家估计模型的随机效应项，如 CAN-C 代表加拿大的随机效应项。模型的估计结果如下：

$$Y_i = C_i + 79.4284 - 639.9142 \times D(\text{LOG}(\text{POP}_i)) \qquad (13\text{-}6)$$

其中，C_i 分别为各个国家估计模型的随机效应（Random Effects），i 是横截面单元（国家）。选择 View/Representations，可以得到所有的模型，加拿大等 7 个国家的总人口与总产出的随机效应模型如下（注意，图 13-25 中的数据为四舍五入后的数据）：

YCAN = 14.6523459992 + 79.4283623745 − 639.914244876×D(LOG(POPCAN))

YFRA = −5.82811053693 + 79.4283623745 − 639.914244876×D(LOG(POPFRA))

YGBR = −6.82756458738 + 79.4283623745 − 639.914244876×D(LOG(POPGBR))

YGER = −5.15696030441 + 79.4283623745 − 639.914244876×D(LOG(POPGER))

YITA = −13.518031363 + 79.4283623745 − 639.914244876×D(LOG(POPITA))

YJPN = −11.1082482124 + 79.4283623745 − 639.914244876×D(LOG(POPJPN))

YUSA = 27.786569005 + 79.4283623745 − 639.914244876×D(LOG(POPUSA))

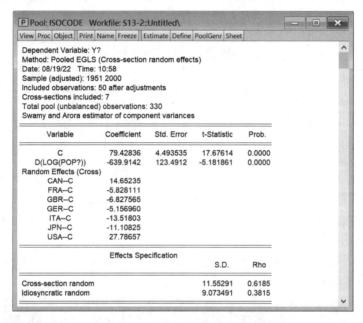

图 13-25　随机效应模型估计结果

13.3.4　模型检验

Pool data 模型的检验和 EViews 的其他模型检验过程基本相似，除了对残差进行检验外，也可以对系数进行 Wald 检验。

1. Wald系数检验

Wald 系数检验（Wald Coefficient Tests）也称作 Wald 检验（Wald Test），是一种假设检验方法，用于检验回归模型中的系数是否与 0 具有显著的统计学差异。它基于 Wald 统计量，该统计量由回归模型中的参数估计值和其对应的参数标准误差组成。Wald 检验用于检验每个回归系数是否显示具有统计学意义的系数差异，以检验模型中的每个参数是否显著非零。Wald 检验的原假设是：所检验的系数与 0 没有显著差异。

以图 13-25 随机效应模型的输出结果为例，我们想检验 D(LOG(POP?))项系数是否显著，该项属于第二个输出变量，它的系数用 c(2)表示。在图 13-25 所示的估计结果窗口中选择 View | Coefficient Diagnostics | Wald-Coefficient Restrictions，弹出 Wald Test 对话框（见

图 13-26），在对话框内输入约束条件（检验等式）c(2)=0。单击 OK 按钮，得到如图 13-27 所示的检验输出结果。输出结果中包括 t-统计量、F-统计量和卡方统计量，它们的伴随概率均接近于 0，显著拒绝原假设，表明 D(LOG(POP?))项的系数与 0 有显著差异。

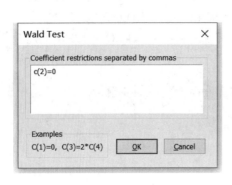

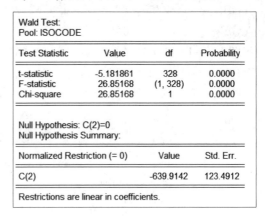

图 13-26　Wald Test 对话框　　　　图 13-27　Wald Test 的输出结果

2. 残差检验

在 Pool 对象模型估计窗口中选择 View | Residuals | Table 或 View | Residuals | Graph，可以看到不同横截面单元方程的残差表或残差图，选择 Proc | Make Residuals，将会得到各横截面单元方程的残差，可以对残差进行假设检验等进一步分析。

在图 13-23 所示的窗口中进行残差检验（Residuals Test）操作，得到如图 13-28 所示的 7 个国家的估计模型残差图。

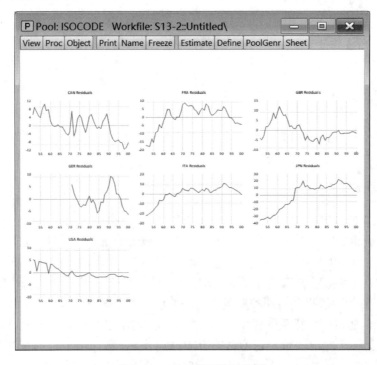

图 13-28　估计模型的残差图

3．残差协方差

在 Pool 对象模型估计窗口中选择 View | Residual Diagnostics | Covariance Matrix，可以得到残差协方差（Residual Covariance）的矩阵。图 13-23 所示的固定效应模型得到的残差协方差矩阵如图 13-29 所示。

	CAN	FRA	GBR	GER	ITA	JPN	USA
Residual Covariance Matrix							
CAN	30.04160	-9.676816	3.179756	1.252350	-23.52369	-57.02425	6.596981
FRA	-9.676816	47.47540	-3.253940	4.186853	49.81052	99.99765	-9.657847
GBR	3.179756	-3.253940	20.28900	2.329689	-7.781517	-45.71946	5.253308
GER	1.252350	4.186853	2.329689	16.07632	5.110036	7.787128	0.909062
ITA	-23.52369	49.81052	-7.781517	5.110036	65.07876	138.1437	-14.24355
JPN	-57.02425	99.99765	-45.71946	7.787128	138.1437	352.8173	-35.91224
USA	6.596981	-9.657847	5.253308	0.909062	-14.24355	-35.91224	4.845965

图 13-29　残差协方差矩阵

4．残差相关性

在 Pool 对象模型估计窗口中选择 View | Residual Diagnostics | Correlation Matrix，可以得到残差相关性（Residual Correlation）的矩阵。图 13-23 所示的固定效应模型得到的残差相关性矩阵如图 13-30 所示。

	CAN	FRA	GBR	GER	ITA	JPN	USA
Residual Correlation Matrix							
CAN	1.000000	-0.256234	0.128796	0.056986	-0.532015	-0.553889	0.546756
FRA	-0.256234	1.000000	-0.104844	0.151551	0.896122	0.772646	-0.636731
GBR	0.128796	-0.104844	1.000000	0.128995	-0.214148	-0.540376	0.529801
GER	0.056986	0.151551	0.128995	1.000000	0.157983	0.103397	0.102994
ITA	-0.532015	0.896122	-0.214148	0.157983	1.000000	0.911668	-0.802063
JPN	-0.553889	0.772646	-0.540376	0.103397	0.911668	1.000000	-0.868515
USA	0.546756	-0.636731	0.529801	0.102994	-0.802063	-0.868515	1.000000

图 13-30　残差相关性矩阵

5．模型预测

对 Pool 方程进行预测，需要先建立一个模型，选择 Proc | Make Model，可以得到一个模型对象，其中包含所有估计方程的系数。

图 13-23 所示的固定效应模型得到的模型对象如图 13-31 所示，其中包含一个名为 Equation 1（Eq1）的模型。双击该模型，得到如图 13-32 所示的模型对象的 Properties（属性）表，对照图 13-23，可以发现它们得到的模型系数是完全一致的。

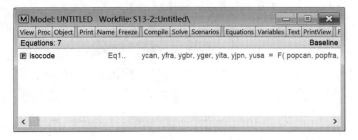

图 13-31　模型对象窗口

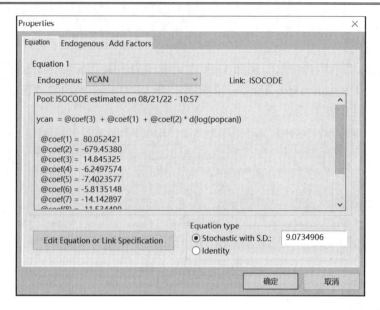

图 13-32　对象的 Properties

13.4　面板数据的分析

混合数据和面板数据的结构不同，在分析和操作过程中也有所差异。在 EViews 软件的早期版本中只有对混合数据的分析，近期的版本中才加入了对面板数据的分析。本节主要学习如何建立面板数据文件，并通过最小二乘法和工具变量法，对面板数据建立相应的估计模型。

13.4.1　建立面板数据文件

建立面板数据工作文件的前提，是建立带有面板数据结构的工作文件，也就是前面提到的 Stacked Structure（堆叠、堆栈结构）的数据。通常有两种方法可以在 EViews 中建立面板数据工作文件。

1. 直接建立一个新文件

在 EViews 中建立一个简单的平衡面板结构（Balanced Panel Structure），即每个横截面单元都具有相同的时间区间。在 EViews 的主菜单中选择 File | New | Workfile，建立一个新的工作文件。这种方法需要输入大量数据，并不常见。

【例 13-9】在 EViews 中建立一个面板工作文件，对 2000 年第 1 季度至 2021 年第 4 季度期间 1000 个家庭的收入和支出等情况作进一步分析，文件不包括数据（S13-3.WF1）。

在本例中，横截面单元是 1000 个家庭，建立混合数据结构显然是不合适的，因为会出现太多的变量，如出现 1000 个家庭收入的变量、1000 个家庭支出的变量等。因此，可以考虑建立面板数据结构的工作文件。

在 EViews 中建立一个新的工作文件，弹出 Workfile Create 对话框（见图 13-33）。在 Workfile structure type 下拉列表框中选择 Balanced Panel；在 Panel specification 选项组中，在 Frequency 下拉列表框中选择 Quarterly；在 Start date 和 End date 文本框中分别输入 2000 和 2021，在 Number of cross sections 文本框中输入 1000；Workfile names 选项组可以根据用户要求不输入。

单击 OK 按钮，得到如图 13-34 所示的面板数据结构的工作文件。工作文件的样本区间是 2000Q1-2021Q4，横截面单元有 1000 个，工作文件一共有 88000 个观察值。

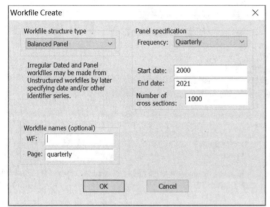

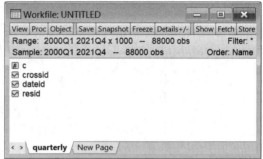

图 13-33　Workfile Create 对话框　　　　图 13-34　面板数据结构的工作文件

2．通过读取外部数据建立新工作文件

EViews 可以读入一个（或多个）外部文件中的数据，如 Excel 文件，然后在 EViews 中将这些数据结构化，转换为符合 EViews 要求的面板数据文件。

【例 13-10】S13-4.WF1 是一个未结构化的工作文件，包含 1987～1989 年 157 家企业员工参加培训的情况（见图 13-35），工作文件中的对象有：fcode（企业代码）、employ（员工数量）、sales（企业的年度营业额）、avgsal（员工的人均营业额）、tothrs（总培训时间）、totrain（参加培训的员工数量）、union（企业是否有工会）和 year（年度）。对该文件进行结构化处理，使其成为一个面板数据文件。

图 13-35　工作文件窗口

本例的工作文件包含 157 家企业的 3 年数据,一共有 471 个观察值。这是一个无结构的文件,其中,year 和 fcode 可以考虑作为横截面单元的身份识别(ID)序列。在工作文件中选择 Proc | Structure | Resize Current Page,打开 Workfile Structure 对话框(见图 13-35)。将 Workfile structure type 修改为 Dated Panel,在 Cross section ID series 文本框中输入 fcode,在 Date series 文本框中输入 year,其他使用软件的默认设置。单击 OK 按钮,得到如图 13-37 所示的结构化后的面板数据工作文件 S13-4_1.WF1。

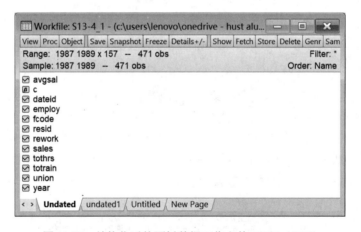

图 13-36　Workfile Structure 对话框

图 13-37　结构化后的面板数据工作文件 S13-4_1.WF1

13.4.2　面板数据模型的估计

混合数据文件的分析是从建立一个 Pool 对象开始的,在面板数据文件中则是直接建立一个新的方程对象。从菜单中选择 Object | New Object | Equation 或者选择 Quick | Estimate Equation,建立一个新的方程对象,接着在 Estimation settings 的下拉列表框中选择采用的估计方法。面板数据模型的估计方法一般包括 LS-Least Squares(LS and AR)、TSLS-Two-Stage Least Squares(TSNLS and ARMA)和 GMM-Generalized Method of Moments 等。下

面以 LS 方法进行模型估计。

【例 13-11】S13-5.WF1 工作文件存储的是一个经典案例的数据，它研究的是 Hedonic Pricing（享乐价格）的定价问题（见图 13-38）。工作文件中的对象有：mv（房屋价格的对数序列，因变量），crim（犯罪率），chas（房屋是否在查尔斯河畔，虚拟变量），nox（空气污染指标），rm（房屋的平均卧室数量），age（旧房的比例），dis（与就业中心的距离），b（非洲裔美国人的比例），lstat（底层人士比例）。先对该文件进行结构化处理，然后用 LS 方法进行模型估计，其中，mv 为因变量，其余 8 个变量为自变量。

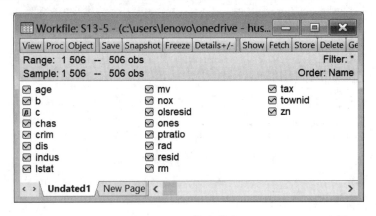

图 13-38　工作文件窗口

这个经典案例研究的是享乐价格的定价问题，即人们为了获得一个好的居住环境，愿意多付出的价格，这个案例可以从多个角度进行研究。

（1）对工作文件进行结构化处理。案例包含 92 个横截面单元，每个单元最多有 30 个观察值。单击工作文件窗口中的 Range，弹出图 13-39 所示的 Workfile Structure 对话框，将 Workfile structure type 修改为 Undated Panel，在 Identifier series 下方的文本框中输入 townid（Identifier series）。单击 OK 按钮，得到图 13-40 所示的结构化后的新工作文件。

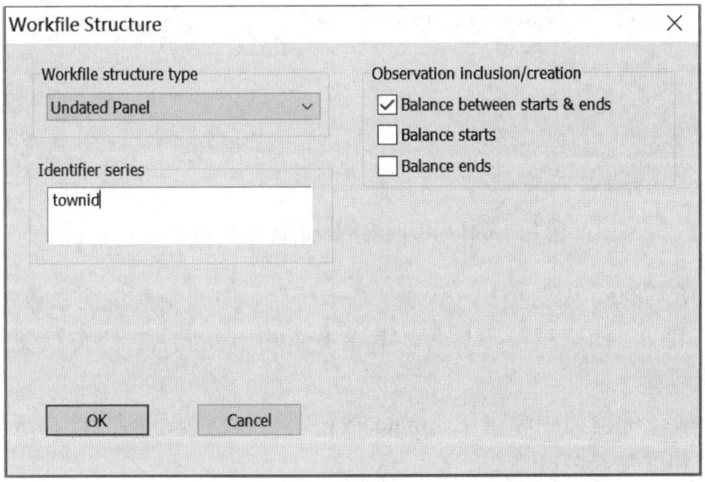

图 13-39　Workfile Structure 对话框

（2）进行最小二乘法估计。从主菜单中选择 Quick | Estimate Equation，弹出 Equation

Estimation 对话框（见图 13-41），其包含 Specification、Panel Options 和 Options 3 个选项卡。在 Specification 选项卡的 Equation specification 下方的文本框中输入 mv c crim chas nox rm age dis b lstat，中间以空格间隔。在 Panel Options 选项卡的 Cross-section 中选择 Fixed 效应，其余使用默认选项。单击"确定"按钮，得到如图 13-42 所示的模型估计结果。

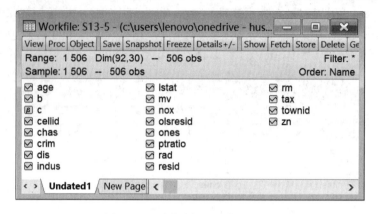

图 13-40　结构化后的新工作文件

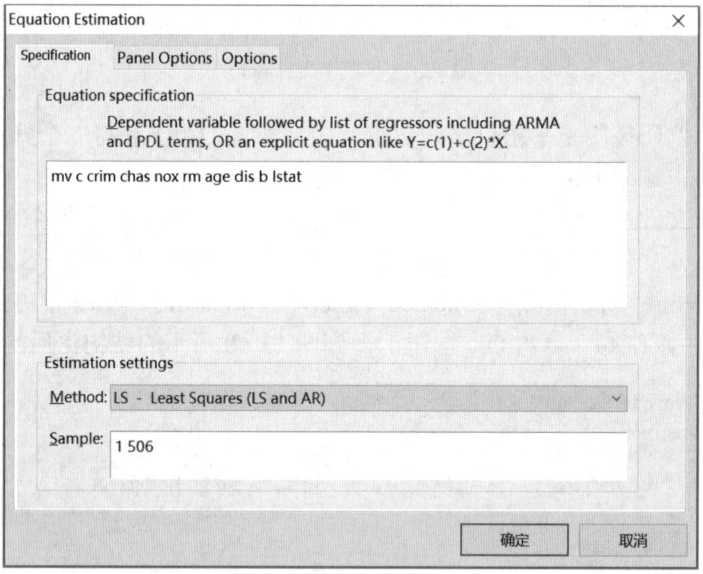

图 13-41　Equation Estimation 对话框

在图 13-42 所示的输出结果中，上方是基本信息，中间是变量的系数，下方是统计量。可以看出，chas 和 dis 两个变量不显著，其余变量均十分显著。下方检验统计量的解释和混合数据估计的解释一样。

在图 13-41 所示的窗口中单击 Estimate 按钮，可以对模型的估计方法进行调整，包括修改为随机效应和增加新的变量等。

（3）对估计结果进行检验，包括省略变量检验（Omitted Variables Test）、冗余变量检验（Redundant Variables Test）和固定效应检验（Fixed Effects Testing）等，这里不再展开介绍。

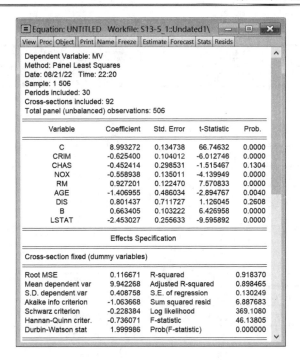

图 13-42　LS 方法估计结果

13.5　上 机 练 习

1. 文件 E13-1.XLSX 包含 2002—2021 年上海、江苏、浙江、福建和广东等 5 个地区的人口和第三产业增加值数据（见表 13-3），其中，变量 x 为第三产业增加值（亿元），变量 p 为年终常住人口数（万人）。建立一个 Pool 工作文件，研究两个变量之间的关系。

（1）在 EViews 中建立一个 Pool 工作文件，从 Excel 文件中导入数据。

（2）对 Pool 工作文件内的 isocode 对象文件进行描述统计量分析。

（3）对 isocode 对象文件内的相关变量进行单位根检验和协整检验。

（4）以第三产业增加值为因变量，人口为自变量，使用 LS 估计方法建立固定效应（固定截距效应）模型。

（5）以第三产业增加值为因变量，人口为自变量，使用 LS 估计方法建立随机效应（随机截距效应）模型。

（6）对以上模型进行检验。

表 13-3　第三产业增加值和人口数据（部分）

省/市	年　　份	第三产业增加值	人　　口
shanghai	2002	3082.1	1713
shanghai	2003	3485.4	1766
shanghai	2004	4148	1835
shanghai	2005	4794.2	1890
shanghai	2006	5578.2	1964

续表

省/市	年　份	第三产业增加值	人　口
shanghai	2007	7101.8	2064
shanghai	2008	8212.1	2141
shanghai	2009	9445.3	2210
shanghai	2010	10366.1	2303
shanghai	2011	11713.9	2356
shanghai	2012	13002.1	2399
shanghai	2013	14786	2448
shanghai	2014	16504.5	2467
shanghai	2015	18352.8	2458
shanghai	2016	21202.4	2467
shanghai	2017	23288.3	2466
shanghai	2018	25546.3	2475
shanghai	2019	27686.9	2481
shanghai	2020	28597.1	2488
shanghai	2021	31665.6	2489
jiangsu	2002	3891.9	7406
jiangsu	2003	4493.3	7458
jiangsu	2004	5197	7523
jiangsu	2005	6497.1	7588
……	……	……	……

2. 经济学家为了研究烟草的供需关系，试图建立香烟的动态面板需求模型，工作文件 E13-2.WF2 收集了 1963—1992 年美国 46 个州的相关数据（见图 13-43）。其中，变量 state 为地区（州）编码，变量 price 是每包香烟的价格，变量 pop 是当地人口数量，变量 pop_16 是当地 16 岁以上人口数量，变量 cpi 为消费者价格指数，变量 ndi 是人均可支配收入；变量 sales 是人均香烟的消费量，变量 pimin 是邻近地区（州）的每包香烟的最低价格。

（1）对变量 sales、price、ndi 和 pimin 进行对数化处理。

（2）用 LS 方法分别进行固定效应和随机效应估计，其中，sales 的对数序列为因变量，price、ndi 和 pimin 的对数序列为自变量。

（3）对模型结果进行检验。

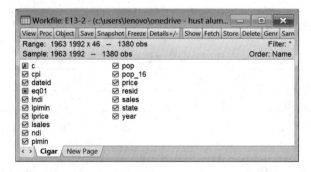

图 13-43　E13-2.WF1 工作文件窗口

参 考 文 献

[1] 迪米特里奥斯·阿斯特里奥，史蒂芬·霍尔. 陈诗一，译. 应用计量经济学[M]. 2版. 北京：北京大学出版社，2016.

[2] 易丹辉. 数据分析与 EViews 应用[M]. 3 版. 北京：中国人民大学出版社，2020.

[3] 马慧慧，郭庆然，丁翠翠. EViews 统计分析与应用[M]. 3 版. 北京：电子工业出版社，2016.

[4] 叶阿忠，吴相波，陈婷，等. 计量经济学软件 EViews 操作和建模实例[M]. 北京：经济科学出版社，2017.

[5] 王燕. 应用时间序列分析[M]. 6 版. 北京：中国人民大学出版社，2022.

[6] 黄红梅. 应用时间序列分析[M]. 北京：清华大学出版社，2016.

[7] 高铁梅. 计量经济学分析方法与建模计量经济分析方法与建模：EViews 应用及实例·初级[M]. 4 版. 北京：清华大学出版社，2020.

[8] 高铁梅. 计量经济学分析方法与建模计量经济分析方法与建模：EViews 应用及实例·中高级[M]. 4 版. 北京：清华大学出版社，2020.

[9] 张晓峒. 计量经济学基础[M]. 5 版. 天津：南开大学出版社，2020.

[10] IHS MARKIT. EViews 12 User's Guide I [M]. Seal Beach：IHS Global Inc，2020.

[11] IHS MARKIT. EViews 12 User's Guide II [M]. Seal Beach：IHS Global Inc，2020.

[12] S&P GlOBAL. EViews 13 User's Guide I [M]. Seal Beach：S&P Global Inc，2022.

[13] S&P GlOBAL. EViews 13 User's Guide II [M]. Seal Beach：S&P Global Inc，2022.

[14] WILLIAM H GREENE. Econometric analysis [M]. 6th ed. Upper Saddle River: Prentice-Hall，2008.

[15] ROBERT S PINDYCK，DANIEL L RUBINFELD. Econometric models and economic forecasts [M]. 4th ed. New York: McGraw-Hill，1998.

[16] JAMES H STOCK，MARK W WATSON. Introduction to Econometrics [M]. 2nd ed. Boston: Addison Wesley，2007.

[17] R CARTER HILL，WILLIAM E GRIFFITHS，GUAY C LIM. Principles of econometrics [M]. 5th ed. Hoboken: John Wiley & Sons，2018.

[18] GEORGE E P BOX，GWILYM M JENKINS，GREGORY C REINSEL. Time series analysis: forecasting and control [M]. 5th ed. Hoboken: John Wiley & Sons，2016.